普通高中**通用技术**教学用书

电子控制技术

DIANZHI KONGZHI JISHU

主　编　柯世民

副主编　杨　念　曾维义　贺靖霖

参　编　郭春利　刘荔之　左远坤　黄安源　文联森
张悦琳　罗　臣　吴　勇　邹　舟　王益春
严　波　马　翌　钟定权　邓年勇　徐　明
侯兵林　郑启宏　曾海林　吴建明　曹文明

重庆大学出版社

图书在版编目(CIP)数据

电子控制技术 / 柯世民主编. -- 重庆 : 重庆大学出版社,2022.8

ISBN 978-7-5689-3479-4

Ⅰ.①电… Ⅱ.①柯… Ⅲ.①电子控制—高中—教材 Ⅳ.①G634.931

中国版本图书馆 CIP 数据核字(2022)第 144310 号

电子控制技术

主 编 柯世民

责任编辑:章 可 版式设计:章 可

责任校对:王 倩 责任印制:赵 晟

*

重庆大学出版社出版发行

出版人:饶帮华

社址:重庆市沙坪坝区大学城西路 21 号

邮编:401331

电话:(023) 88617190 88617185(中小学)

传真:(023) 88617186 88617166

网址:http://www.cqup.com.cn

邮箱:fxk@cqup.com.cn (营销中心)

全国新华书店经销

重庆巍承印务有限公司印刷

*

开本:787mm×1092mm 1/16 印张:8.5 字数:212千

2022 年 8 月第 1 版 2022 年 8 月第 1 次印刷

ISBN 978-7-5689-3479-4 定价:39.00 元

前言
Preface

“电子控制技术”是现代智能控制的基础，是一门实践性很强的应用学科。本书不仅把电子技术的理论融入日常生活，而且还通过大量图片、视频、实验过程、案例分析等，引导学生主动参与学习。

本书根据学生的认知规律，结合学科的特点，共分四个单元，第一单元是电子控制基础，主要介绍各类电子元件的特点、识别方法和检测过程，电子线路的搭建、焊接，以及二极管的性质与检测等；第二单元是模拟电路与数字电路，主要通过三极管的可控电路、逻辑门、D触发器的功能展示及抢答器、水质检测仪等的设计引导学生理解最基本的模拟电路和常见的数字门电路的基本组成和工作原理；第三单元是传感器与继电器，让学生在认识各种传感器和继电器的基础上，结合已有的知识，分析并构建光控、温控、湿控等电路，让学生懂得传感器、继电器在日常生活中的应用；第四单元是电子控制系统及其应用，首先介绍了控制电路中常用芯片“LM393”“UM741”“NE555”的基本知识，然后引导学生分析控制电路的设计过程，最后通过振荡电路、催眠电路、恒温电路、水位控制电路等的搭建，让学生进一步理解现代技术的控制过程和集成技术在生活中的应用。通过以上的学习和实践，培养学生综合分析和解决问题的能力，不断构建学科素养。

本书的特色：

1. 基础性。适合刚学习电子技术的群体，本书从最基本的电子元件入手，通过图片、视频讲解等生动展示电子控制技术相关理论。

2. 逻辑性。每个单元都由素养目标、知识筹备、素养拓展、案例解析、素养检测五大板块组成，通过各个板块内容的有机配合，最终让学生掌握本单元的学习内容。

3. 易学性。重点知识内容都配有视频二维码，可直接扫码观看，用最通俗的比喻，介绍复杂的原理，并用面包板带领学生由浅入深体验探究，让学生一学就会。

4. 实践性。尤其注重讲练结合，各案例都配有操作视频，可以引导学生亲自探究，在实践中成长。

本书由柯世民担任主编，重庆市綦江实验中学杨念、重庆市江北区教师进修学院曾维义、重庆市垫江县教师进修学校贺靖霖担任副主编。其中柯世民负责全书的统稿、内容的设计和所有视频的录制；第一单元由重庆市綦江实验中学校杨念、郭春利、刘荔之、左远坤、黄安源和重庆市綦江区教育信息技术与装备中心文联森编写；第二单元由重庆市垫江县教师进修学校贺靖霖、重庆市巴南区育才中学罗臣、重庆市江津区教师发展中心邹舟、重庆市江津中学校吴勇编写；第三单元由重庆市綦江区古南中学张悦琳、重庆市江北区教师进修学院曾维义、重庆市永川区萱花中学校王益春和严波、重庆市涪陵第二十中学校马翌、钟定权编写;第四单元由重庆市大足田家炳中学校邓年勇、重庆市合川实验中学校徐明、重庆市合川瑞山中学侯兵林和郑启宏、重庆市潼南中学校曾海林、重庆市璧山区来凤中学校吴建明、重庆市长寿川维中学校曹文明编写。

由于编者水平有限,书中难免存在不当之处,恳请专家或读者指正,联系邮箱地址:353970555@ qq. com。

书中所有试题的答案可以在重庆大学出版社官方网站(www. cqup. com. cn)上搜索书名后下载。

编　者

2022 年 5 月

目录
Contents

第一单元　电子控制基础

素养目标

1. 会选择、辨别和检测常用电子元器件。

2. 能识读简单的电路原理图，知道晶体二极管和晶体三极管的结构和类型，能分析晶体二极管基本应用电路。

3. 熟悉常见焊接工具及辅助材料的特点，并能安装和调试电子电路。掌握一种焊接方法。

知识储备

任务一　识别电阻器

微课视频

电阻识别

一、电阻器简介

电阻器是电子产品中应用十分广泛的元件，几乎在任何电子线路中都是不可缺少的。电阻器利用自身的耗能特性，在电路中起降压、分压或限流的作用。

电阻器在电路中用“R”标注，它的国际单位是欧姆，用希腊字母“Ω”表示，电阻器阻值常用的单位还有千欧（kΩ）、兆欧（MΩ），换算关系为：

$$1\ \text{k}\Omega = 1\ 000\ \Omega \qquad 1\ \text{M}\Omega = 1\ 000\ 000\ \Omega$$

电阻器有不同的分类方法。按制造材料不同可以分为碳膜电阻、水泥电阻、金属膜电阻和绕线电阻；按功率不同可以分为 1/8 W、1/4 W、1/2 W、1 W、2 W 等额定功率的电阻；按阻值的精确度不同，可以分为精确度为 ±5%、±10%、±20% 的普通电阻和精确度为 ±0.1%、±0.2%、±0.5%、±1% 和 ±2% 的精密电阻；按阻值是否有变化，又可以分为固定式和可变式电阻；按印制板上安装的方式不同，还可分为通孔式（THT）电阻和表面组装贴片式（SMT）电阻两类。各种电阻器的外形如图 1-1 所示。

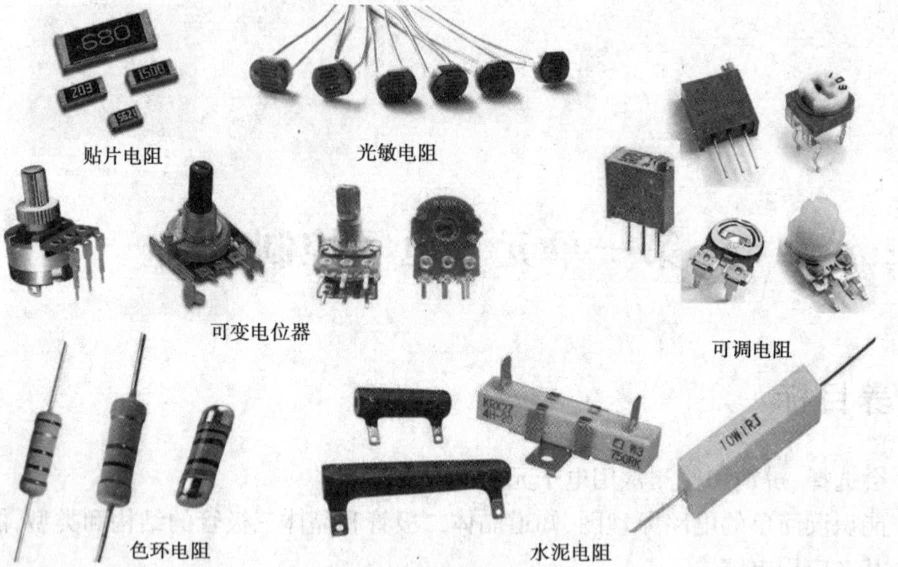

图 1-1

二、电阻器的识别

1. 图形符号的识别(见表 1-1)

表 1-1 常用电阻器的图形符号

电路符号	说明	常见外形
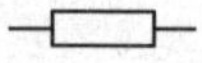	电阻器一般符号	
	电阻器符号(旧)	
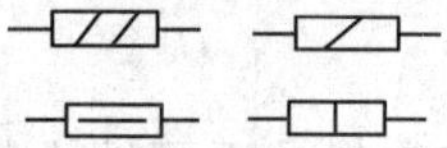	功率标注分别为 1/8 W、1/4 W、1/2 W、1 W 的符号	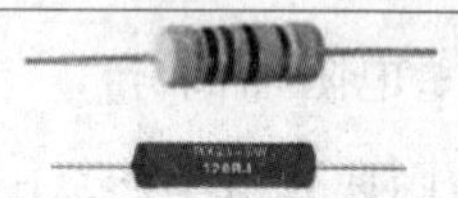
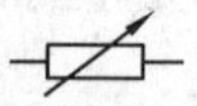	可调电阻器符号	
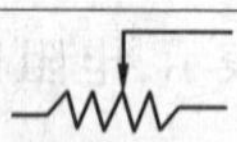	可调电阻器符号(旧)	
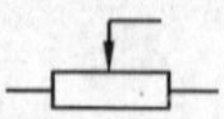	带滑动触头的电阻器符号	
	光敏电阻器符号	
	热敏电阻器符号	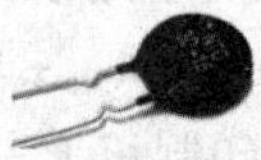
	热敏电阻器符号(旧)	

2. 文字标注的识别

(1)直标法

在电路中,通常在电阻器图形符号的上方或者下方直接标注出该电阻器的电阻值(见图

1-2),比如 10K 表示该电阻的阻值是 10 kΩ,有时为了节约位置,而省略了一些单位符号,比如 330 表示的就是 330 Ω;阻值在 1 kΩ ~ 1 MΩ 时,一般用 K 表示单位,5K6 表示的是 5.6 kΩ。

在贴片电阻中,用三位数字标注时,第三位表示有效数字后应添加的“0”的个数。例如:330 表示 33 Ω,221 表示 220 Ω,683 表示 68 kΩ,105 表示 1 MΩ。用四位数字标注时,前三位表示有效数字,第四位表示有效数字后应添加的“0”的个数。例如:1 473 表示 147 kΩ,1 000 表示 100 Ω,9001 表示 9 000 Ω。当阻值小于 10 Ω 时,就用 R 表示小数点的位置,这种标注方式通常用于阻值允许偏差为 ±1% 的精密电阻器。例如:0R56 表示 0.56 Ω,6R2 表示 6.2 Ω,R47 表示 0.47 Ω,9R00 表示 9 Ω,R100 表示 0.1 Ω。

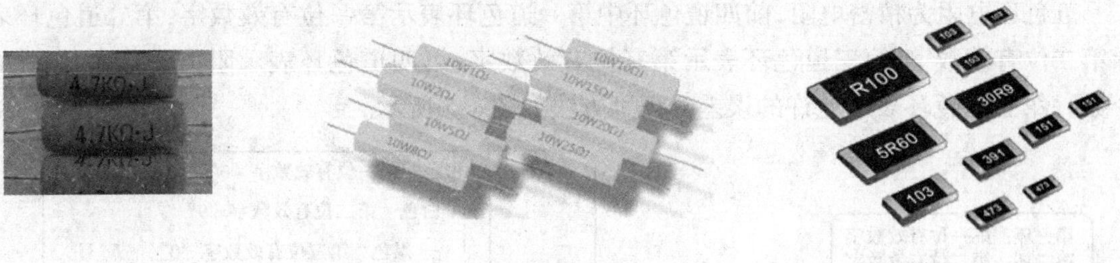

图 1-2

(2)色环法

在电阻器上用不同颜色的色环来表示不同的标称阻值和允许的误差(见图 1-3)。常用的色环电阻分为四色环电阻和五色环电阻两种。电阻器色环色标—数码对照表见表 1-2。

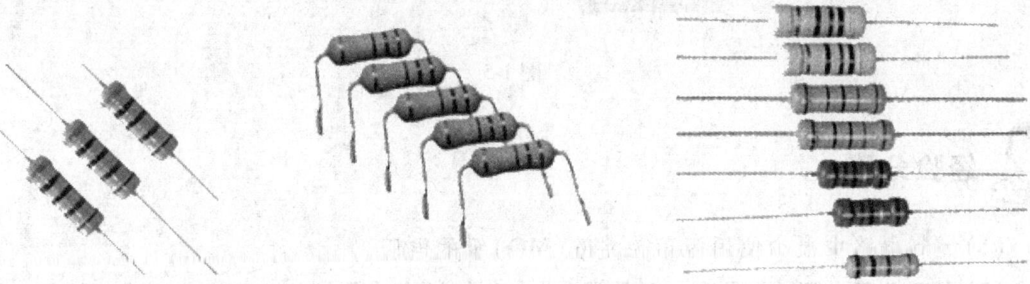

图 1-3

表 1-2　电阻器色环色标—数码对照表

色环	黑	棕	红	橙	黄	绿	蓝	紫	灰	白	金	银
有效值	0	1	2	3	4	5	6	7	8	9	—	—
倍率	10^0	10^1	10^2	10^3	10^4	10^5	10^6	10^7	10^8	10^9	10^{-1}	10^{-2}
误差	—	±1%	±2%	—	—	—	—	—	—	—	±5%	±10%

四色环电阻用三道色环来表示其阻值大小,第一道色环表示第一位有效数字,第二道色环表示第二位有效数字,第三道色环表示阻值的倍率(“0”的个数),第四道色环表示允许的误差。识别方法如图 1-4 所示。

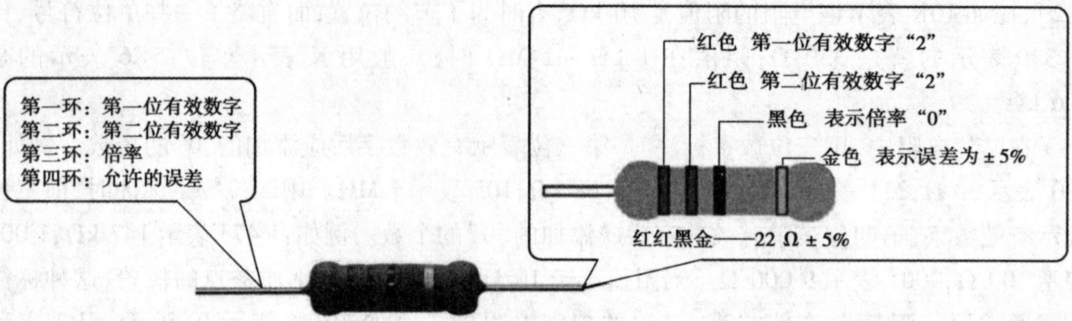

图 1-4

五色环电阻为精密电阻，前四道色环中第一道色环表示第一位有效数字，第二道色环表示第二位有效数字，第三道色环表示第三位有效数字，第四道色环表示阻值的倍率（“0”的个数），第五道色环表示允许的误差。识别方法如图 1-5 所示。

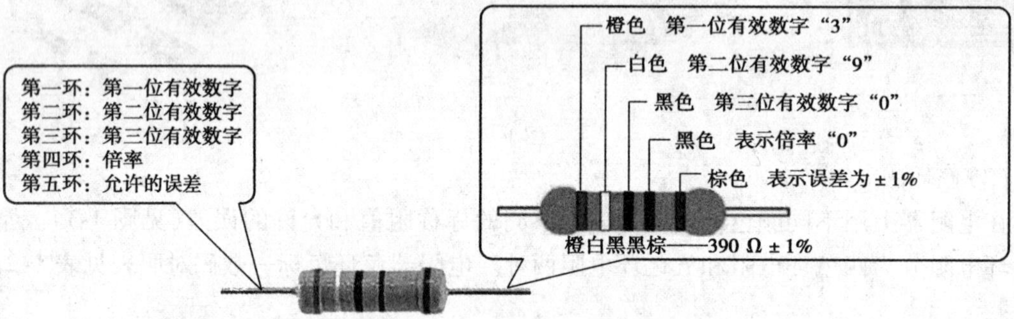

图 1-5

经验分享

（1）控制电路中很少使用阻值为兆欧（MΩ）级的电阻。

（2）在四色环电阻中，最后一环通常为“金色”或“银色”。在五色环电阻中，最后一环通常为“棕色”。

（3）在色环电阻中，最后一环的间隔距离可以稍远，也可以加宽，但第一环通常不是金色或银色。

（4）电路设计时，可根据要求选择相应阻值的电阻，电阻的额定功率（W）应大于或等于电路中的实际功率。

微课视频

电容识别

任务二　识别电容器

一、电容器简介

电容器是电子设备中大量使用的电子元件之一，由两个相互靠近的导体在中间夹一层不导电的绝缘介质构成。电容器是存储电荷的容器，常用于电路中的隔直通交、耦合、旁路、滤波、调谐回路、能量转换、控制等方面。

电容器在电路中用“C”标注，容量大小的国际单位是法拉，用希腊字母“F”表示，容量单位还常用到微法（μF）、皮法（pF），换算关系为：

$$1\ \text{F} = 10^{6}\mu\text{F} = 10^{12}\text{pF}$$

电容器有不同的分类方法。通常按有无极性可分为有极电容（电解电容、长脚为正极）和无极电容两大类；按照结构不同可分为固定电容、可变电容和微调电容三大类；按制造材料不同可分为瓷片电容、涤纶电容、电解电容、钽电容、聚丙烯电容等。各种电容器的外形如图1-6所示。

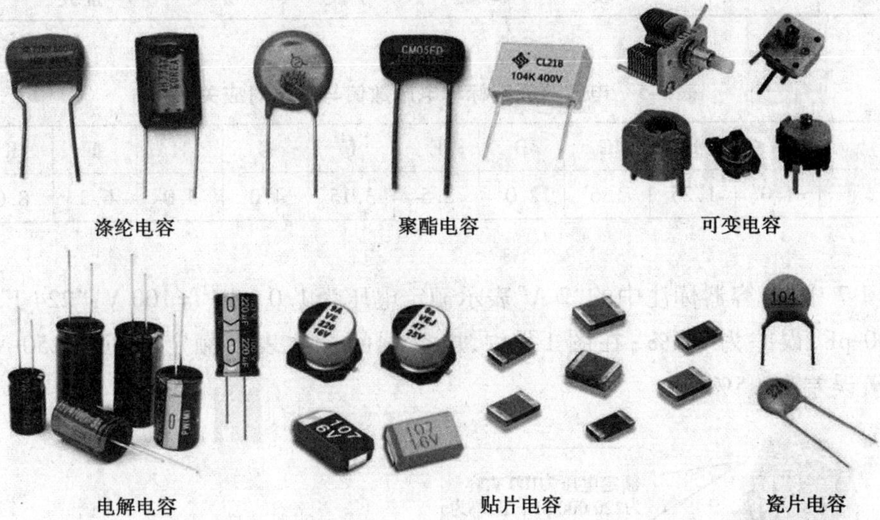

涤纶电容　聚酯电容　可变电容

电解电容　贴片电容　瓷片电容

图 1-6

二、电容器的识别

1. 图形符号的识别（见表 1-3）

表 1-3　常用电容器的图形符号

图形符号	说明	常见外形
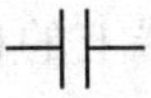	电容器一般符号	
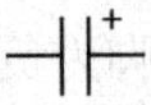	电解电容器符号	
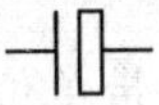	电解电容符号（旧）	
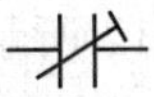	半可调电容器符号	
	可调电容器符号	

2. 文字标注的识别

(1)字母标注

电容器通常标注的参数有容量、容量误差等级、额定工作电压、温度系数及材料等,用数字或字母表示。额定工作电压是指电容长期可靠地工作所能承受的最大直流电压。电容器允许偏差所用字母的含义见表1-4,电容器额定标称电压数值与字母对应关系见表1-5。

表1-4 电容器允许偏差所用字母的含义

字母	D	F	G	J	K	M	N
允许偏差	±0.5%	±1%	±2%	±5%	±10%	±20%	±30%
精度等级	005级	01级	02级	Ⅰ级	Ⅱ级	Ⅲ级	Ⅳ级

表1-5 电容器额定标称电压数值与字母对应关系

字母	A	B	C	D	E	F	G	H	J	K	Z
数值	1.0	1.25	1.6	2.0	2.5	3.15	4.0	5.0	6.3	8.0	9.0

在图1-7中,电容器标注中的"2 A"表示额定电压为 $1.0\times10^2=100$ V,"224 J"表示容量为220 000 pF,误差为±5%;在图1-8中,电容器的标注表示额定电压为250 V,容量为33 000 pF,误差为±5%。

图1-7

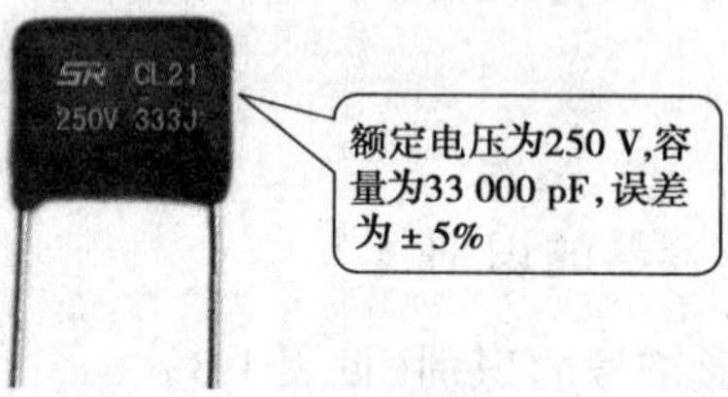

图1-8

(2)直接标注

直接标注是将电容器的标称容量及允许误差等直接标在电容器上的标注方法。如图1-9所示,电解电容上直接标出其容量为2 200 μF,额定电压为16 V,温度系数为105 ℃。如图1-10所示,电解电容的耐压为10 V,容量为47 μF,长脚为正极,短脚为负极。

(3)数字标注

数字标注主要用于电容容量的标注,容量的标注很多情况下没有带单位,所标数字小于等于"1"时,单位为μF,数字大于"1"时,单位为pF,如图1-11和图1-12所示。例如:电容上标注的"4 700""12"分别表示"4 700 pF""12 pF",电容上标注的"0.47"".15"分别表示"0.47 μF""0.15 μF"。在用数字标注时,一般情况下第一、第二位数字为有效数字位,表示电容容量的有效数字,第三位数字为倍率,表示有效数字后面"0"的个数,有时用"n"来表示零的个数,“n”在末尾时表示末尾有 3 个零,在中间时表示末尾有 2 个零。

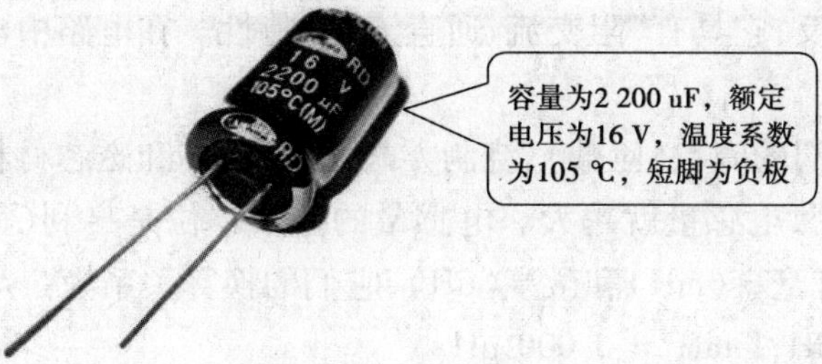

图 1-9

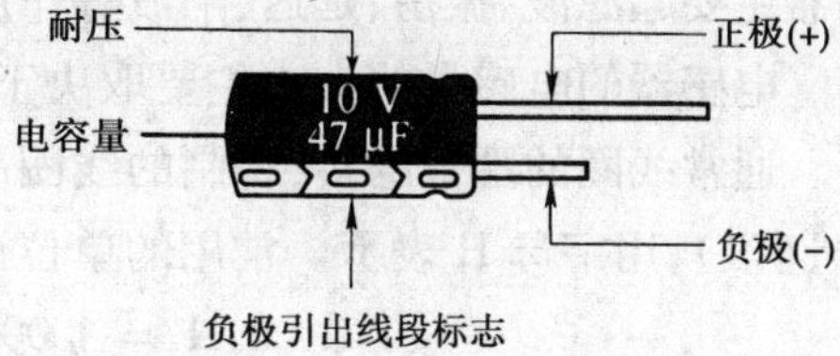

图 1-10

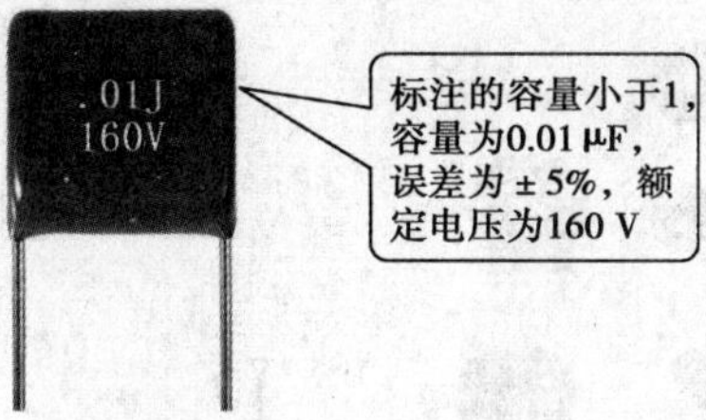

图 1-11

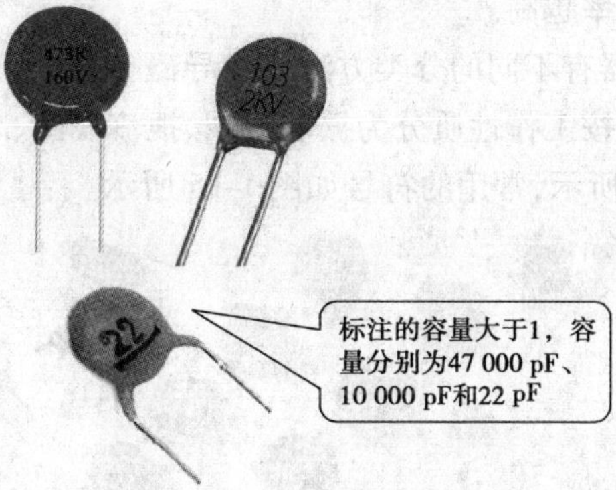

图 1-12

例如:电容上标注的“472”“103”“56n”“10n”“4n7”分别表示“4 700 pF”“10 000 pF”“56 000 pF”“10 000 pF”“4 700 pF”。

经验分享

在标注普通电容的容量时,一只电容有多种标注方法。例如:0.004 7 μF 可以标注为“472”“4n7”“4 700”“.0047”等,如图 1-13 所示。

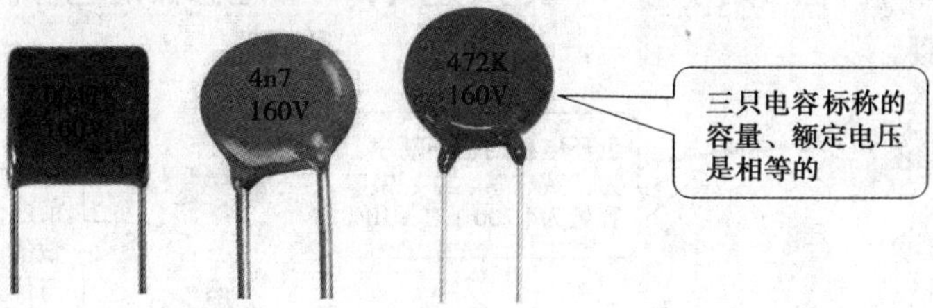

图 1-13

任务三　识别电感器和变压器

微课视频
电感识别

一、电感器简介

电感器是用绝缘导线(如漆包线、纱包线等)绕制而成的电磁感应元件,它能够将电能转化为磁能并存储起来。

电感器的特性与电容器的特性正好相反，它具有“阻交流、通直流”的特性。在电路中电感器主要起滤波、振荡、延迟、陷波等作用。

电感器的电感量的大小主要取决于线圈的圈数（匝数）、绕制方式、有无铁芯和磁芯材料等。通常线圈的圈数越多，绕制的线圈越密，电感量就越大。电感量的基本单位是亨利（简称“亨”），用字母 H 表示。常用的单位还有毫亨（mH）和微亨（μH），它们的换算关系为：

$$1\ \text{H} = 1\ 000\ \text{mH}; 1\ \text{mH} = 1\ 000\ \mu\text{H}$$

电感器的品质因素用 Q 表示，是感抗与自身电阻的比值，Q 越大电路中能量的损耗越小，电源效率越高。

电感器有不同的分类方法。按导磁体性质可分为空心线圈、铁芯线圈、铁氧体线圈、铜芯线圈等；按工作性质分为振荡线圈、扼流线圈、陷波线圈、偏转线圈等。常用电感器的外形如图 1-14 所示，常用的符号如图 1-15 所示。

图 1-14

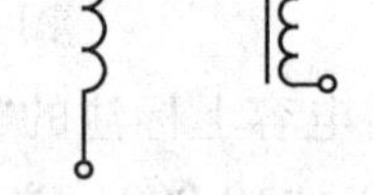

图 1-15

二、电感器的识别

电感量的标注通常有直标法、色环法和数码法等，如图 1-16 所示。没有标注单位时，通常是微亨（μH）作单位，也可用字母“R”表示微亨（μH）。电感器的色环法、数码法标注与电阻的标注方法相似。

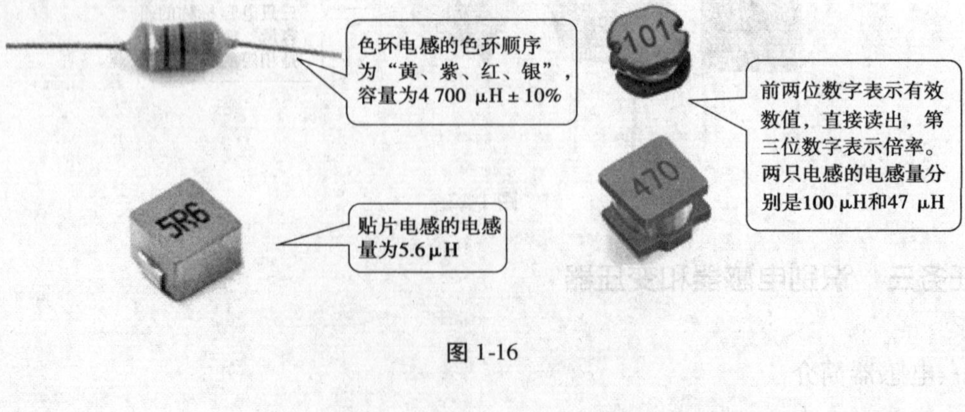

图 1-16

三、变压器的识别

变压器是将电能从电路的一个单元传递到另一个单元的静止电磁装置，它由铁芯（磁芯）、初级线圈、次级线圈组成，如图 1-17 所示。变压器的主要功能有电压变换、电流变换、阻抗变换、隔离、稳压等。

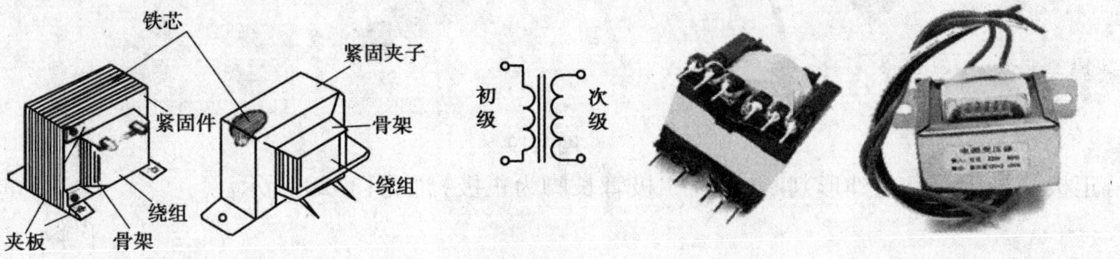

(a)结构　　(b) 符号　　(c)实物

图 1-17

经验分享

色环电感与色环电阻外观上有一定区别，色环电感通常为绿色，两端较小，色环间距均匀；电感通常只有一个线圈，而变压器至少有两个线圈或绕组。

任务四　识别二极管

微课视频　二极管识别

一、二极管简介

二极管是用半导体材料（硅、硒、锗等）制成的一种电子器件。一个 PN 结就可封装成一只二极管，P 区引出的电极为二极管的正极，N 区引出的电极为二极管的负极，其结构如图 1-18 所示。二极管具有单向导电性，它常用于对交流电整流、对调制信号检波、限幅和钳位等。

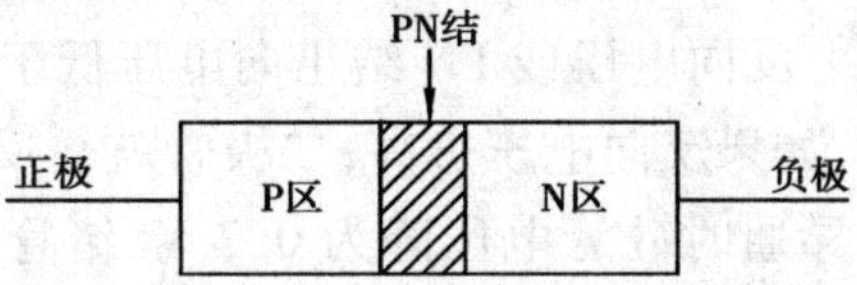

图 1-18

常见的二极管，根据功能可分为整流二极管、检波二极管、开关二极管、发光二极管、稳压二极管等，其外形如图 1-19 所示。

二、二极管的识别

二极管的正、负引脚通常在它的外壳上都有标志，一般分为四种情况：一种是直接用二极管符号标注；一种是用色环标注（有色环端为负极）；还有一种是用色点标注（有色点端为

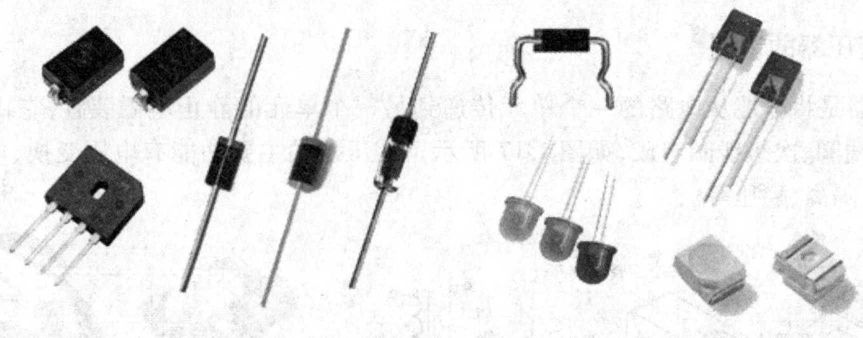

图 1-19

正极);最后一种是外形判断(发光二极管长脚为正极),如图 1-20 所示。

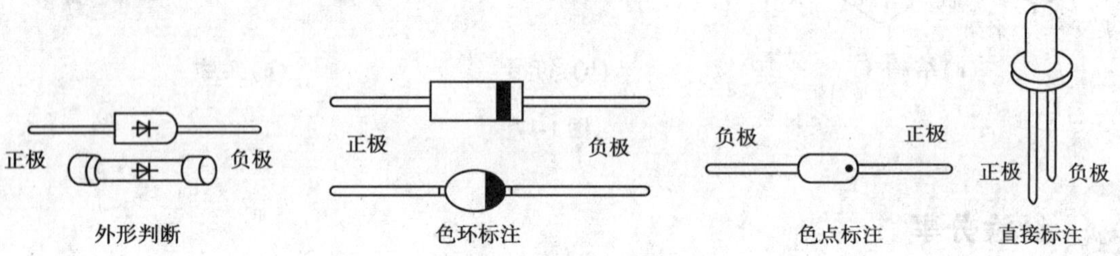

图 1-20

常用的二极管有 4 种类型,分别是整流检波类二极管、光敏二极管、发光二极管和稳压二极管,它们的符号如图 1-21 所示。其中稳压二极管工作于反向击穿状态,光敏二极管见光时反向电阻会减小。

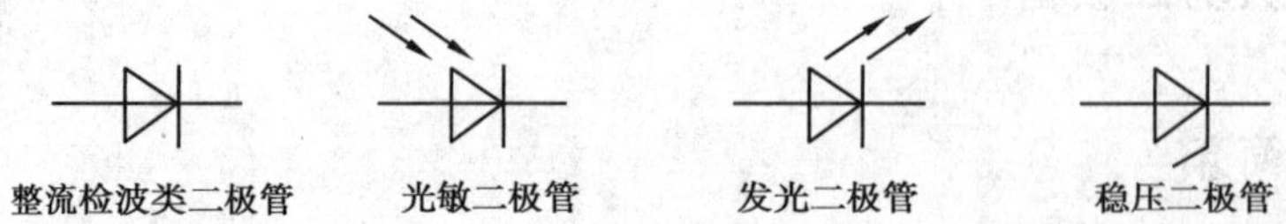

图 1-21

三、二极管的性质

指示灯点亮是因为二极管正向导通。二极管具有单向导电性,只允许电流由正极流入,从负极流出。二极管两端加上反向电压或 PN 结正向电压低于死区电压(硅管:0.5 V ,锗管:0.2 V)时,二极管不导通,如果反向电压过高,二极管就会反向击穿;当正向电压大于死区电压后,二极管导通,正向导通时硅管电压降为 0.7 V、锗管电压降为 0.3 V,如图 1-22 所示。

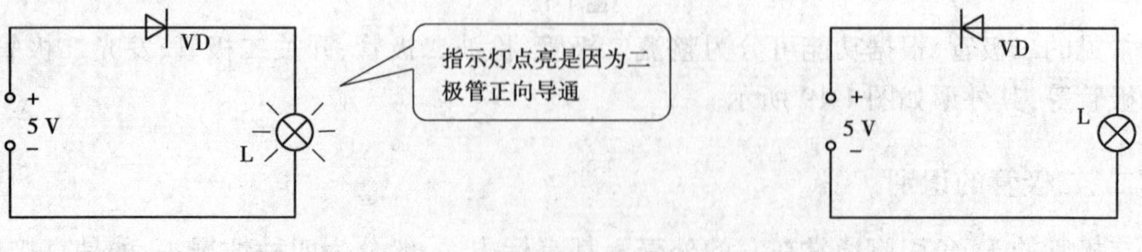

图 1-22

二极管形成整流电路。运用二极管的单向导电性，就能把交流电(电流方向随时间变化发生周期性的改变)变成直流电(电流方向不变)。图 1-23 所示是半波整流电路，只有在 u_2 的正半周二极管才能导通，才能向负载提供电能。正半周时，电流路径是次级线圈 u_2 上端(正极性)→二极管 VD→负载 R_L→次级线圈 u_2 下端(负极性)；负半周时，次级线圈 u_2 上端为负极性，二极管 VD 不导通，造成负载 R_L 上只有半个周期导通，从而实现了 R_L 负载上的电流方向不变，从上向下。

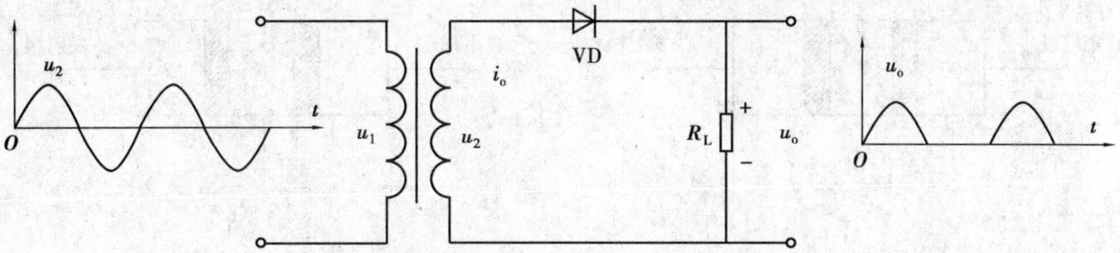

图 1-23

图 1-24 所示是全波整流电路，正半周时，电流路径是次级线圈 u_2 上端(正极性)→二极管 VD_1→负载 R_L(电流方向从上向下)→VD_2 导通→次级线圈 u_2 下端(负极性)，此时 VD_3、VD_4 截止；负半周时，电流路径是次级线圈 u_2 下端(正极性)→二极管 VD_4→负载 R_L(电流方向从上向下)→VD_3 导通→次级线圈 u_2 上端(负极性)，此时 VD_1、VD_2 截止，从而实现了负载 R_L 上的电流方向不变，从上向下。

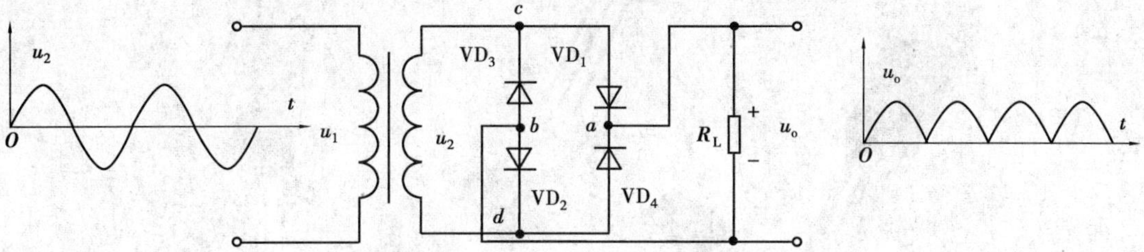

图 1-24

经验分享

稳压二极管有黑色色环的一端为负极，整流二极管有银色色环的一端为负极，发光二极管长脚为负极。整流电路的作用是把交流电转变为直流电，但输出的直流电是脉动直流电。

任务五　识别三极管

微课视频

三极管识别

一、三极管简介

三极管又称晶体三极管，是在一块半导体基片上制作的两个相距很近的 PN 结，排列方式有 PNP 和 NPN 两种，两个 PN 结把整块半导体分成三部分，中间部分是基区，两侧部分是发射区和集电区，基区很薄，而发射区掺杂浓度大，发射区和基区之间的 PN 结称为发射结，集电区和基区之间的 PN 结称为集电结。从三个区引出相应的电极，分别为基极 b、发射极 e 和集电极 c，如图 1-25 所示。

三极管的种类较多。按照制造的材料分，有硅管和锗管两种；按照内部结构分，有 NPN 型和 PNP 型两种；按照工作频率分，有低频管和高频管两种；按照晶体管允许耗散的功率分，有小功率、中功率和大功率三极管等。各种三极管的外形如图 1-26 所示。

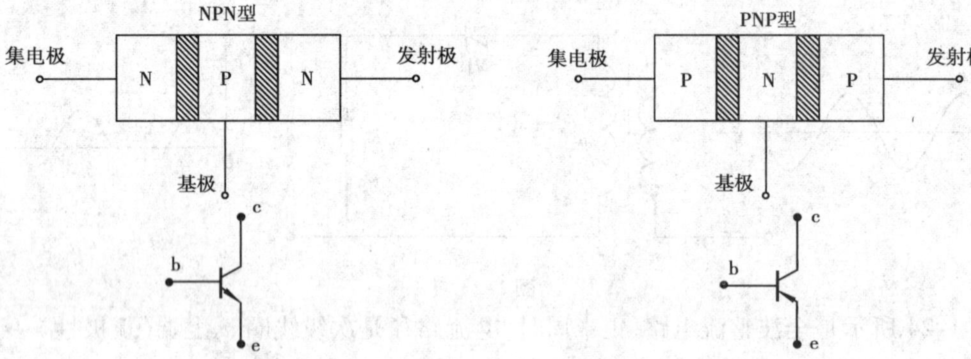

图 1-25

图 1-26

二、三极管的识别

三极管通常有 PNP 和 NPN 两种类型，常用的 NPN 三极管型号有 3DG6、3DG12、3DG201、C9013、C9014、C9018、C1815、C8050、2N5551、3DD15D、DD03A，PNP 三极管型号有 C9012、C9015、C1015、C8580 等。三极管管脚排列有一定规律，如图 1-27 所示。

经验分享

三极管有三只管脚，但有三只管脚的不一定都是三极管。有的三极管内部还带有阻尼二极管或保护电阻，有的是两只三极管复合的达林顿管。

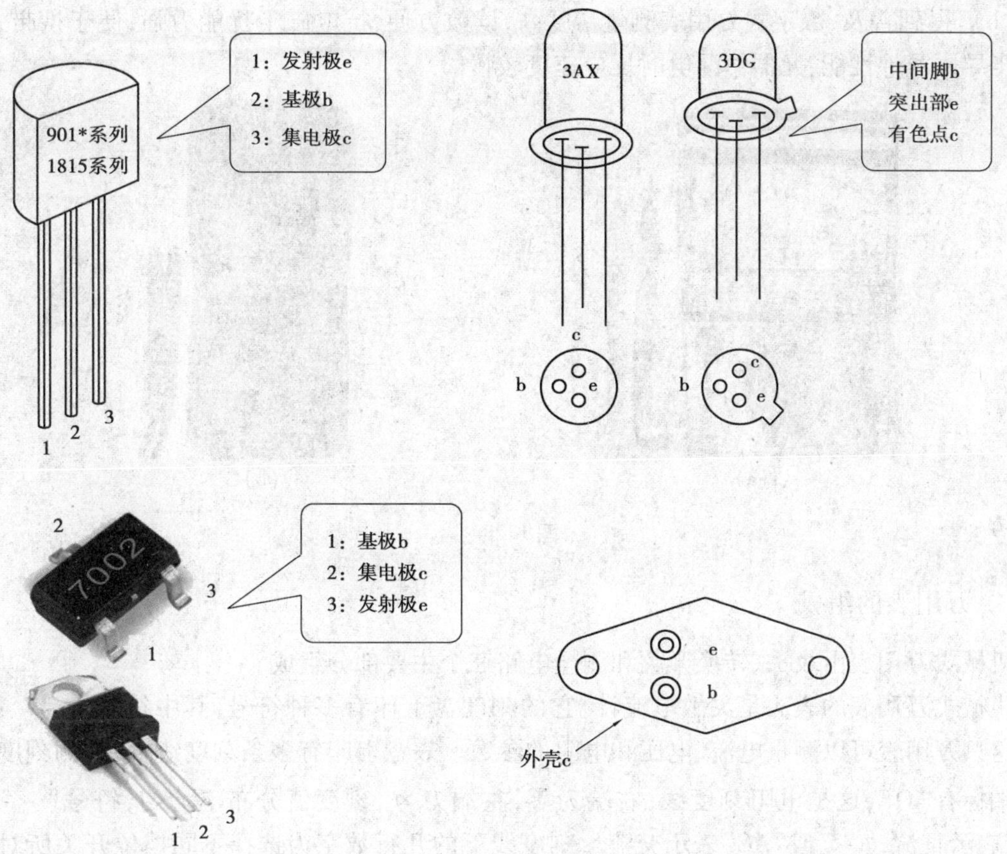

图 1-27

素养拓展

任务六　万用表检测电压与电流

微课视频

万用表使用

一、万用表简介

万用表又称多用表、三用表（可测电流、电压、电阻）、复用表、万能表。万用表通常分为指针式万用表和数字式万用表两种，还有一种带示波器功能的示波万用表。万用表是一种多功能、多量程的测量仪表。一般万用表可测量直流电流、直流电压、交流电压、电阻和音频电平等，有的还可以测交流电流、电容量、电感量、温度及半导体（二极管、三极管）的一些参数。

早期的万用表是指针式［也称机械式，见图 1-28(a)］的，它使用高灵敏的磁电式直流电流表作为表头，线圈通电后在磁场中受力并带动指针偏转，在刻度盘上指示相应的读数来实现其功能。指针式万用表灵敏度高、反应速度快，但抗电磁干扰能力、抗震能力弱，准确测量电阻值时需要欧姆调零。后来随着科技的发达，数字式万用表［也称电子式万用表，见图

1-28(b)]得到普及,数字式万用表测量精度高,读数方便,抗电磁干扰能力强,便于携带,但测试半导体器件性能、元器件漏电时反应速度较慢。

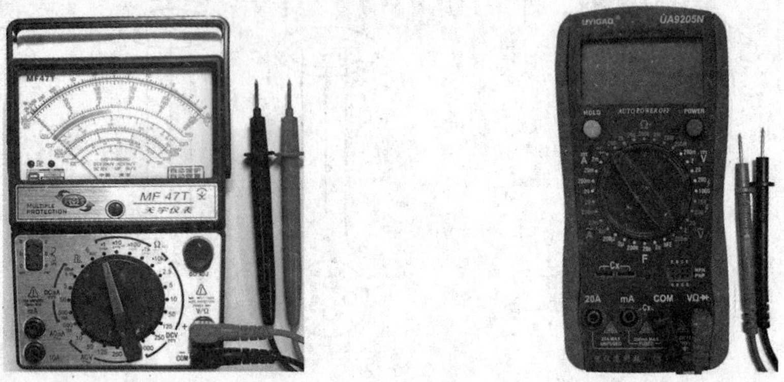

(a) (b)

图 1-28

二、万用表的组成

机械式万用表由表头、转换开关和测量电路三个主要部分组成。

机械式万用表的表头是灵敏电流计,它的刻度盘上印有多种符号,其中符号"A、V、Ω"表示这只万用表可以测量电流、电压和电阻的参数。表盘上印有多条刻度线,最外侧刻度线的右端标有"Ω",这是电阻刻度线,右端为零,左端为∞,刻度值分布不均匀,符号"-"或"DC"表示直流,"~"或"AC"表示交流。刻度线下的几行数字为选择不同挡位开关所对应的刻度值。表头上还设有机械校零旋钮,用以校正指针在左端的零位,如图 1-29 所示。而数字式万用表的表头一般由 A/D(模拟/数字)转换芯片、外围元件、液晶显示器组成。

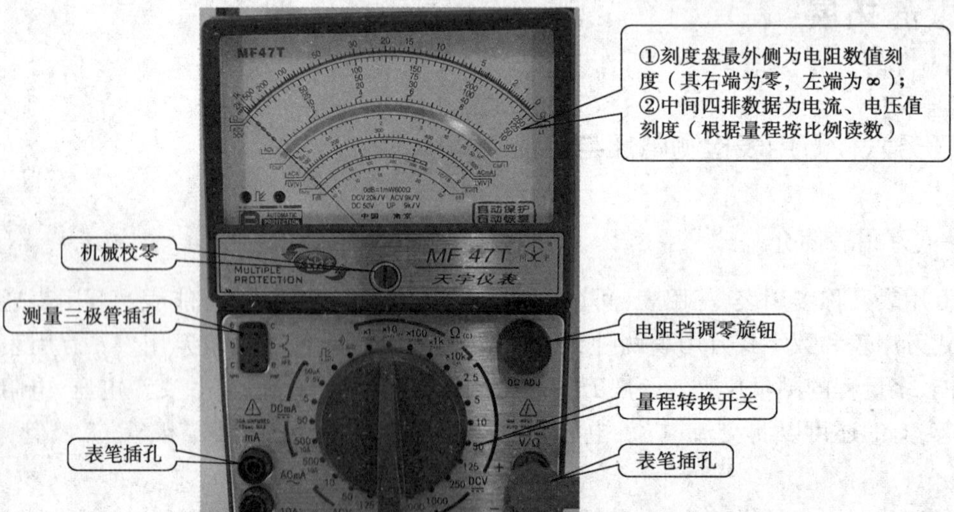

图 1-29

三、万用表测量电压与电流

1. 测量电压

指针式万用表测量直流电压时，首先调节转换开关选择合适的量程（转换开关对应的为最大量程），然后红表笔接电源的正极或高电位端，黑表笔接电源的负极或低电位端测量。数字式万用表测量电压时无需考虑表笔的正负极，只需选择合适量程（量程不小于被测量的电压）即可，如图 1-30 所示。

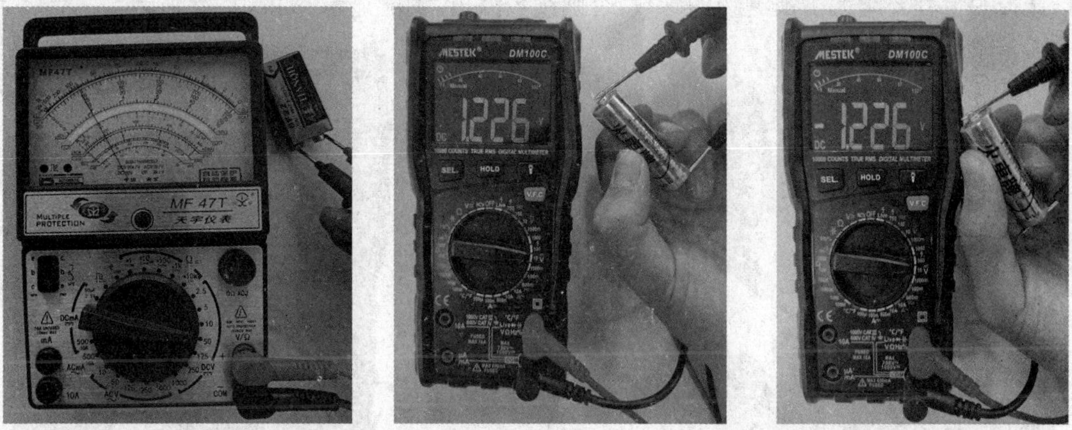

图 1-30

2. 测电流

万用表要串联到电路中，其他要求与测电压一致。

3. 读数

指针式万用表要根据选择的量程，从中间四排数据中按比例读数（见图 1-31），数字式万用表直接读数，如果前面带有负号，表示红表笔接于电路的低电位端或负极。

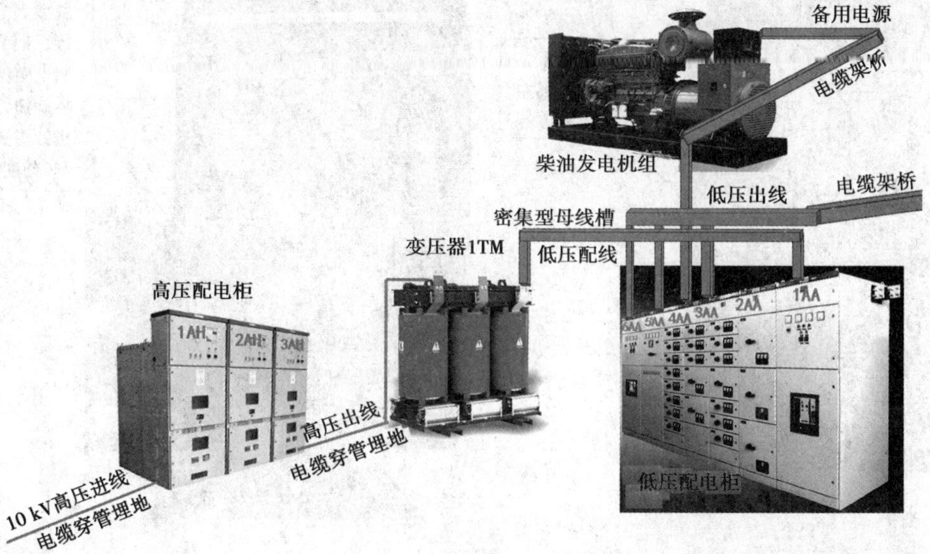

图 1-31

微课视频

电阻检测

任务七　万用表检测阻容元件

一、万用表测电阻

①选挡：选择合适的量程。

指针式万用表测量电阻时，尽量使指针指到刻度的中部或偏右。数字式万用表测电阻时，选择的量程要略大于被测物的参数，否则读数溢出，不能显示，如图 1-32 所示。

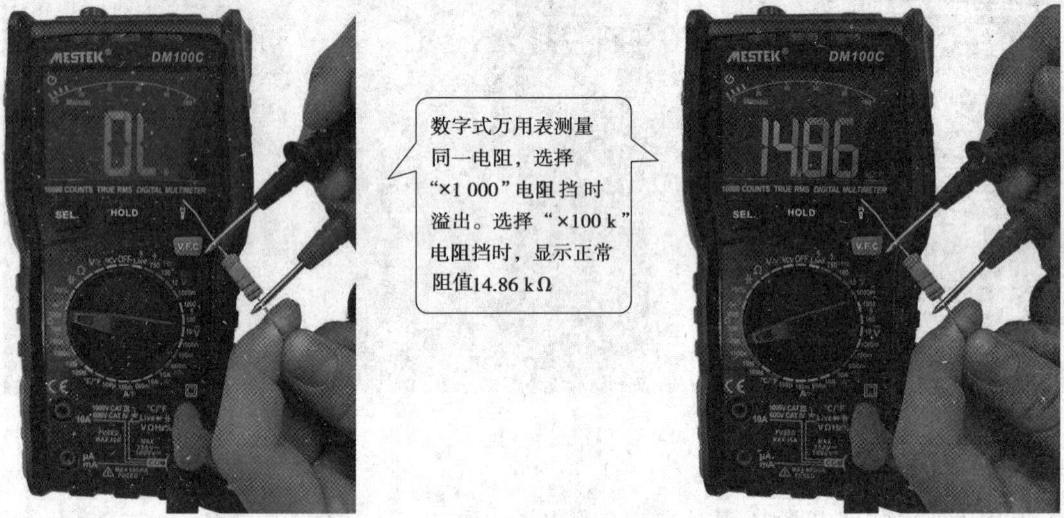

图 1-32

②调零：指针式万用表使用前首先要机械校零。在测量电阻时，更换量程后也需要调零。方法是红、黑表笔短路，调节欧姆电阻挡调零旋钮，使指针指到右侧 0 刻度线，如图 1-33 所示。

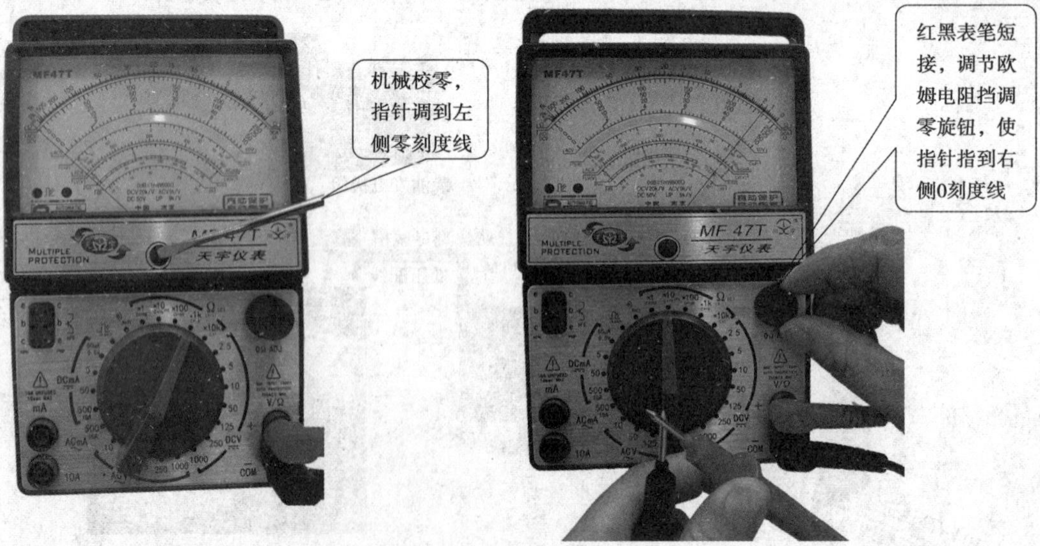

图 1-33

③测量：红、黑表笔与被测元件脚接触良好后进行测量，如图 1-34 所示。

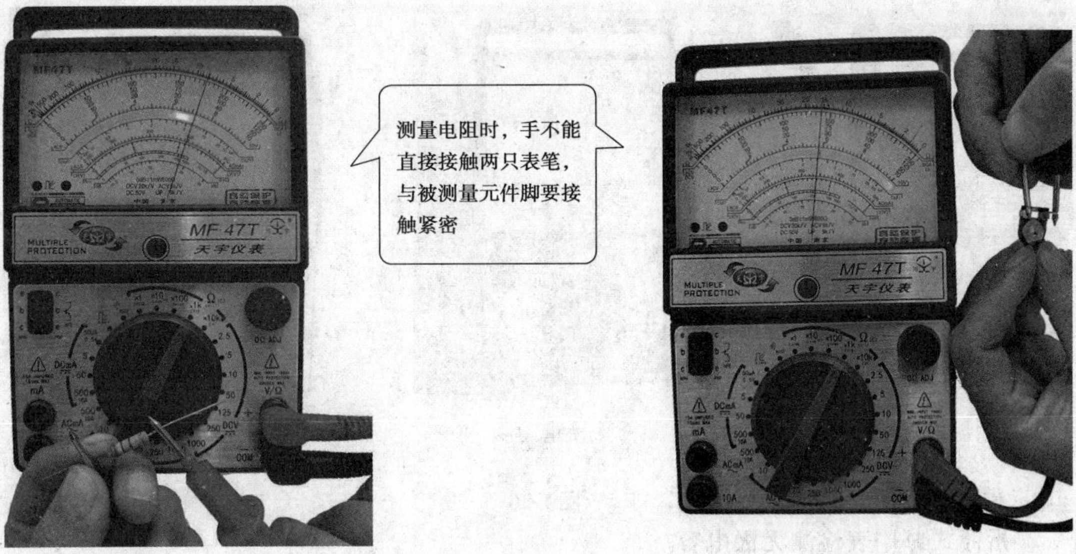

图 1-34

④读数：指针式万用表根据指针所指的刻度和所选用的量程，测量出电阻的阻值，阻值 = 刻度 × 量程，如图 1-35 所示。数字式万用表可直接读出阻值。

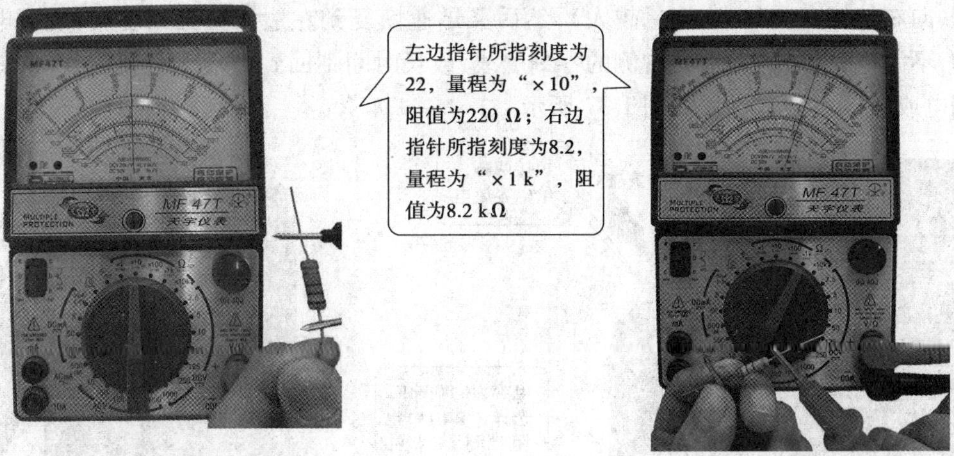

图 1-35

二、万用表测电容

微课视频
电容检测

1. 指针式万用表检测电解电容

用指针式万用表的电阻挡通常只能初步估测电容器的好坏，检测电容是否漏电。测电解电容时，测量前一般先短接放电，然后根据容量选择量程（一般几微法数量级的选择"R ×100"挡，几百微法数量级的选择"R ×10"挡），接下来把红表笔接电容器的负极，黑表笔接正极，观察指针转动情况，如果万用表指针首先向右摆动，然后又能恢复到左边无穷大刻度线，说明电容器是好的，不漏电；如果指针指向右侧的零刻度线，或长时间不回到左边无穷大刻度线，都说明电容漏电或击穿。其测试过程如图 1-36 所示。

放电　　充电　　充电结束

图 1-36

2. 指针式万用表检测无极电容

测无极电容时，过程与测量电解电容基本一样，只是不区别红、黑表笔，根据容量选择量程，容量小于几十皮法数量级以下的电容选择“ ×10 k”电阻挡进行检测，容量在几千皮法数量级以上的电容选择“ ×1 k”电阻挡进行检测。检测时，如果万用表指针首先向右摆动（同一量程，向右偏转角度越大，容量越大），然后又迅速恢复到左边无穷大刻度线，说明电容器是好的，不漏电；如果指针指向右侧的零刻度线，或长时间不回到左边无穷大刻度线，就说明电容漏电或击穿。测试过程如图 1-37 所示。

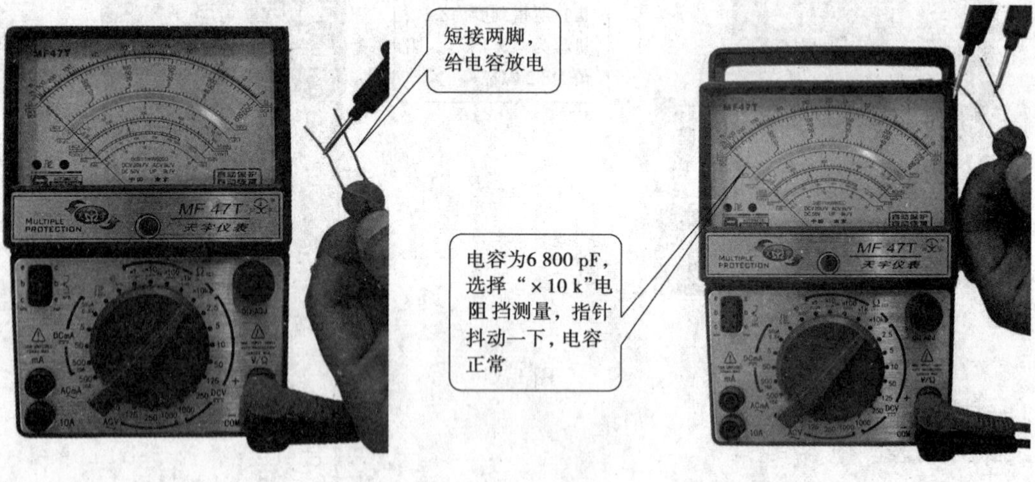

图 1-37

3. 数字万用表检测电容

有的数字式万用表可直接测量出电容的容量，如图 1-38 所示。

微课视频

电感检测

三、万用表检测电感和变压器

电感和变压器的绕组均由线圈构成，电感只有一组线圈，而变压器通常都有初级线圈和次级线圈，只要用万用表电阻挡的“×1”挡或蜂鸣挡测量电路的通断情况，就能检测其好坏。如果阻值较小（通常几百欧以下）或蜂鸣挡发声，说明电感或绕组正常导通，如果为无穷大或蜂鸣挡不发声，说明绕组开路。

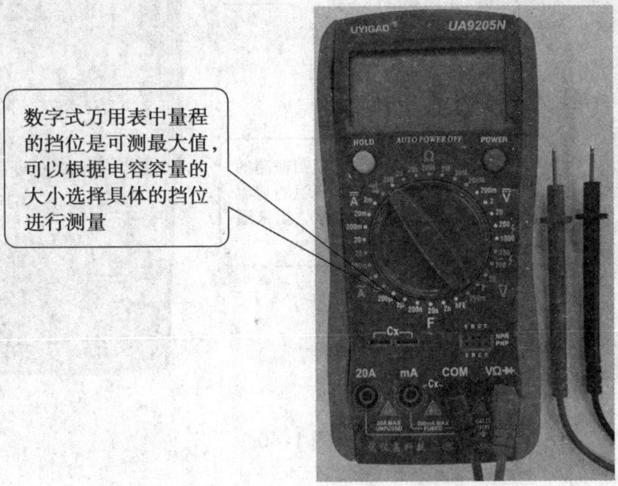

图 1-38

万用表测量电感的过程如图 1-39 所示。

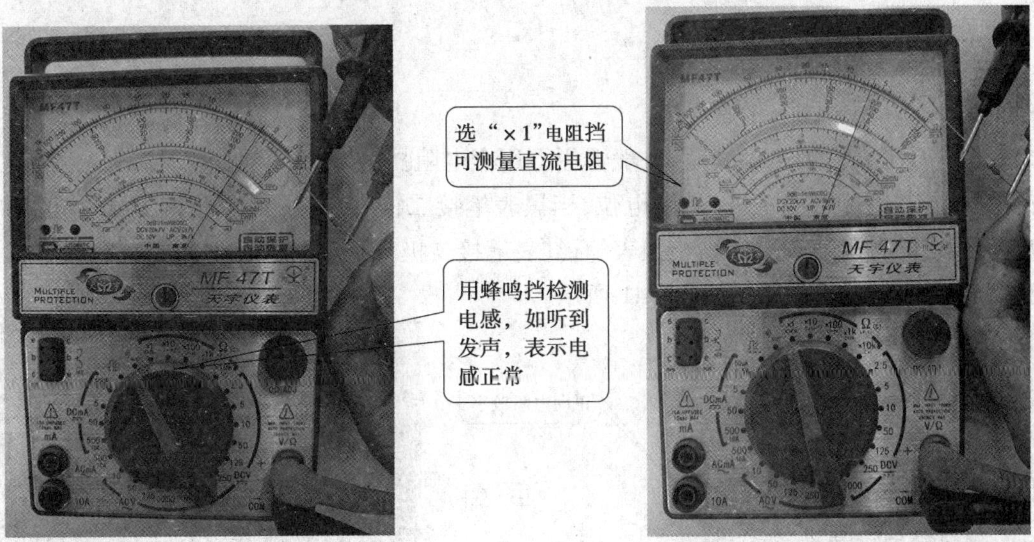

图 1-39

万用表测量变压器绕组的过程如图 1-40 所示。

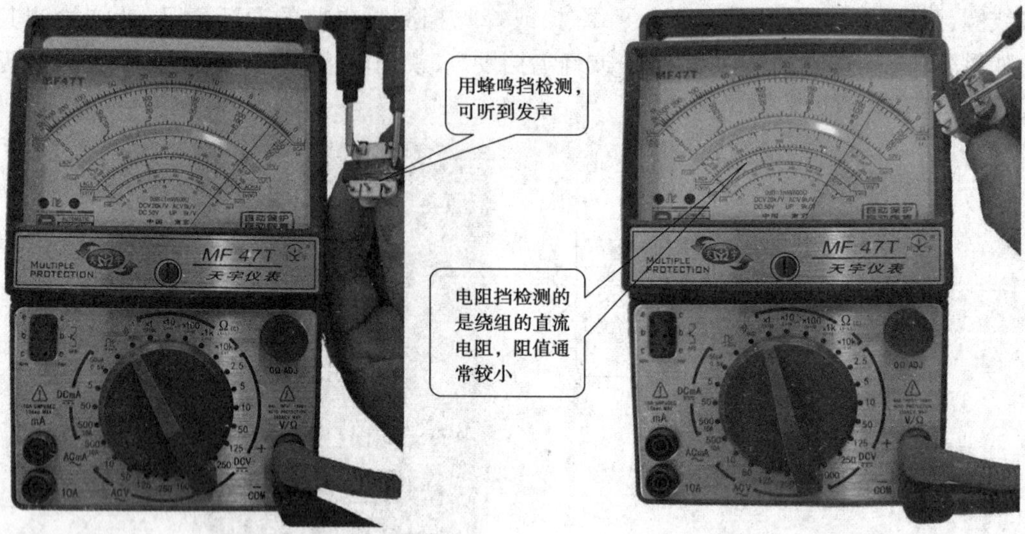

图 1-40

微课视频

二极管检测

任务八 万用表检测半导体元件

一、万用表测二极管

1. 指针式万用表测二极管

指针式万用表测量二极管时，一般选用万用表电阻挡的“×1 k”挡进行检测。由于在万用表内部，黑表笔接电池正极，是高电位，当黑表笔接二极管正极，红表笔接二极管负极时，二极管导通，此时阻值较小。当交换表笔，红表笔接二极管正极，黑表笔接二极管负极时，二极管截止，阻值接近无穷大，如图 1-41 所示。

图 1-41

2. 数字式万用表测二极管

数字式万用表测量二极管时，直接选用“二极管”挡进行检测。数字式万用表的红表笔接二极管正极，黑表笔接二极管负极时，可以直接测量二极管的导通电压，从导通电压可以知道二极管的构成材料（如果导通电压是 0.2 ~ 0.3 V，材料是锗；如果导通电压是 0.5 ~ 0.7 V，材料是硅）。当数字式万用表的红表笔接二极管负极，黑表笔接二极管正极时，二极管截止，数字式万用表显示溢出，如图 1-42 所示。

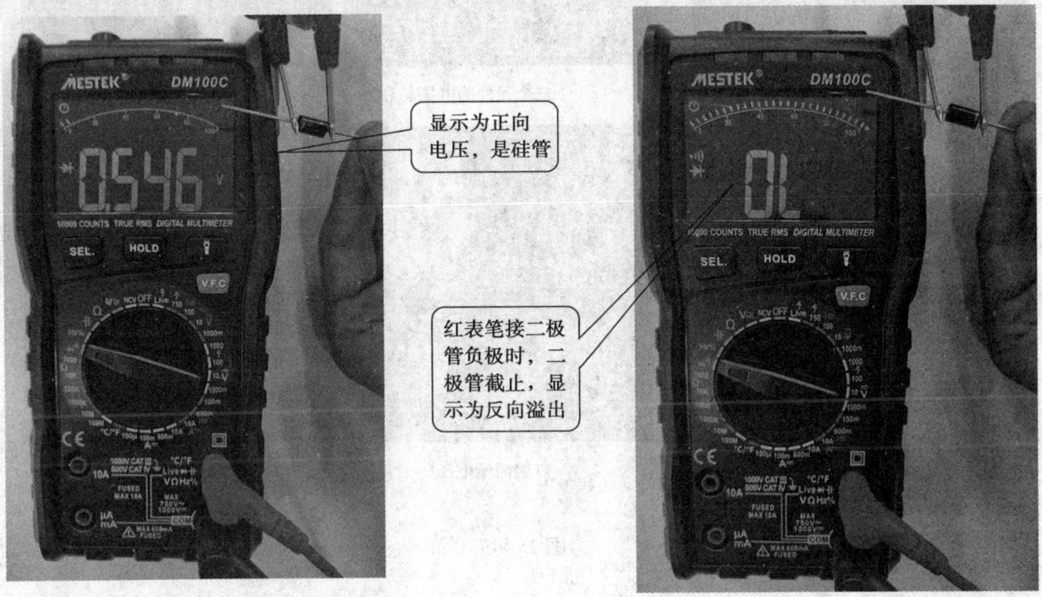

图 1-42

3. 二极管工作电路测试

微课视频
二极管电路检测

(1) 元件的原理图如图 1-43 所示。

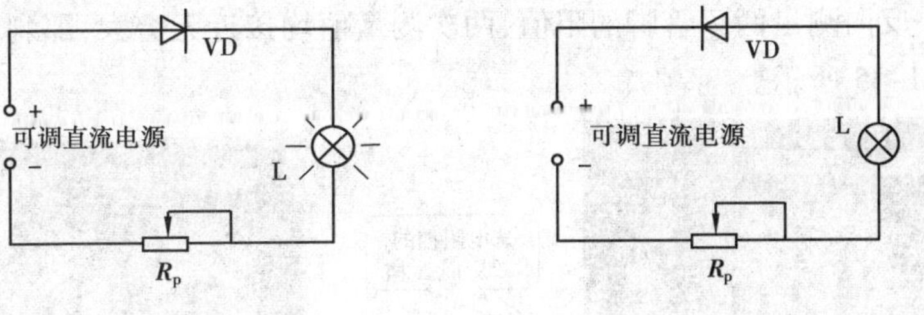

图 1-43

(2) 电路中电压的测量，测试过程如图 1-44 所示。

在检测电路性能的实验中，通常会用到直流稳压电源和面包板。直流稳压电源可提供实验需要的电压和电流，而面包板方便单元电路运行状态的演示或检测。图 1-44 中的直流稳压电源可提供直流 3 V 或 5 V 的两组电源，并且还可配合面板使用，向面包板的左、右两侧各提供一组电源（面包板上有“ + ”“ − ”标注）。

图 1-44

微课视频
三极管检测

二、万用表测三极管

1. 确定三极管的基极

指针式万用表测量三极管时，一般选用万用表电阻挡的“ ×1 k”挡进行检测。如果三极管性能完好，正、反向测量两只管脚的阻值，两次测量值均接近无穷大，那剩下的那只管脚一定是基极，如图 1-45 所示。

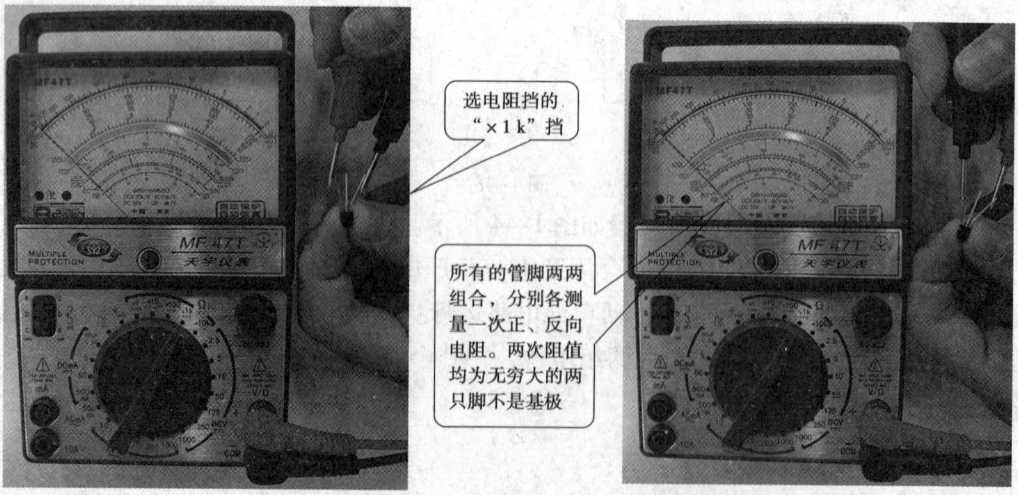

图 1-45

2. 确定三极管的类型及管脚

当黑表笔接在基极上，红表笔分别测量其余两只脚的阻值时，如果阻值都小，三极管是NPN型，如果阻值都大，三极管是PNP型，如图1-46所示。

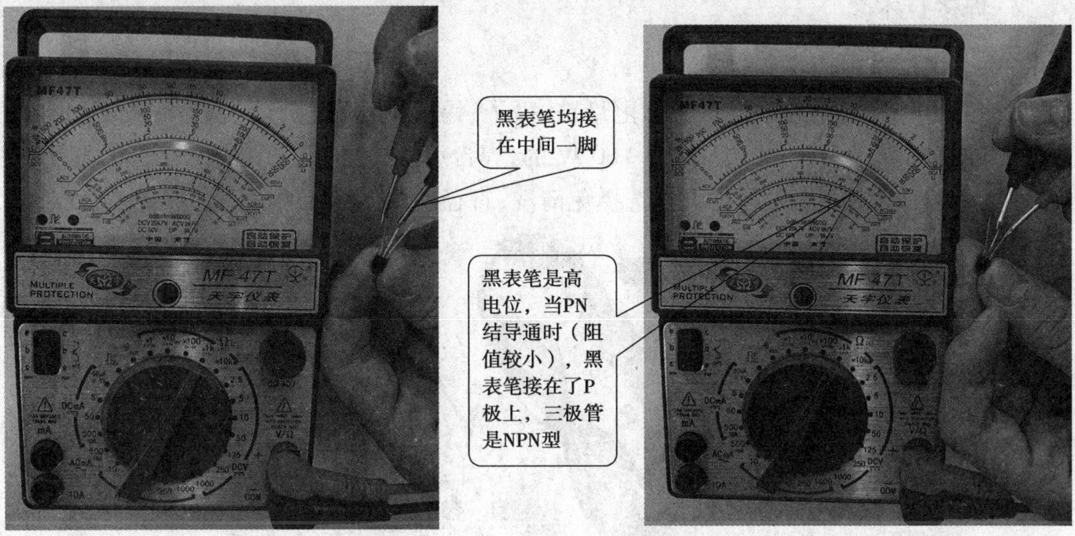

图1-46

任务九　电子元器件的焊接

一、面包板简介

微课视频

面包板介绍

面包板（见图1-47）采用酚醛树脂制造，板底有金属条。在板上对应位置打孔使得元件插入孔中时能够与金属条接触，从而达到导电目的。一般将每5个孔板用一条金属条连接。板子中央一般有一条凹槽，这是针对需要进行集成电路、芯片实验而设计的。板子两侧有两排竖着的插孔，主要用于给板子上的元件提供电源，面包板可采用专门设计的直流电源板（见图1-48）供电。

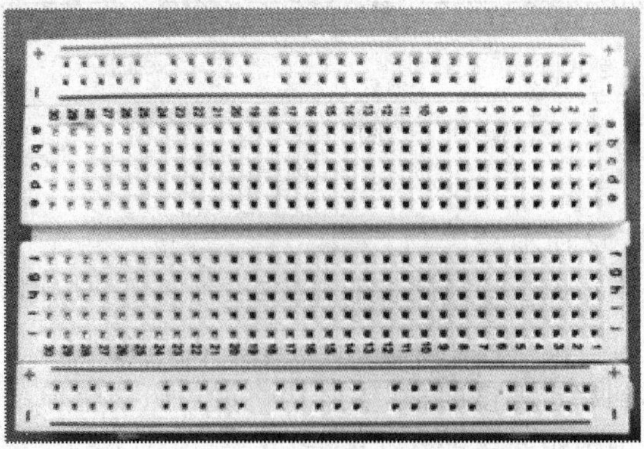

图1-47

图1-48

面包板是专为电子电路无焊接实验设计制造的，各种电子元器件可根据需要随意插入或拔出，免去了焊接，节省了电路的组装时间，而且元件可以重复使用，所以非常适合电子电路的组装、调试和训练。

微课视频
焊接技术

二、焊接技术

1. 手工焊接常用工具和材料

焊接电子元件常用的工具材料有电烙铁、镊子、锡焊丝、助焊剂（松香）等，如图 1-49 所示。电烙铁有不同功率，可以选择 25～60 W 的，焊台可选择可调温并带热风枪的，最适合的焊接温度为 280 ℃左右，焊锡丝可以选择免清洗、直径为 0.8 mm 的。

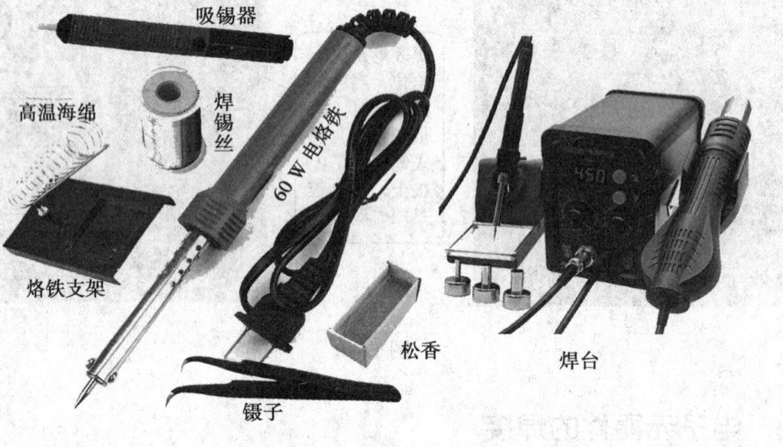

图 1-49

2. 元件焊脚的清洁与整形

如果元件脚或焊盘在空气中氧化，首先要用小刀和细砂纸清洁元件脚及焊盘，可以先加助焊剂上锡，然后整形元件脚的外形插入焊盘，如图 1-50 所示。元件的插装方式如图 1-51 所示。

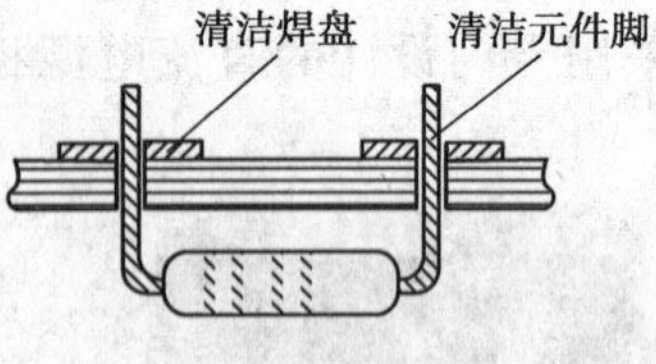

图 1-50

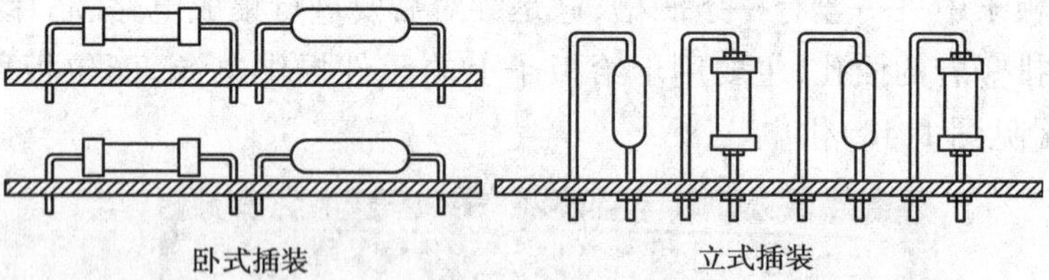

图 1-51

3. 电子线路的手工焊接

元件的焊接通常有 4 个步骤，如图 1-52 所示。

①同时加热焊盘和元件脚。烙铁头靠在焊盘与元件脚的连接处，加热整个焊接部位，时间大约为 2～3 秒。

②送入焊丝。焊件的焊接面被加热到一定温度时，焊锡丝从烙铁对面接触焊盘与元件脚，让焊料熔化到焊盘和元件脚上（不要把焊锡丝送到烙铁头上）。

③移走焊丝。当焊丝熔化一定量后，立即从左斜上方向移开焊丝。

④移走烙铁。从右斜上方向移开烙铁，结束焊接。

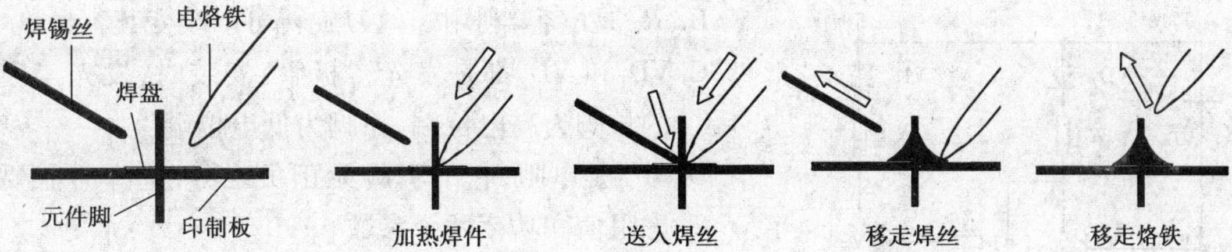

图 1-52

经验分享

(1)焊接时间不宜过久,但要完全熔化,以免造成冷焊。

(2)焊点的表面要平滑、有光泽、无毛刺。

(3)焊点完全冷却前,不可移动。

(4)电烙铁不用时要放置于电烙铁架上,并随时保持烙铁头的清洁。

案例解析

【案例 1】下列关于电子元件的描述中不正确的是(　　)。

A. 有一色环电阻,色环的颜色按顺序分别是棕、黑、橙、金,该电阻的阻值大约是 10 kΩ

B. 热敏电阻常用的有 PTC 和 NTC 两种

C. 有一磁片电容,外观上标注 471,表示该电容器的容量为 470 pF

D. 电感由线圈绕制而成,具有"通交流、阻直流"的作用

【答案】D

【解析】本题主要考查学生对电子元件的识别与选择。其中,电感是由线圈构成的,具有阻碍变化电流的性能,因此具有"通直流、阻交流"的作用。故本题的正确答案是 D。

【案例 2】下面关于电子元件的描述中正确的是(　　)。

A. 二极管具有单向导电性,因此二极管只能工作在正向状态

B. C9013、C9014、C9015、C9018 型号的三极管均是 NPN 型

C. 在电容外观上标注 471、0.01、103,它们的单位都是 pF

D. 用万用表电阻挡测量电容时,如果阻值为 0 Ω,表示电容已经短路

【答案】D

【解析】本题主要考查学生对电子元件的识别与选择。稳压二极管工作在反向击穿状态;C9013、C9014、C9018 型号的三极管是 NPN 型,C9012 与 C9015 型号的三极管是 PNP 型;电容标注时,如果没有单位,通常小于 1 的数字,默认单位是 μF,大于 1 的数字,默认单位是 pF;最后一个说法是正确的。故本题的正确答案是 D。

【案例 3】如图 1-53 所示的温控电路,下列关于该电路的说法中正确的是(　　)。

A. C_1 是电池,与 R_b 连接的一端为电池的正极

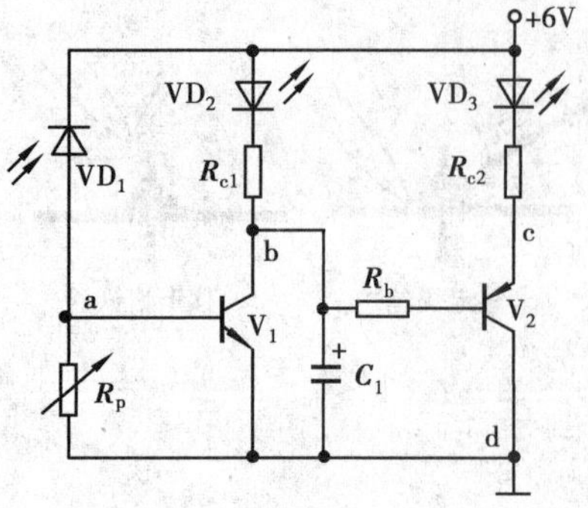

图 1-53

B. R_p是电容,利用螺丝刀旋转可以改变其容量

C. VD_1和 VD_2都是发光二极管,安装时,发光二极管的长脚为高电位端,短脚为低电位端

D. R_{c1}是电阻,它的引脚无正负之分,选择时需要考虑阻值和功率两个参数

【答案】D

【解析】本题主要考查学生对电子元件的识别与选择。在本题中,R_p是电阻,电阻的两脚不分正负,二极管的两只脚有正负之分,有色环的一端为负极,发光二极管的负极接低电位,但 VD_1是光敏二极管,不是发光二极管,因此只有答案 D 正确。

【案例 4】如图 1-54 所示是小明在实验室用二极管(材料为硅)、电阻、电源等搭建的实验电路,关于该电路,下列说法不正确的是(   )。

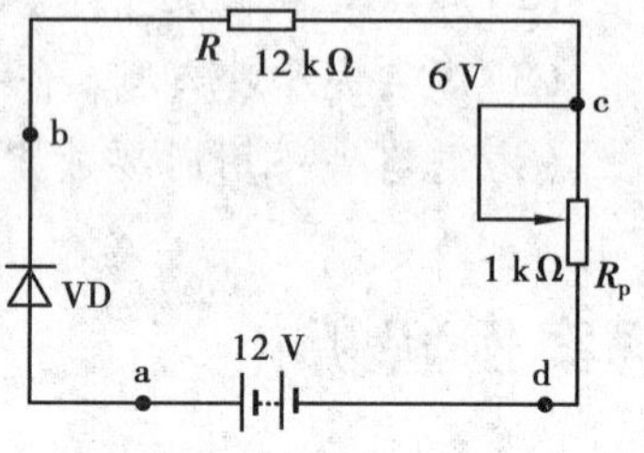

图 1-54

A. 电路中能产生电流,电流的方向是从 a 到 b

B. 二极管 VD 能导通,它两端的电压 U_{ab}不可能超过 0.7 V

C. 当 R_P的滑动端滑到最下端时,U_{bc}约为 11.3 V

D. 当 R_P的阻值不断增大时,U_{ab}会不断减小

【答案】D

【解析】本题主要考查二极管的性质。二极管具有单向导电性,导通后其两端的电压为饱和电压,通常使用硅材料是 0.7 V,使用锗材料是 0.3 V,理想状态相当于开关闭合,否则,相当于开关断开;本电路中二极管 VD 导通,两端电压为 0.7 V,一直不变,相当于开关闭合。故本题的正确答案是 D。

【案例 5】下列关于三极管测量的说法中,不正确的是(   )。

A. 指针式万用表测量三极管时,如果两只脚的正、反向电阻都很大,这两只脚一定都不是基极

B. 指针式万用表测量三极管时,若黑表笔接在基极上,红表笔分别接在另两只脚上测量时电阻均小,那这只三极管不可能是 PNP 型

C. 用数字式万用表“—▷|—”挡测量三极管时,若黑表笔接在基极上,红表笔分别接在另两只脚上测量时均显示 0.56 V,那这只三极管可能是 PNP 型

D. 如果用数字式万用表 “—▷|—”挡测量三极管时,两次测量值都显示溢出,说明三极管已损坏

【答案】D

【解析】本题主要考查三极管的检测方法。三极管内部结构特征是两个 PN 结,当 P 极接高电平、N 极接低电平时,三极管这两只脚将导通,可测量正向导通电压,否则将不通而溢出,而三极管的集电极 c 与发射极 e 之间是不能直接导通的,用数字式万用表测量正反两次

均会显示溢出，因此选择 D。

【案例 6】关于元件板的焊接，以下说法不正确的是(　　)。

A. 电子元件一般首先要检测、整形，然后才能安装在电路中

B. 焊接时，温度最好高一些，这样能加快焊接速度

C. 在加热焊点和元件脚以后，才能送入焊丝

D. 焊丝熔化，焊点形成小圆盘后，可立即移出焊丝，最后移出烙铁

【答案】B

【解析】本题主要考查电烙铁的使用方法。使用时，电烙铁的温度最好控制在 280 ℃左右，并不是越高越好，因此选择 B。

素养检测

1. 下列关于电子元件的描述中不恰当的是(　　)。
   A. 有一色环电阻，色环的颜色按顺序分别是金、红、紫、黄，该电阻的阻值大约是 4.7 kΩ
   B. 二极管有色环标注的一端通常为负极
   C. 电感的两只脚在电路中无极性差别，安装时不需考虑正负极
   D. 电容的两只脚在电路中无极性差别，安装时不需考虑正负极
2. 下列关于电子元件的描述中不恰当的是(　　)。
   A. 有一只电容器上标注的容量是 103，它的实际容量大小是 103 pF
   B. 色环的电阻颜色按顺序分别是橙、橙、黑、橙、棕，该电阻的阻值大约是 330 kΩ
   C. 二极管与三极管都是有极性的元件
   D. 10 pF 瓷片电容的两脚之间的电阻阻值接近无穷大
3. 下列选项中，元器件 a、b 都可用右侧电路符号表示的是(　　)。

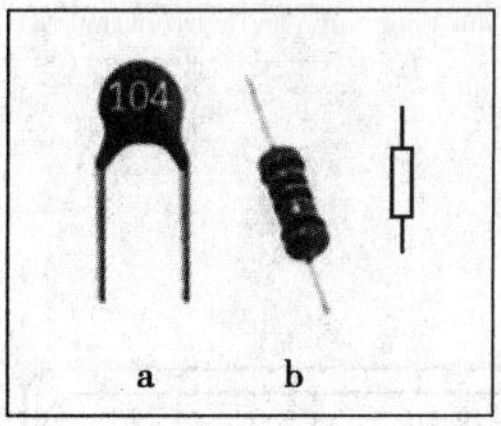

A.

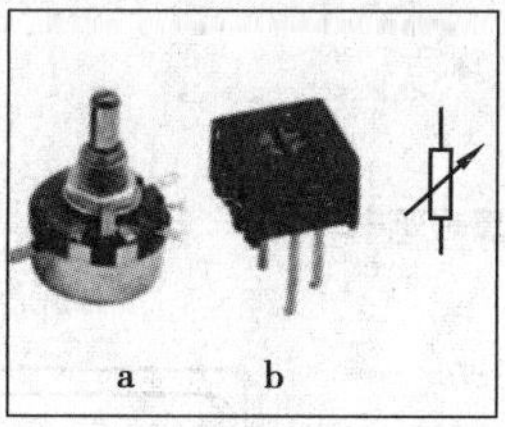

B.

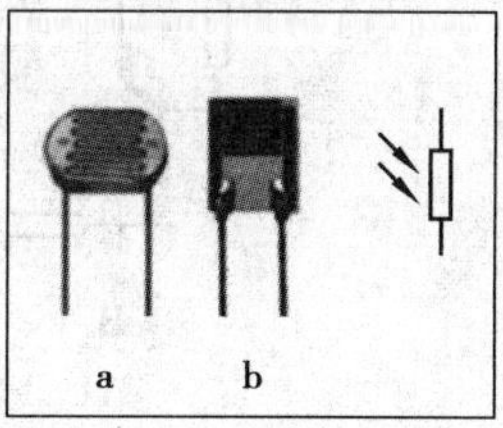

C.

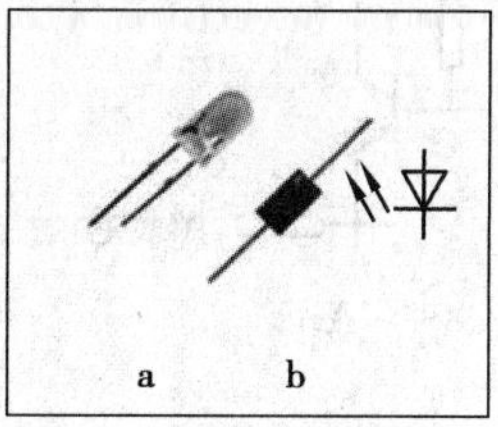

D.

4. 下列电子元器件在接入电路时，不需要考虑管脚正负极性的是(　　)。

A.

B.

C.

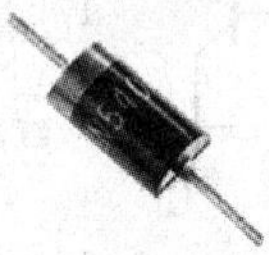
D.

5. 对于下列元器件的功能描述，不准确的是(　　)。

A. 可以存储电荷　　B. 可以阻碍电流　　C. 可以形成电流　　D. 可以放大信号

6. 小明用指针式万用表“×10”电阻挡测试二极管和电解电容，指针稳定时指示如下。你认为通过本次测量就能判断元件已损坏的是(　　)。

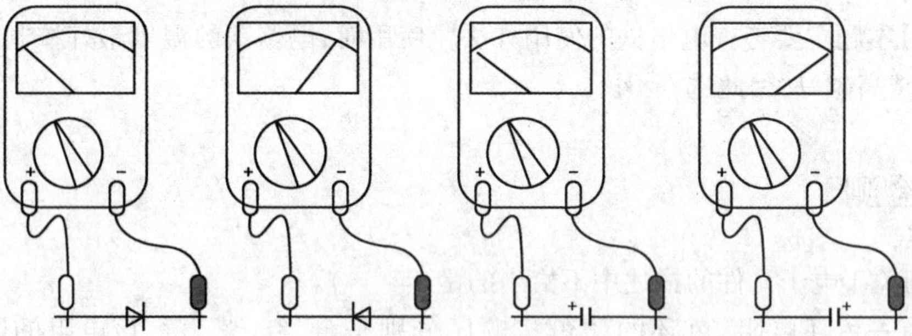

A.　　B.　　C.　　D.

7. 关于型号为 C9015 的三极管，下列说法中**不正确**的是(　　)。

A. 该三极管为 PNP 型，它的中间一只脚为 b 极

B. 用指针式万用表直接测量外侧两脚的电阻，阻值接近无穷大

C. 三极管内部有两个 PN 结，分别引出三根线形成了三个电极

D. 指针式万用表黑表笔接在中间一脚上，红表笔接两侧任意一脚，阻值均接近零

8. 小红为了检测三极管的性能，采用已接好的电路进行测试。当选用指针式万用表电阻挡的“×1 k”挡检测时，万电表指针如图 1-55 所示。此时检测对应的电路图应该是(　　)。

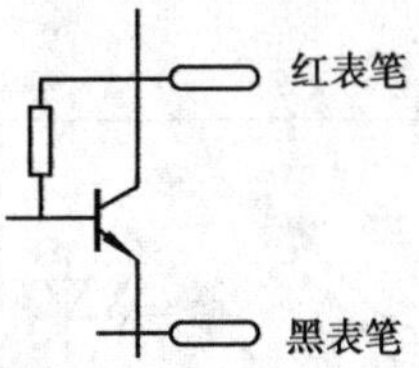

A.

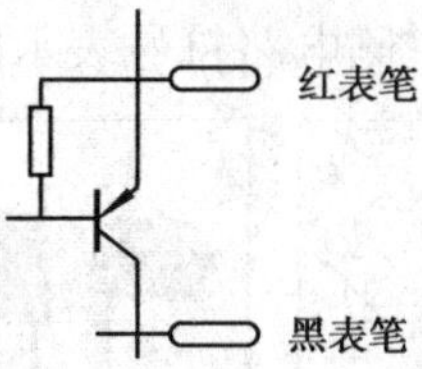

B.

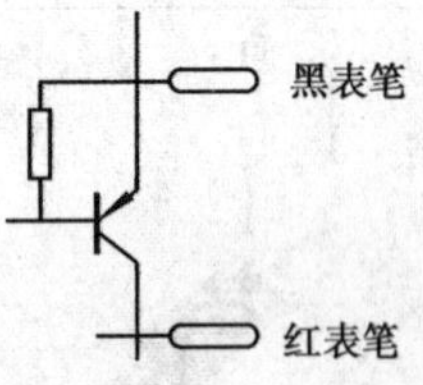

C.

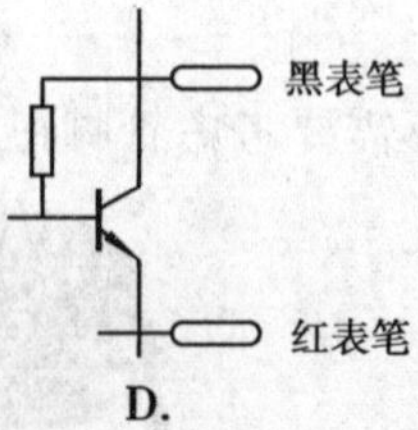

D.

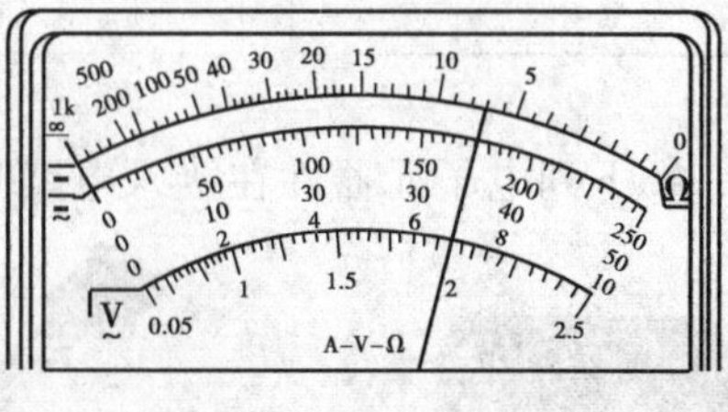

图 1-55

9. 在安装电子元件前，通常要使用指针式万用表检测元器件的好坏，再用电烙铁进行焊接。关于该过程的描述，以下说法**不恰当**的是(　　)。

A. 为了准确测量电阻的阻值，每次更换量程后，万用表最好都要进行机械调零

B. 指针式万用表测试二极管正向电阻时，正向电阻应该为 0 Ω

C. 电解电容放电后测量时，用指针式万用表红表笔接电容短管脚，黑表笔接长管脚，测试时指针迅速向 0 Ω 方向偏转，后缓慢回退至∞ Ω 处

D. 焊接时先用电烙铁同时加热焊盘和元件引脚，上锡后立即撤离焊丝和电烙铁，以免因过热而造成元件损坏

10. 小王用万用表测量下列电子元件，根据测量结果，能够判定电子元件损坏的是(　　)。

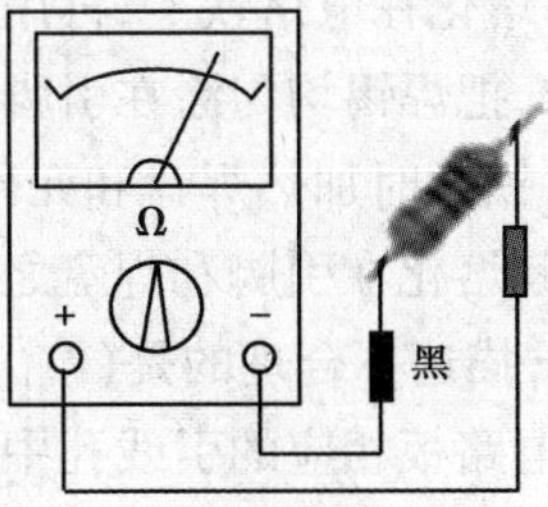

A.测电阻

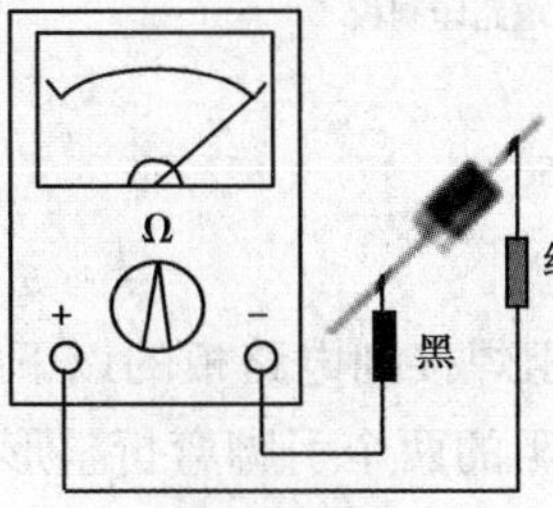

B.测二极管

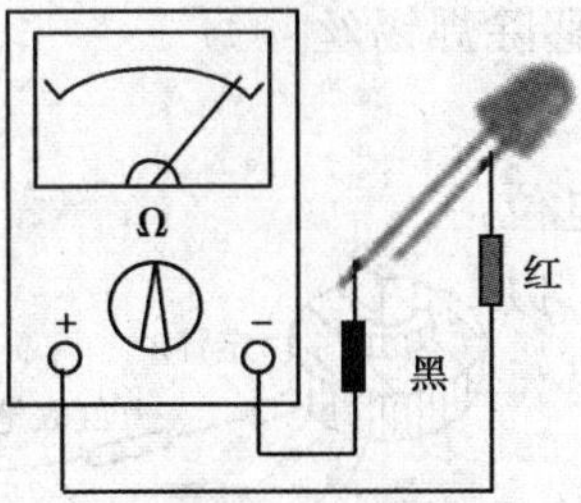

C.测发光二极管

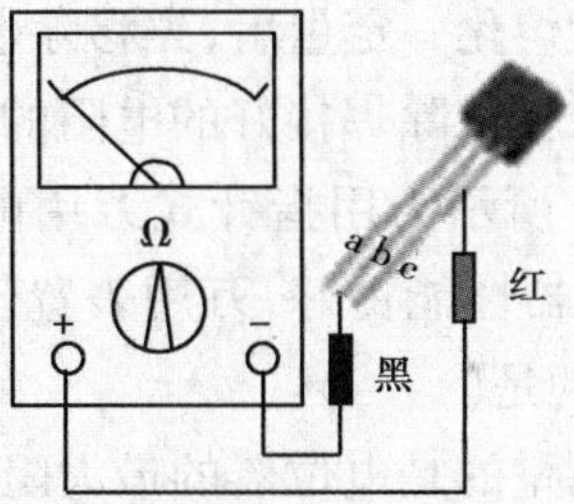

D.测PNP三极管

11. 小红同学用指针式万用表测量某三极管，首先将万用表置于电阻“×1 k”挡，把黑表笔接在三极管的其中一脚(J_1)上，将红表笔分别接在其余两只管脚上，两次测得的电阻阻值都很小(约 500 Ω)；再把红表笔接在三极管的管脚(J_1)上，将黑表笔分别接在其余两只管脚上，两次测得的电阻阻值都很大(约 100 kΩ)。根据以上检测结果，以下判断错误的是(　　)。

A. 该三极管的管型为 NPN 型

B. 连接的三极管管脚(J_1)是基极

C. 该三极管没有损坏

D. 万用表测量阻值较小(约 500 Ω)时，黑表笔接在 N 型半导体的电极上

12. 关于指针式万用表的使用，以下说法中不正确的是(　　)。

A. 为了准确测量电阻的阻值，选择量程前一定要先短接表笔，调节调零旋钮，使万用表的读数调零

B. 测量二极管的正向电阻时，应将黑表笔接二极管的正极，红表笔接在二极管的负极上进行测量

C. 判断光敏电阻的好坏时，应在不同的光照条件下分别测量其电阻的阻值

D. 测量直流电压时，红表笔接高电位端，黑表笔接低电位端

13. 在电子控制技术实践课上，同学们用电烙铁进行焊接操作，如图 1-56 所示。小红准备采用以下措施，其中正确的操作流程是（　　）

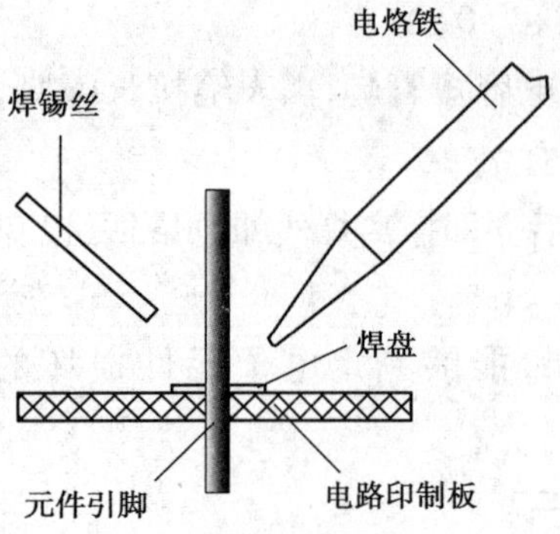

图 1-56

A. 先用电烙铁加热元件引脚，再加焊锡，熔化的焊锡沿着引脚流到焊盘上形成焊点

B. 先将焊锡移到焊盘的上方，再用电烙铁加热焊锡，让熔化的焊锡滴到焊盘上形成焊点

C. 先将焊锡熔化在电烙铁上，再用电烙铁在焊盘上来回涂抹，把焊锡均匀涂在引脚的四周

D. 先用电烙铁同时加热焊盘和元件引脚，再将焊锡送入，使其熔化在引脚和焊盘之间形成焊点

14. 将色环电阻焊接到电路板的以下操作过程中，描述不合理的是（　　）。

A. 先将电阻的两个引脚弯折整形后，再插入电路板相应的引线孔中

B. 用电烙铁同时加热电阻的引脚和相应的焊盘

C. 当焊丝熔化一定量后，先移除电烙铁，再移除焊锡丝

D. 用斜口钳剪除焊接好的电阻的过长引脚

15. 如图 1-57 所示为用指针式万用电表测量电位器的示意图，电位器性能良好，万用表置于欧姆挡。以下说法中不正确的是（　　）。

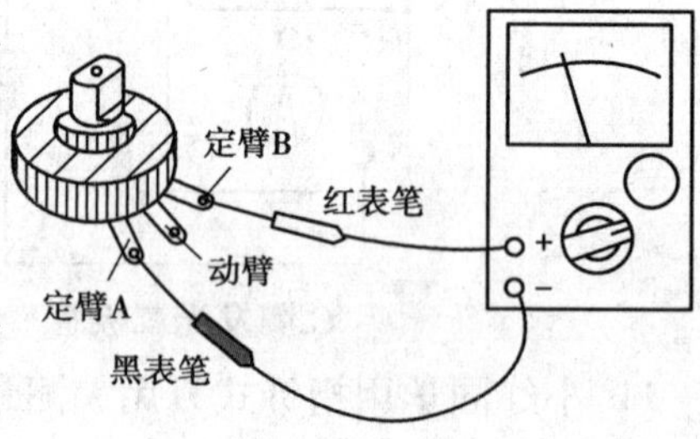

图 1-57

A. 此时测量的是电位器的最大阻值

B. 如果需要准确测量阻值，挡位变换后，最好先进行电阻挡调零

C. 黑表笔与定臂 A 相接，红表笔与定臂 B 相接后，转动旋柄，指针会偏转

D. 黑表笔与定臂 A 相接，红表笔与动臂相接后，转动旋柄，发现指针左偏，说明阻值变大

16. 小王同学使用指针式万用表测试正常的二极管、电阻、电容。他将万用表的开关拨到“×100”挡，并分别测各元件的正、反向电阻。测甲元件时，$R_{正}=R_{反}=0.5\ \text{k}\Omega$；测乙元件时，$R_{正}=0.5\ \text{k}\Omega$，$R_{反}=100\ \text{k}\Omega$；测丙元件时，开始指针偏向 $0.5\ \text{k}\Omega$，接着读数逐渐增大，最后停在无穷大处。根据以上测试，你认为甲、乙、丙三个元件分别是（　　）。

A. 电容器、电阻、二极管

B. 电阻、电容器、二极管

C. 电阻、二极管、电容器

D. 二极管、电阻、电容器

17. 下列关于数字式多用表与指针式万用表的使用，说法不正确的是(　　)。

A. 用数字式万用表“—▷|—”挡测试二极管时，红表笔接正极，黑表笔接负极，可显示导通电压

B. 用指针式万用表电阻挡测试二极管时，红表笔接负极，黑表笔接正极，二极管导通

C. 在判断 NPN 型三极管好坏时，若用指针式万用表的黑表笔接三极管基极，红表笔分别接另两只管脚时测得的电阻均很大(几十千欧)，则说明该三极管是好的

D. 用指针式多用表的红表笔接三极管基极，黑表笔接另两只管脚时，测得的电阻均很小；再用黑表笔接三极管基极，红表笔接另两只管脚时，测得的电阻均很大，则说明该三极管为 PNP 型

18. 用指针式万用表的电阻挡，测量电子元件(见图 1-58)，下列说法正确的是(　　)。

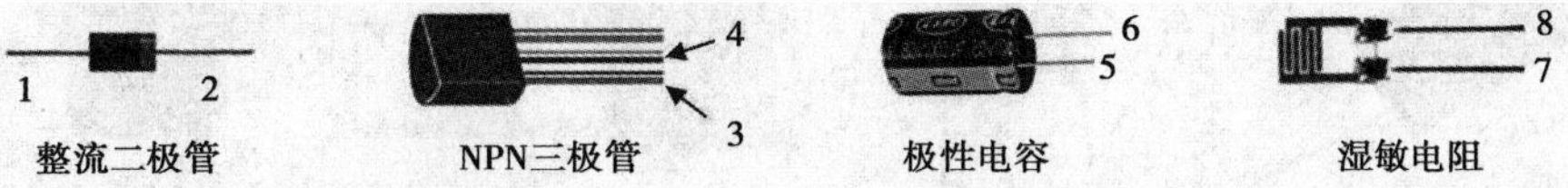

图 1-58

A. 红表笔接引脚 1，黑表笔接引脚 2，指针大幅度偏转

B. 红表笔接引脚 3，黑表笔接引脚 4，指针不偏转

C. 红表笔接引脚 5，黑表笔接引脚 6，指针先向右偏，后向左偏

D. 红表笔接引脚 7，黑表笔接引脚 8，湿度越大，指针偏转越小

19. 如图 1-59 所示为小明在电子控制技术实践课上绘制的简易光控电路图。要求根据光照的情况，控制发光二极管 VD 的亮灭。小明在安装上述电路前，利用指针式万用表“×100”电阻挡检测各元器件性能，以下操作和说法中错误的是(　　)。

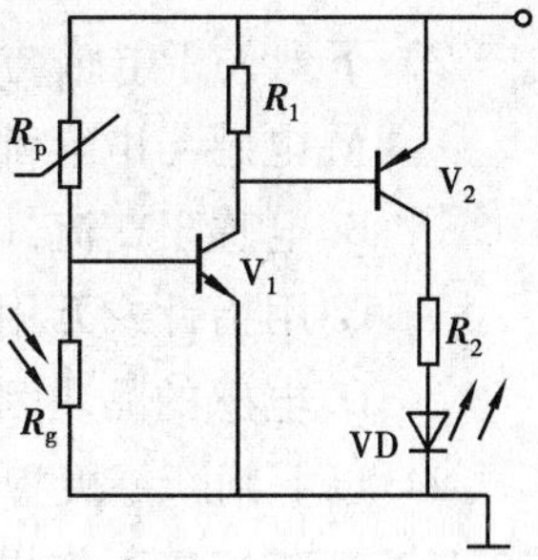

图 1-59

A. 检测可变电阻器时，应转动转轴，观察指针是否偏转

B. 将表笔接在 R_g 两端，随着光照的增强，指针会向右偏

C. 红表笔接发光二极管 VD 正极，黑表笔接其负极，VD 可发光

D. 将黑表笔接 V_2 的基极，红表笔分别接其余两脚测量时，若指针偏转都大，说明该三极管选择错误或损坏

20. 甲、乙两同学使用电阻挡测同一个电阻时，他们都把选择开关旋到“×100”挡，并能正确操作。他们发现指针偏角太小，于是甲就把开关旋到“×1 k”挡，乙把选择开关旋到“×10”挡，但乙重新调零，而甲没有重新调零，则以下说法正确的是(　　)。

A. 甲选挡错误，而操作正确

B. 乙选挡正确，而操作错误

C. 甲选挡错误，操作也错误

D. 乙选挡错误，而操作正确

21. 如图 1-60 所示的电阻，以下关于它们的描述中，说法不正确的是(　　)。

A. 从左至右，电阻的阻值分别为 5.1 kΩ、10 kΩ、15 kΩ 和 2.0 Ω

B. 左边第一个电阻的功率是 1 W，阻值为 5.1 kΩ，阻值的误差为 ±5%

C. 左边第二个电阻的最大阻值是 10 kΩ

D. 右边两个是贴片电阻，最后一个标注的“R”表示元件为电阻

图 1-60

22. 如图 1-61 所示的电容，以下关于它们的描述中，说法不正确的是(　　)。

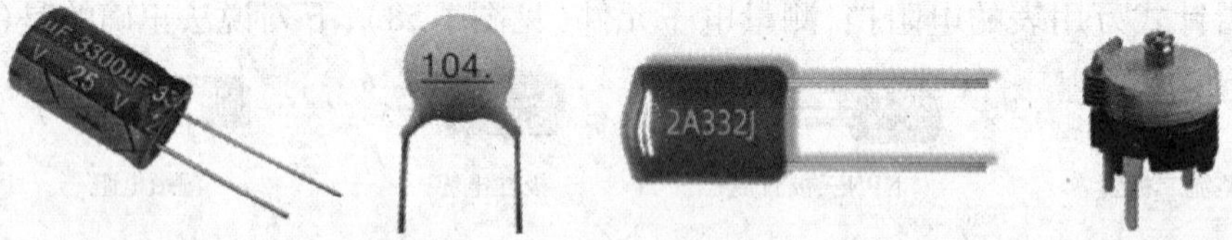

图 1-61

A. 前三个电容中，第一个电容的容量最大，它的长脚为正极，在电路中接高电位端

B. 第二个电容的容量是 104 pF

C. 第三个电容的耐压是 100 V，容量是 3 300 pF，容量的误差等级为 ±5%

D. 最后一个电容为可变电容

23. 下列关于电感与电容的说法不正确的是(　　)。

A. 电感与电容都是储能元件

B. 电感阻交流，电容通交流

C. 用指针式万用表电阻挡检测时，电感的阻值与电容的阻值均为无穷大

D. 电感的品质因素用 Q 表示，Q 越大电路中的损耗越小，电源效率越高

24. 以下判断二极管正负极的方法，错误的是(　　)。

A. 二极管上如果有色点，色点一端为正极

B. 二极管上如果有色环，色环一端为正极

C. 发光二极管长引脚为正极

D. 发光二极管管壳内金属片大的一端为负极

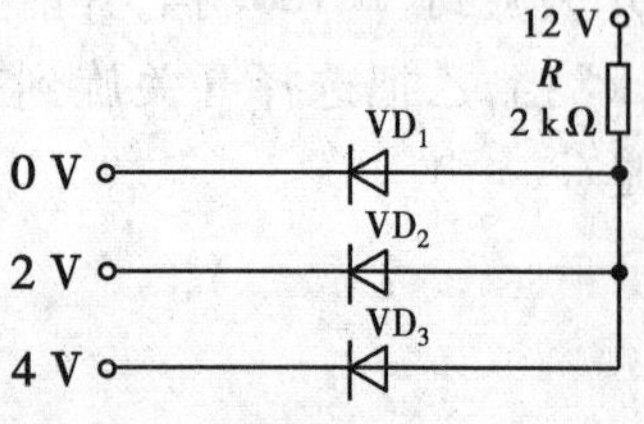

图 1-62

25. 如图 1-62 所示的电路，二极管的工作状态是(　　)

A. VD_1、VD_2、VD_3都导通

B. VD_1导通，VD_2、VD_3都截止

C. VD_1、VD_2、VD_3都截止

D. VD_1、VD_2截止，VD_3导通

26. 小明用指针式万用表检测二极管，检测的过程如图 1-63 所示。根据检测，你认为分析不正确的是(　　)。

A. 图(a)检测的结果可以说明二极管损坏

B. 图(b)检测的结果可以说明二极管损坏

C. 图(d)检测的结果可以说明二极管损坏

D. 图(a)与图(c)检测的结果可以说明二极管正常

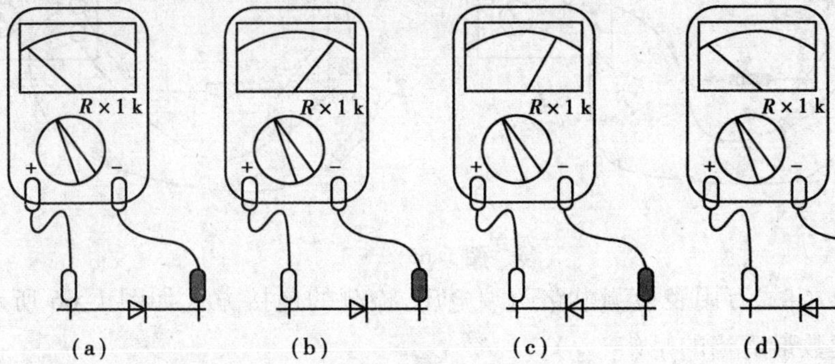

图 1-63

27. 小明用指针式万用表检测三极管,检测的过程如图 1-64 所示。根据检测,你认为分析不正确的是(　　)。

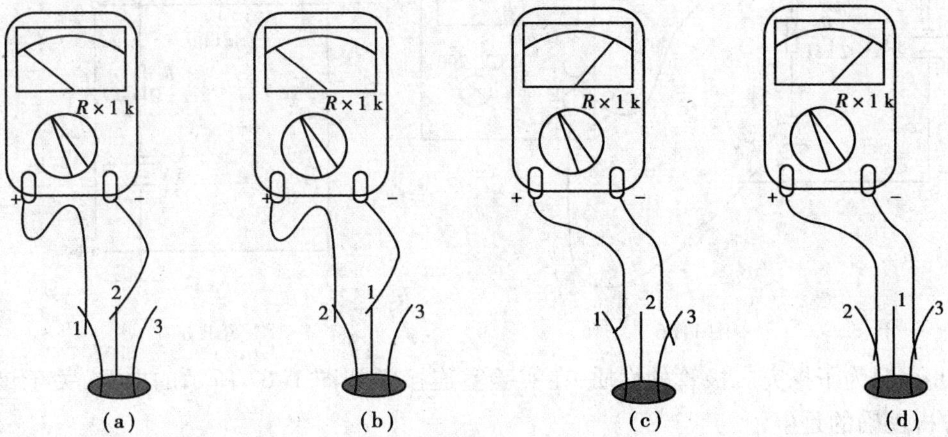

图 1-64

A. 图(a)、图(b)检测的结果可以说明图中三极管的 1、2 脚不是基极

B. 图(c)、图(d)检测的结果可以说明图中三极管的 3 脚不可能是基极

C. 通过以上检测可判断三极管的类型是 NPN 型

D. 通过以上的检测说明三极管没有损坏

28. 小明用指针式万用表检测三极管,检测的过程如图 1-65 所示。根据检测,你认为分析正确的是(　　)。

A. 图中三极管的 1 脚是基极,三极管的类型是 NPN 型

B. 图中三极管的 2 脚是基极,三极管的类型是 NPN 型

C. 图中三极管的 3 脚是基极,三极管的类型是 PNP 型

D. 图中三极管的 2 脚是基极,三极管的类型是 PNP 型

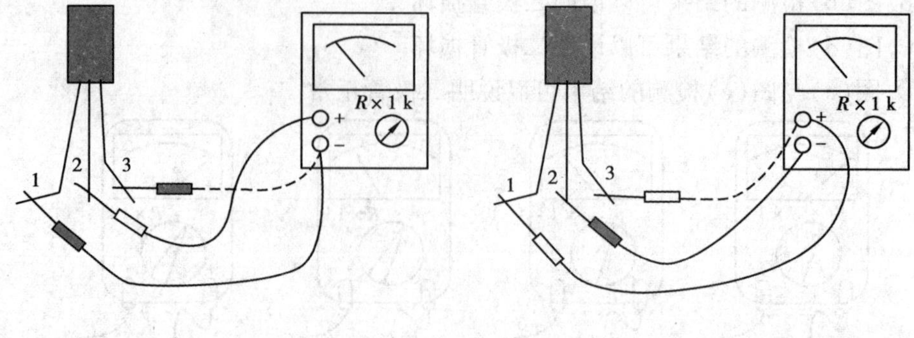

图 1-65

29. 小明用数字式万用表检测电路两端电压，检测的连接方式如图 1-66 所示。你认为数字式万用表读数最适当的是(　　)。

A. 约为 −12 V　　B. 约为 +7 V　　C. 约为 −5 V　　D. 约为 −5.7 V

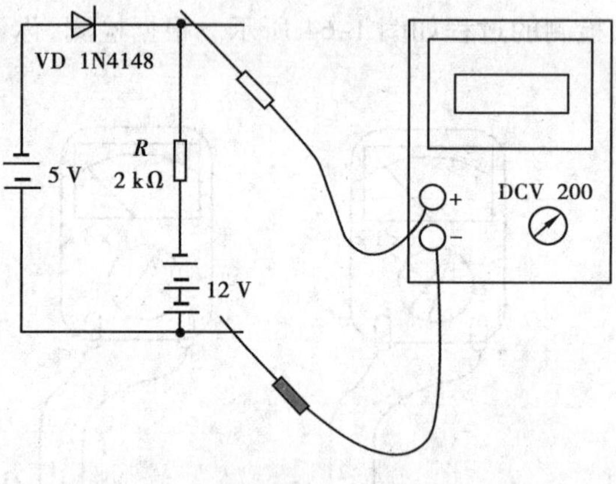

图 1-66

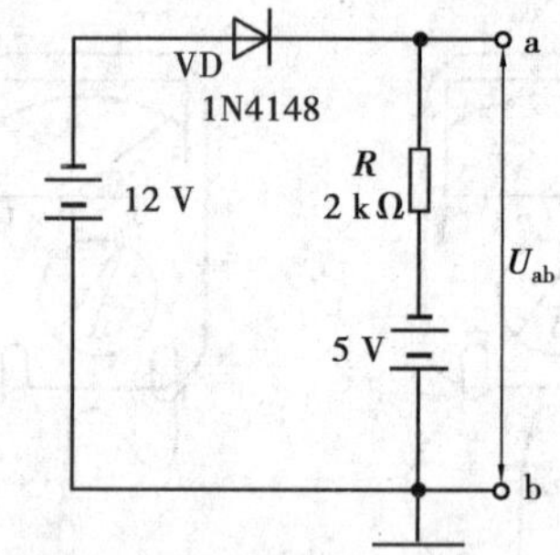

图 1-67

30. 小明为了探究二极管的性质，在实验室连接了如图 1-67 所示的电路，关于该电路，以下分析正确的是(　　)

A. 二极管正向导通，U_{ab} = −5.7 V　　B. 二极管正向导通，U_{ab} = −4.3 V

C. 二极管反向截止，U_{ab} = −5 V　　D. 二极管反向截止，U_{ab} = −12 V

第二单元　模拟电路与数字电路

素养目标

1. 了解模拟信号和数字信号各自的优缺点及其相互转化的方法。

2. 能正确分析晶体三极管的工作状态，熟悉基本放大电路及工作原理，正确识读三极管的特性曲线。

3. 熟悉基本逻辑门电路的符号、逻辑关系、真值表、波形图。

知识储备

任务一　认识模拟信号与数字信号

一、模拟信号

模拟信号：在时间和取值（数值）上都是连续变化的信号，指用连续变化的物理量表示的信息，其信号的幅度、频率、相位等随时间作连续变化。比如一天里的温度、广播的声音信号、飞机的速度、220 V 交流电压等属于模拟信号。

离散信号：指事物的量值是非连续变化的信号。比如教室里书的数量、学生的人数以及人的身高等都是离散信号。

模拟信号优缺点：优点是直观并且容易得到；缺点是保密性差、抗干扰能力弱、信号的处理和存储等不方便，传输易失真。

二、数字信号

自然界中的信号基本上都是模拟信号，对模拟信号进行数字化转换后就可形成数字信号。

数字信号在时间和取值（数值）上都是离散的信号。比如海洋中船只间联络的灯光信号，烽火台狼烟传递的信号，考试是否合格的信号等。

在电路中“通”“断”或“高”“低”“真”“假”电平，我们也可用数字信号“1”“0”表示。

数字信号优缺点：优点是抗干扰能力强、易于处理、精度高（数字万用表的小数位）、易保存(光盘信息);缺点是数据量大、占用频带较宽、接收与发送技术要求复杂。

三、模拟信号与数字信号的转换

将模拟信号转变为数字信号(具体过程:采样→量化→编码,如图 2-1 所示)的器件,称为 ADC 或 A/D 转换器,相反将数字信号转换为模拟信号的器件称为 DAC 或 D/A 转换器。

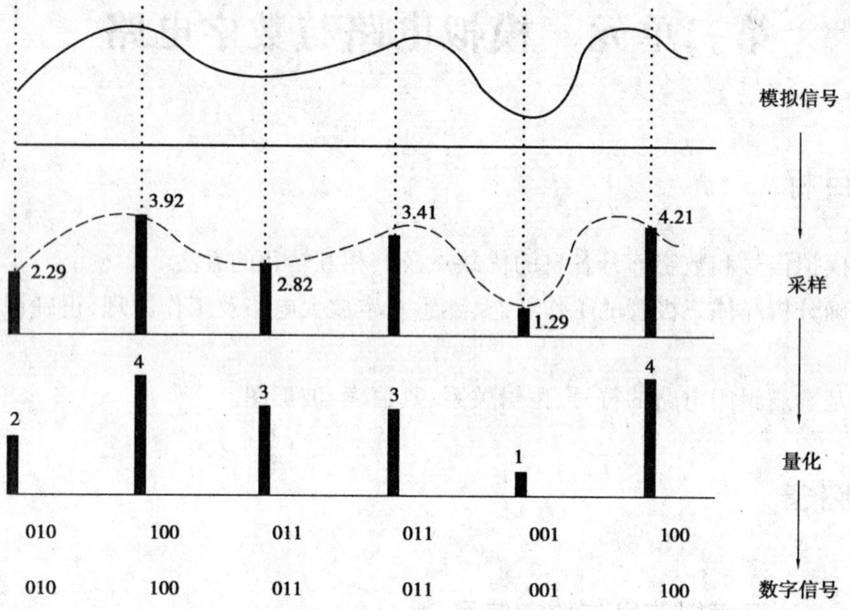

图 2-1

任务二　认识模拟电路

一、固定偏置放大电路

1. 电路组成

NPN 型三极管构成的固定偏置放大电路如图 2-2 所示。固定偏置电路以三极管 V 为核心,包括 R_b、R_c及 C_1、C_2。

在放大电路中,R_b、R_c不能缺少,R_b 与电源一起为三极管提供基极电流,R_c 为集电极输出负载,电容 C_1、C_2耦合信号作用。

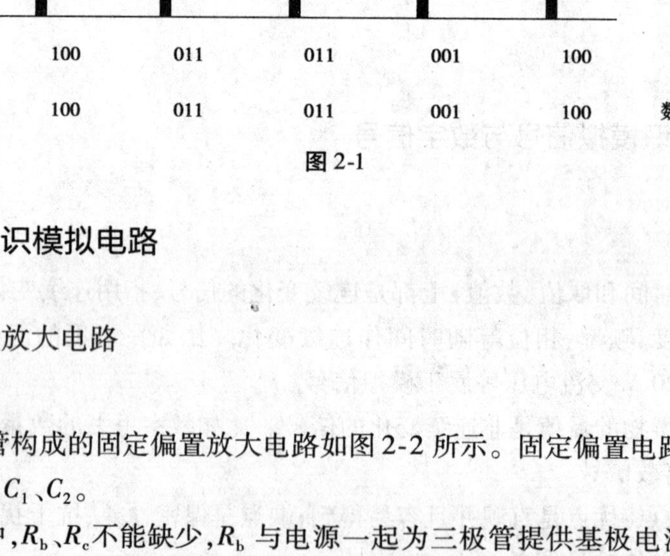

图 2-2

2. 工作原理

接通电源后，电流从电源 Vcc 正极分为两路流出，一路电流经过电阻 R_b 流入三极管 V 的基极，再通过内部的发射结从三极管 V 的发射极流出。另一路电流经电阻 R_c 流入三极管 V 内部的集电结，再从发射极流出。两路电流都从三极管 V 的发射极流出，流过三极管基极的电流称为 I_b 电流，流过集电极的电流称为 I_c 电流，流过发射极的电流称为 I_e 电流，它们有以下关系：

$$I_b + I_c = I_e$$

3. 工作状态

在电路中，三极管有三种工作状态。①截止状态，三极管的发射结没有导通，发射结的电压小于 PN 结的死区电压（锗 0.2 V，硅 0.5 V），此时集电极电流近似为零，相当于三极管的集电极与发射极断开；②放大状态，三极管的发射结正偏导通，产生了基极电流，也形成了集电极电流，而且基极电流微小的改变，就会引起三极管集电极电流较大的变化，即 $I_c = I_b \times \beta$（三极管的放大倍数）；③饱和状态，当基极电流增大到一定值时，不能再影响集电极电流，集电极电流达到饱和，相当于三极管的集电极与发射极导通。

二、分压式偏置放大电路

1. 电路组成

NPN 型三极管构成的分压式偏置放大电路如图 2-3 所示。固定偏置电路以三极管 V 为核心，包括 R_{b1}、R_{b2}、R_e、R_c 及 C_1、C_2、C_e。

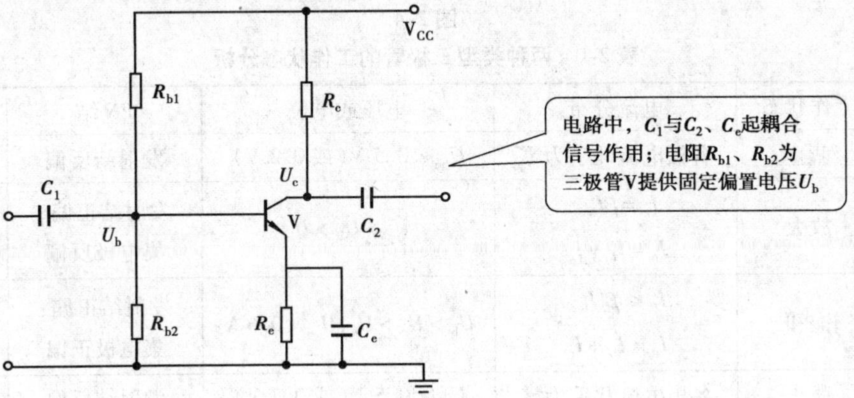

图 2-3

2. 工作原理

电源 Vcc 经 R_{b1}、R_{b2} 分压，为三极管 V 的发射结提供正向偏置电压；电源 Vcc 经 R_c 向三极管 V 的集电结提供反向偏置电压。电路中，只要 R_{b1}、R_{b2} 确定，基极电位 U_b 基本维持不变，由于 R_e 的负反馈作用，可稳定三极管的直流静态工作点，因此，要想改变电路的静态工作点，最好的办法是改变 R_{b1}、R_{b2} 的阻值。

如果改变 R_{b1}、R_{b2} 的比值，随着 U_b 电位的降低，三极管 V 的发射结将不通，I_b 将变为零，三极管将截止，I_c 也会变为零，U_c 为电源电压；随着 U_b 电位的升高，三极管 V 的发射结导通，

I_b将不断增大，三极管集电极 I_c也会成倍增加（$I_c = I_b \times \beta$），U_c的电位将不断降低（$U_c = Vcc - I_c \times R_c$），此时三极管处于放大状态；随着 I_b不断增大，当三极管的 I_b不再能控制集电极 I_c，集电极 I_c也增大到极值时，三极管已进入饱和状态。

三、三极管的工作状态转换

在上面的电路中，如果把 R_c换作一个小指示灯，那么当基极电流为 0 时，集电极电流为 0，三极管 c 与 e 之间相当于开关断开，小指示灯泡灭；随着基极电流增大，小指示灯逐渐变亮，此时基极电位控制集电极电位；当三极管达到饱和，三极管 c 与 e 之间相当于开关闭合，灯泡最亮。因此，只要改变三极管的基极电流，就能改变三极管的工作状态，如图 2-4 所示。两种类型三极管的工作状态分析见表 2-1。

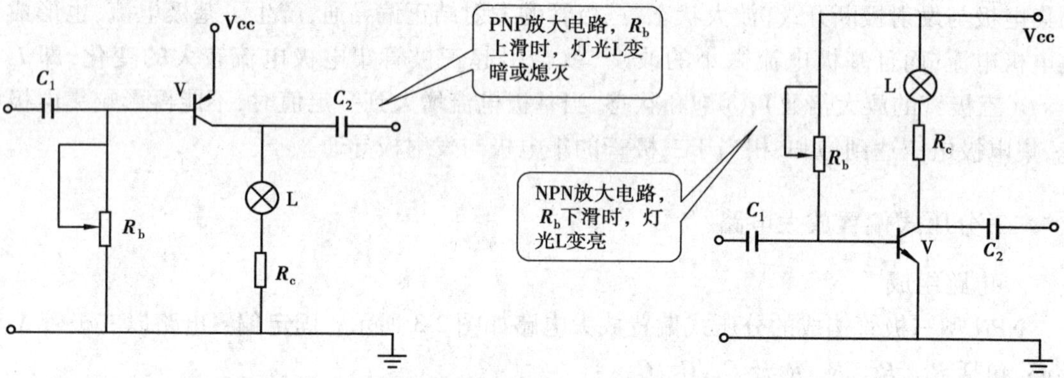

图 2-4

表 2-1　两种类型三极管的工作状态分析

类型	工作状态	电流分布	电压或电位	PN 结	功能
NPN	截止	各极电流几乎为零	U_{be} <0.5 V(或 0.2 V)	发射结反偏	开关断开
	放大	$I_c = \beta I_b$， $I_e = I_b + I_c$	$U_c > U_b > U_e$	发射结正偏、集电极反偏	放大
	饱和	$I_c < \beta I_b$， $I_e = I_b + I_c$	$U_b > U_c > U_e$，U_{ce} <0.6 V	发射结正偏、集电极正偏	开关闭合
PNP	截止	各极电流几乎为零	U_{eb} <0.5 V(或 0.2 V)	发射结反偏	开关断开
	放大	$I_c = \beta I_b$， $I_e = I_b + I_c$	$U_e > U_b > U_c$	发射结正偏、集电极反偏	放大
	饱和	$I_c < \beta I_b$， $I_e = I_b + I_c$	$U_e > U_c > U_b$，U_{ce} <0.6 V	发射结正偏、集电极正偏	开关闭合

三极管的输出特性曲线常用极间电压和电流之间的关系描述，从三极管的输出特性曲线可以知道三极管的性质，如图 2-5 所示。

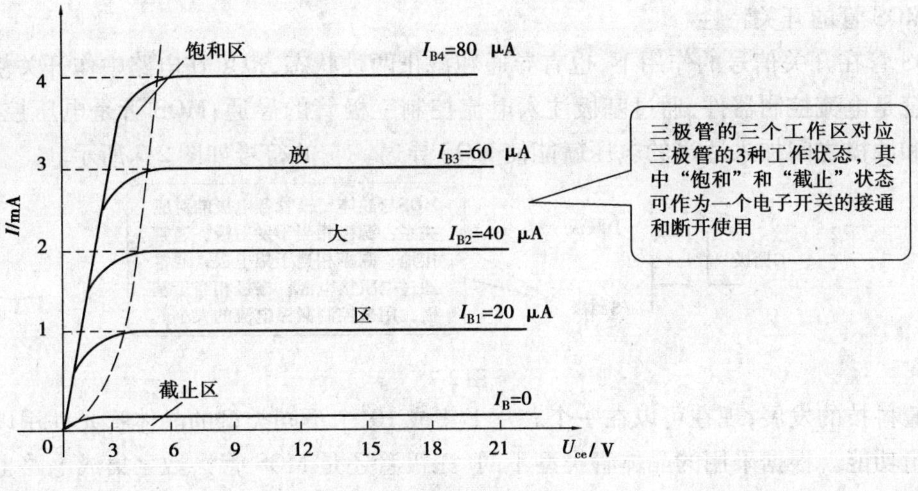

图 2-5

放大状态：发射结加上正向电压，集电结加上反向电压，集电极的电流 I_c 受到基极电流 I_b 的控制，三极管具有电流放大作用。

截止状态：发射结没有导通，基极电流 $I_b \approx 0$，集电极 $I_c \approx 0$，集电极和发射极之间的电阻很大，相当于开路。

饱和状态：发射结和集电结均加上正向电压，集电极的电流 I_c 不再受到基极电流 I_b 的控制，集电极和发射极之间的电压很小（只有 0.3 V 左右），近似于短路，相当于开关接通。

四、三极管及 CMOS 管的开关特性

1. 三极管的开关特性

在电路中，常用开关来接通或关断信号，在学习三极管的工作状态以后，就可用三极管的截止和饱和两种状态来形成机械的开与关，如图 2-6 所示。若 S 接 B（U_i 为高电平），三极管将饱和导通，集电极输出低电平为“0”（U_o 为低电平）；若 S 接 A（U_i 为低电平），三极管将截止，将输出高电平 Vcc（U_o 为高电平）。

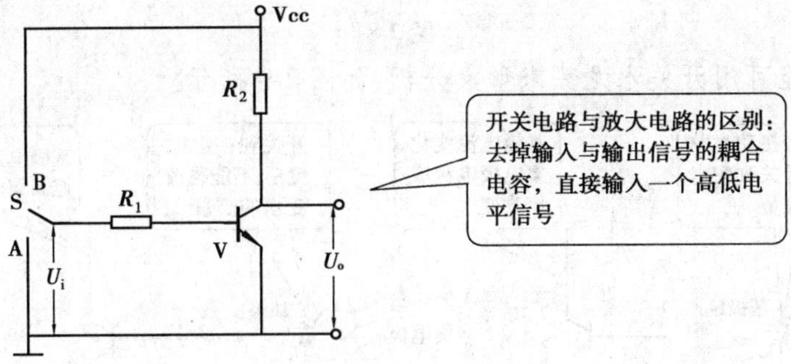

图 2-6

由于加到三极管基极的信号不是高电平，就是低电平，晶体三极管工作在开关状态，即不是饱和状态就是截止状态，通常将这种信号称为开关信号（即数字信号），处理数字信号的电路是逻辑电路。

2. MOS 管的开关特性

MOS 管在开关信号的作用下，也有导通和截止两种状态，也可在电路中作开关使用。普通三极管是电流控制器件，通过基极注入电流控制三极管的导通；MOS 管是电压控制器件，在栅极和源极之间加入适当的电压就能使 MOS 导通。它的符号如图 2-7 所示。

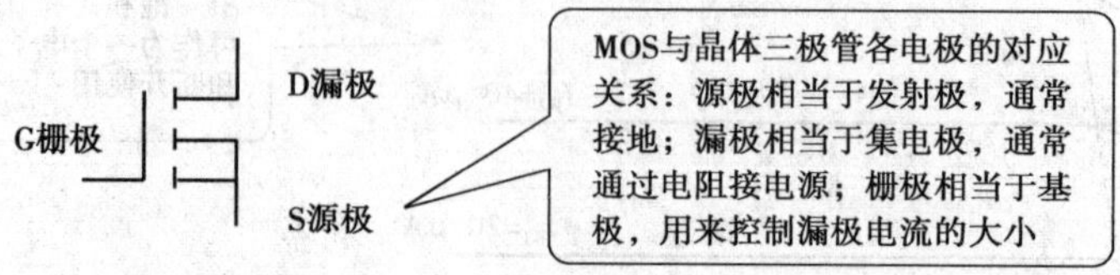

图 2-7

随着科技的发展，现在可以在一个芯片上集成 10^9 个不同类型的晶体管元件用以实现复杂的逻辑功能。根据采用的晶体管类型不同(三极管还是 MOS 管)，数字集成电路也可分为 TTL 和 CMOS 两种。

CMOS 电路易集成，功率损耗小，用得较多，但开关速度比 TTL 慢。CMOS 供电宽泛(3 ~ 18 V)，TTL 只能是 5 V，两种集成电路混合使用时，要注意电平的转换。

经验分享

由于 NPN 三极管与 PNP 三极管内部结构的不同，它们内部的电流方向刚好相反，如图 2-8 所示。

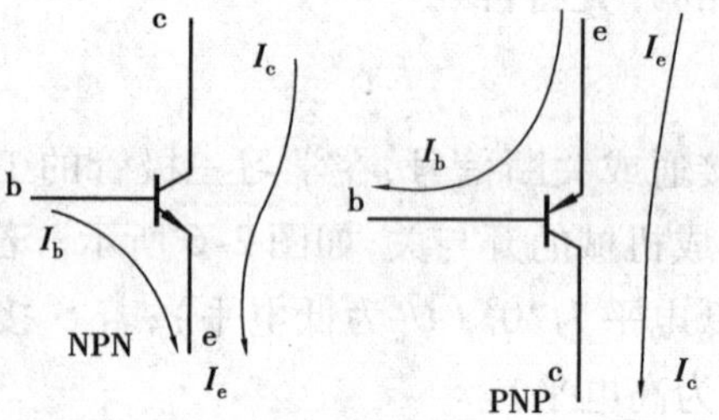

图 2-8

三极管的功能可用开关水龙头来形象分析，如图 2-9 所示。

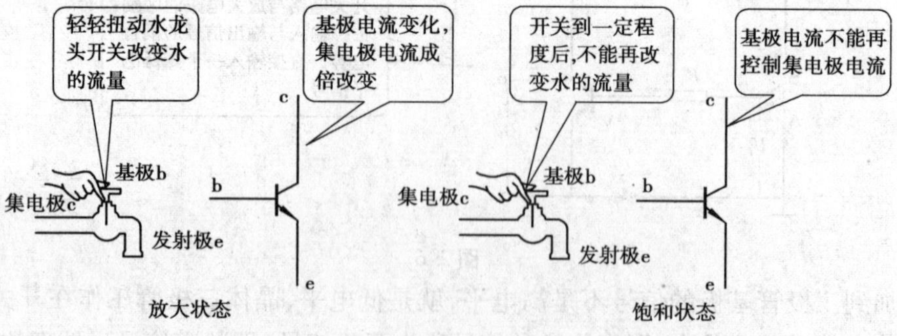

图 2-9

为了提高三极管的放大能力和驱动负载的能力，可以把两只三极管进行组合，如图 2-10

所示。

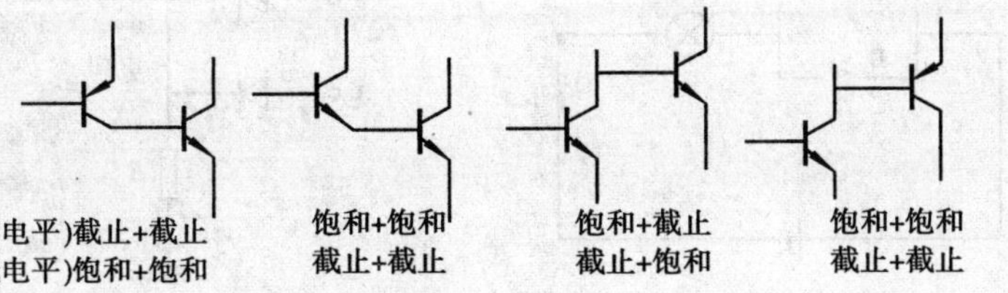

图 2-10

任务三　认识数字逻辑电路

一、基本的数字逻辑电路

1. 与逻辑

与逻辑又称乘逻辑，是指当所有的条件都成立时，结论才成立的逻辑。实现“与”逻辑运算的电路，称为与门，其电路如图 2-11 所示。

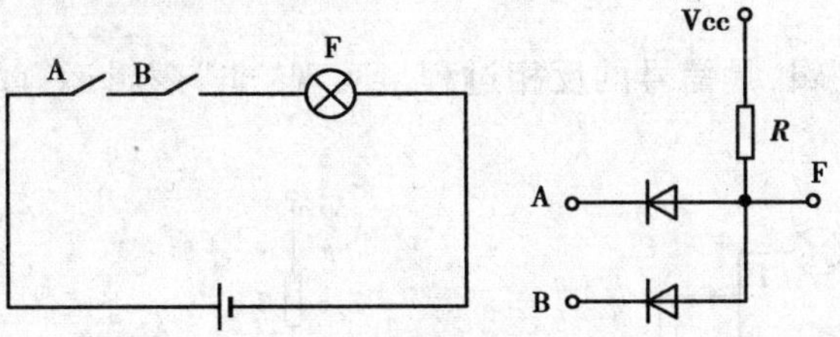

图 2-11

与逻辑代数表达为：$F = A \cdot B$ 或 $F = AB$。功能为“全高出高，有低出低”。符号、真值表与波形如图 2-12 所示。

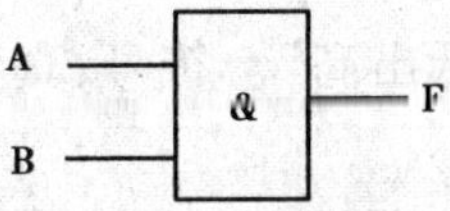

输入		输出
A	B	F
0	0	0
0	1	0
1	0	0
1	1	1

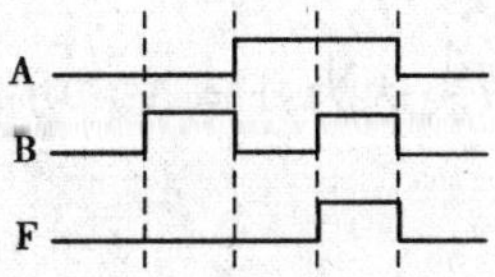

图 2-12

2. 或逻辑

或逻辑又称加逻辑，是指只要有一个条件成立时，结论就会成立的逻辑。实现“或”逻辑运算的电路，称为或门，其电路如图 2-13 所示。

或逻辑代数表达为：$F = A + B$。功能为“有高出高，全低出低”。符号、真值表与波形如图 2-14 所示。

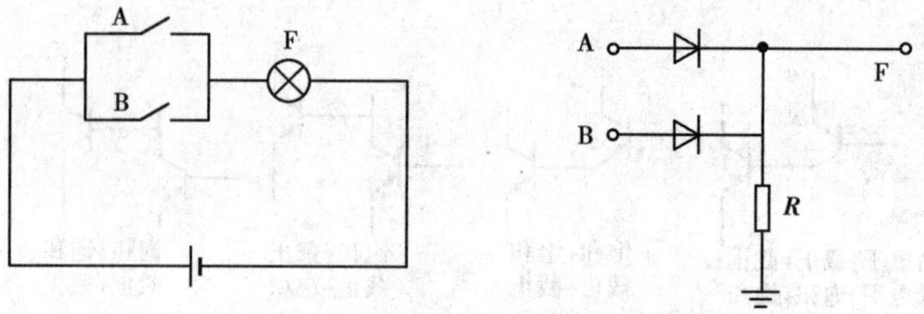

图 2-13

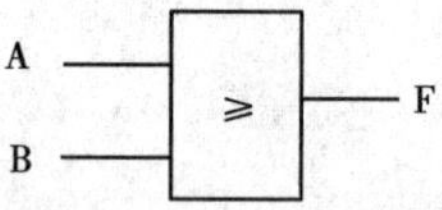

输入		输出
A	B	F
0	0	0
0	1	1
1	0	1
1	1	1

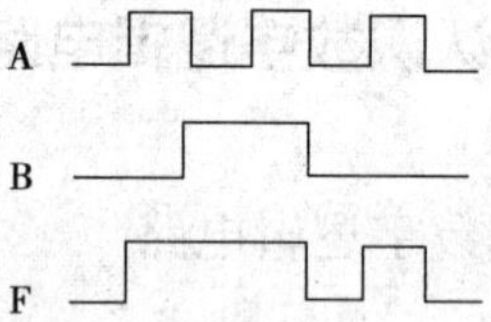

图 2-14

3. 非逻辑

非逻辑又称取反逻辑,是信号的反相过程。实现“非”逻辑运算的电路,称为非门,其电路如图 2-15 所示。

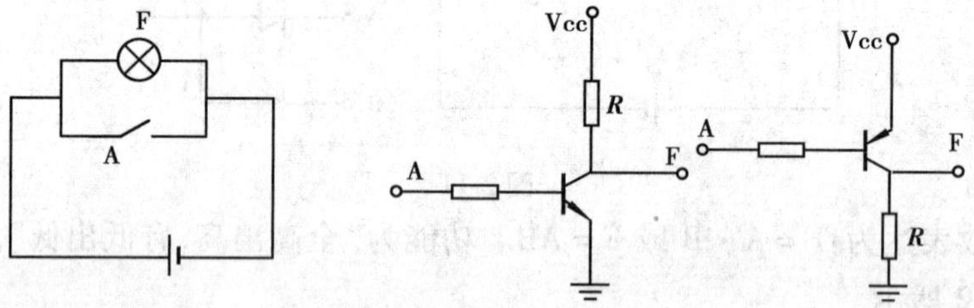

图 2-15

非逻辑代数表达为:$F=\overline{A}$。功能为“有高出低,有低出高”。符号、真值表与波形如图 2-16所示。

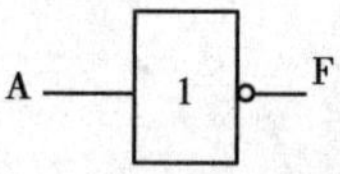

输入	输出
A	F
0	1
1	0

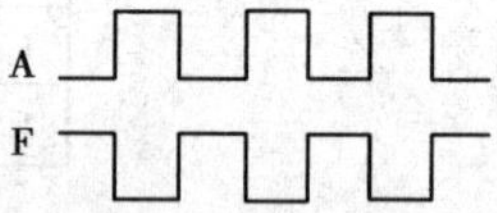

图 2-16

4. 与非逻辑

与门和非门的叠加(先与后非)电路,如图 2-17 所示。

与非逻辑代数表达为:$F=\overline{AB}$。功能为“全高出低,有低出高”。符号、真值表与波形如图 2-18 所示。

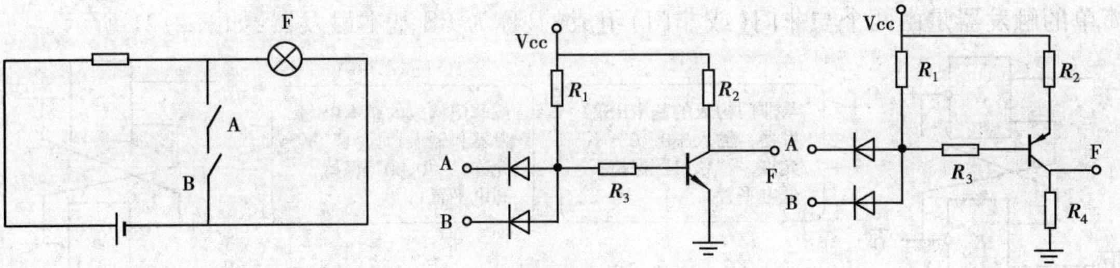

图 2-17

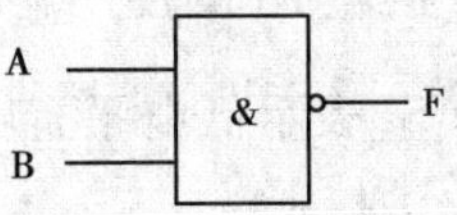

输入		输出
A	B	F
0	0	1
0	1	1
1	0	1
1	1	0

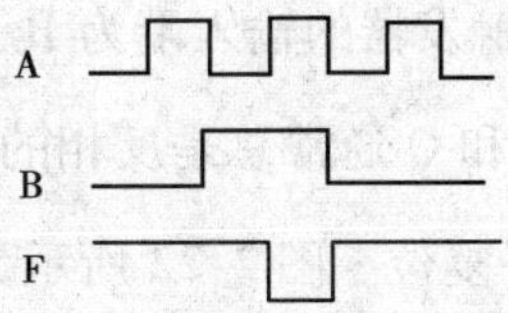

图 2-18

5. 或非门

与门和或门的叠加(先与后非)电路,如图 2-19 所示。

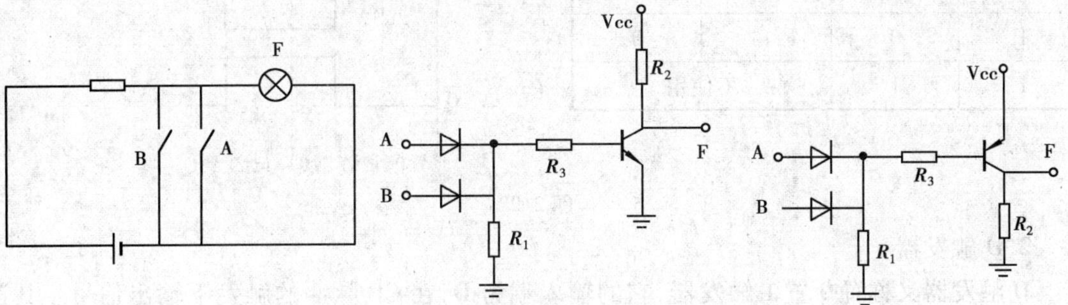

图 2-19

或非逻辑代数表达为 $F=\overline{A+B}$。功能为“全低出高,有高出低”。符号、真值表与波形如图 2-20 所示。

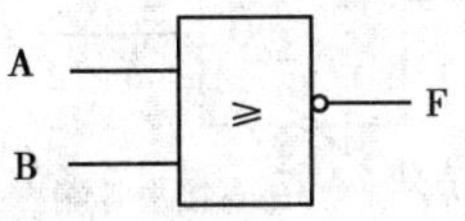

输入		输出
A	B	F
0	0	1
0	1	0
1	0	0
1	1	0

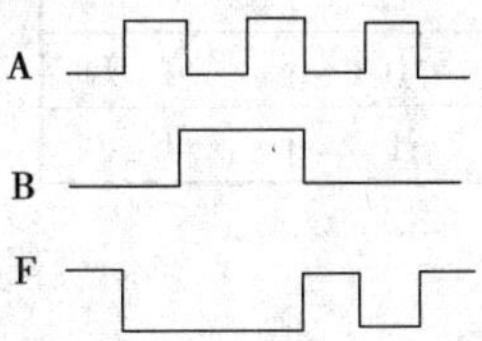

图 2-20

二、触发器

1. 基本的 RS 触发器

触发器是能将二进制信息记住的基本单元,是存储 1 位二进制信息的基本单元电路,最简单的触发器是由两个与非门(或非门)组成的,称为 RS 基本触发器,如图 2-21 所示。

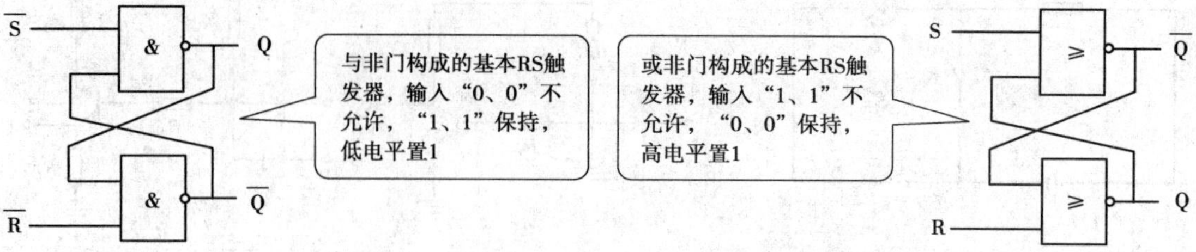

图 2-21

基本 RS 触发器的输入端为 R、S,其中 S(set)端为置 1 端,R(reset) 端为置 0 端;输出端为 Q 和 $\overline{Q}$, Q 和 $\overline{Q}$ 通常总是反相的。如果输入端字母为 $\overline{S}$,表示低电平置 1;输入端字母为 $\overline{R}$,表示低电平复位。图 2-22 所示为或非门形成的基本 RS 触发器的真值表和波形图。

S	R	Q	$\overline{Q}$
0	0	不变	
0	1	0	1
1	0	1	0
1	1	不使用	

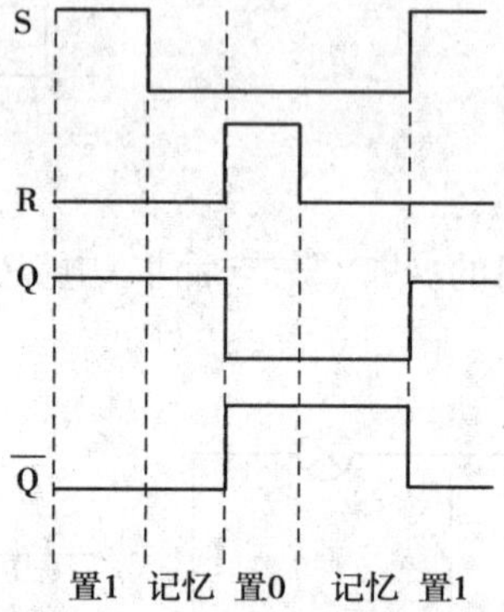

图 2-22

2. D 触发器

D 触发器又称置 0 置 1 触发器,它的输入端为 D,在 CP 脉冲的触发下输出信号。其逻辑关系和符号如图 2-23 所示。

D	Q_n	Q_{n+1}
0	0	0
0	1	0
1	0	1
1	1	1

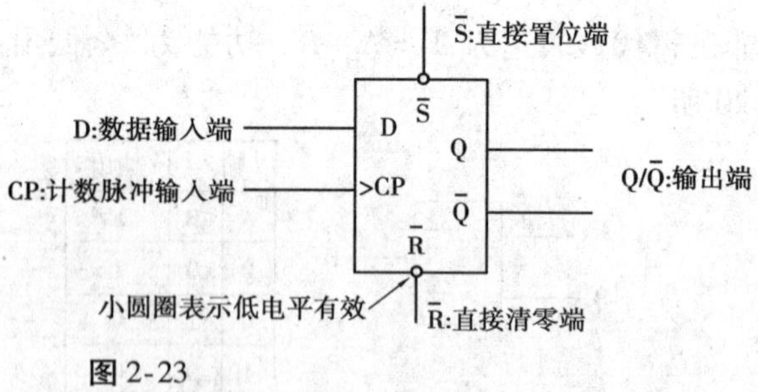

图 2-23

图 2-24 所示为 D 触发器在 CP 脉冲上升沿(外部带有小圆圈表示下降沿触发)触发下形成的波形图。

三、数字逻辑函数的化简

1. 数字逻辑函数的基本规律

数字逻辑函数的基本规律见表 2-2。

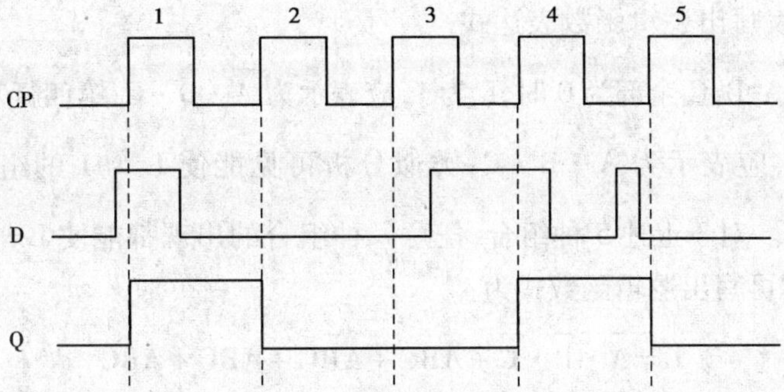

图 2-24

表 2-2　数字逻辑函数的基本规律

0-1 律	$A+1=1;A\times 0=0;\ A\times 1=A$	互补律	$A+\overline{A}=1;A\times\overline{A}=0$
重叠律	$A+A+A+\cdots=A;A\times A\times A\times\cdots=A$	反演律	$\overline{A+B}=\overline{A}\,\overline{B};\overline{AB}=\overline{A}+\overline{B}$
吸收律	$A+AB=A;A+\overline{A}B=A+B$	冗余律	$AB+AC+BC=AB+AC$
分配律	$A+BC=(A+B)(A+C)$		

(1)证明:$A+\overline{A}B=A+B$

证:$A+\overline{A}B=(A+\overline{A})(A+B)$　　【根据分配律:$A+BC=(A+B)(A+C)$】

$=A+B$

(2)化简:$F=AB+\overline{A}C+\overline{B}C$

解:$F=AB+C(\overline{A}+\overline{B})$　　【根据反演律:$\overline{AB}=\overline{A}+\overline{B}$】

$=AB+C\,\overline{AB}$　　【根据吸收律:$A+\overline{A}B=A+B$】

$=AB+C$

2. 逻辑电路设计

首先根据生产或工作中的要求理清逻辑关系,建立逻辑真值表,然后写出逻辑函数表达式,就可画出逻辑电路图。

【案例】在交通信号灯控制系统中,每一组信号灯由红、黄、绿三盏灯组成。正常情况下,任何时刻必有一盏灯亮,而且只能有一盏灯亮,否则故障检测系统应发出信号提醒维护人员前去维修。请根据以上描述,设计逻辑电路。

(1)分析设计逻辑真值表

设定三组灯的信号为 A、B、C,规定灯亮时为 1,不亮时为 0。L 为输出逻辑变量,代表故障指示的状态,没有发生故障时为 0,有故障发生时为 1。对应建立以下真值表,见表 2-3。

表 2-3　真值表

输　入			输　出	输　入			输　出
A	B	C	L	A	B	C	L
0	0	0	1	1	0	0	0
0	0	1	0	1	0	1	1
0	1	0	0	1	1	0	1
0	1	1	1	1	1	1	1

（2）根据真值表写出逻辑函数表达式

第一行表明当A、B、C全部为0时，L为1，应表示为$\overline{A}\cdot\overline{B}\cdot\overline{C}$；第四行表明当A = 0，B = C = 1时，L亦为1，应表示为$\overline{A}\cdot B\cdot C$；类似分析可见能使L为1的组合还有$A\cdot\overline{B}\cdot C$、$\overline{A}\cdot B\cdot\overline{C}$、$A\cdot B\cdot C$。对于上述5种组合，任意一种组合的出现都能使L=1，故这5种组合满足逻辑或的关系，即可写出逻辑函数式为：

$$L=\overline{A}\cdot\overline{B}\cdot\overline{C}+\overline{A}BC+A\overline{B}C+AB\overline{C}+ABC$$

（3）化简并画出电路图

单个变量的用“非门”实现，3个变量的与运算用“3输入与门”实现，各个与门的输出连接到“5输入或门”的输入端即可，其相应的逻辑门电路图如图2-25所示。

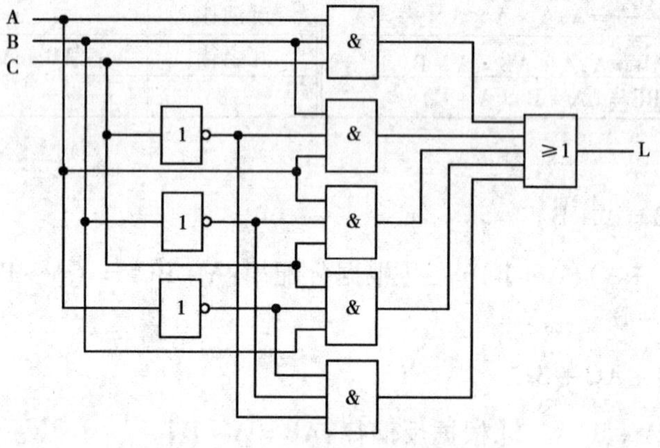

图2-25

素养拓展

任务四　晶体三极管固定偏置电路的测试

微课视频
NPN型三极管放大电路

一、NPN型晶体三极管固定偏置电路的测试

1. 测试电路的组成及搭建

根据电路的原理图，所需的器件有一只10 kΩ电位器（或可调电阻）、一只1 kΩ电阻、一只发光二极管、一只NPN（9014）三极管、一块面包块、电源5 V（可采用9 V电池稳压提供），如图2-26所示。

在面包板右侧接入的是5 V（或3.3 V）的电源稳压模块，通过面包板两侧的两排小孔，就可提供2组电源插孔，已标正负（上正、下负）。测试的元件可根据电路原理图，插接到面包板中，如图2-27所示。

2. 电路的测试

在面包板上按照电路的原理图，连接好各个元件和电源，调节可变电阻R_b，改变三极管

V 的工作状态，可以发现发光二极管的亮度会不断变化，如图 2-28 所示。

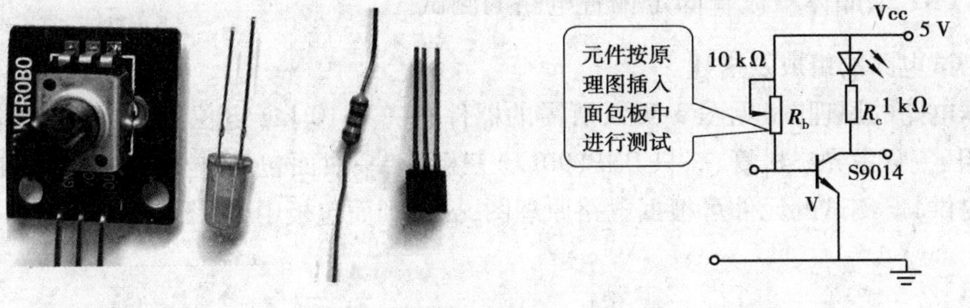

图 2-26

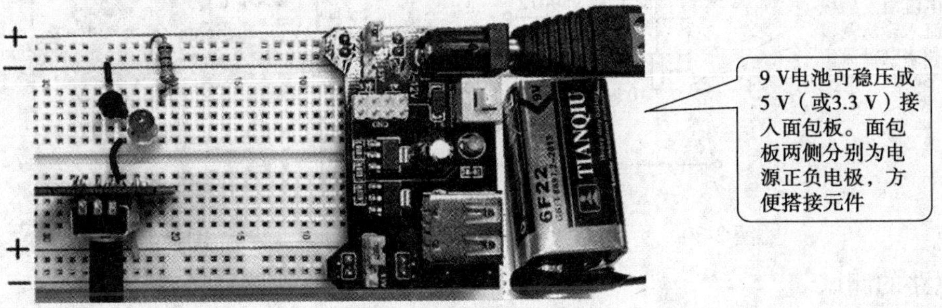

图 2-27

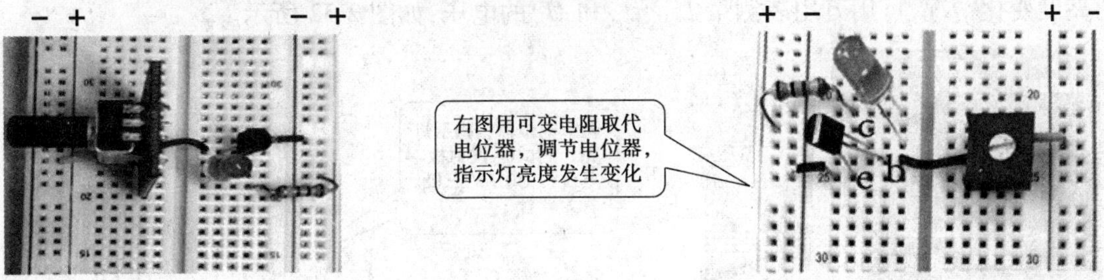

图 2-28

调节可变电阻的过程中，可以用万用表测量 U_{ab}、U_{cb}和 U_{cd}的电压，如图 2-29 所示，分析电路的工作状态。

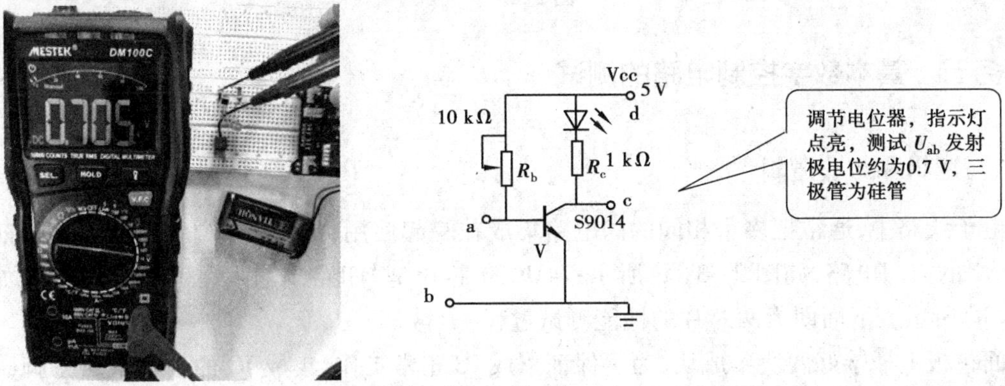

图 2-29

微课视频

PNP型三极管放大电路

二、PNP 型晶体三极管固定偏置电路的测试

1. 测试电路的组成及搭建

根据电路的原理图(见图 2-30),所需的器件有一只 10 kΩ 电位器(或可调电阻)、一只 1 kΩ电阻、一只发光二极管、一只 PNP(9012)三极管、一块面包块、电源 5 V(可采用9 V 电池稳压提供)。测试的元件可根据电路原理图,插接到面包板中,如图 2-31 所示。

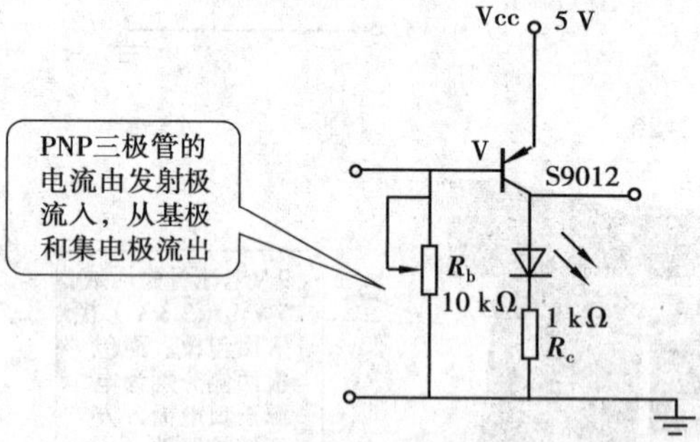

图 2-30

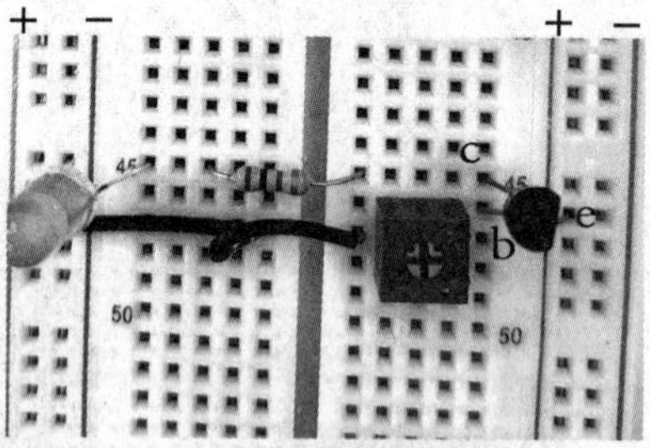

图 2-31

2. 电路的测试

连接好各个元件和电源,调节可变电阻 R_b,改变三极管 V 的工作状态,观察发光二极管的亮度变化情况,可用万用表测量 U_{ab}、U_{cb}和 U_{cd}的电压,如图 2-32 所示。

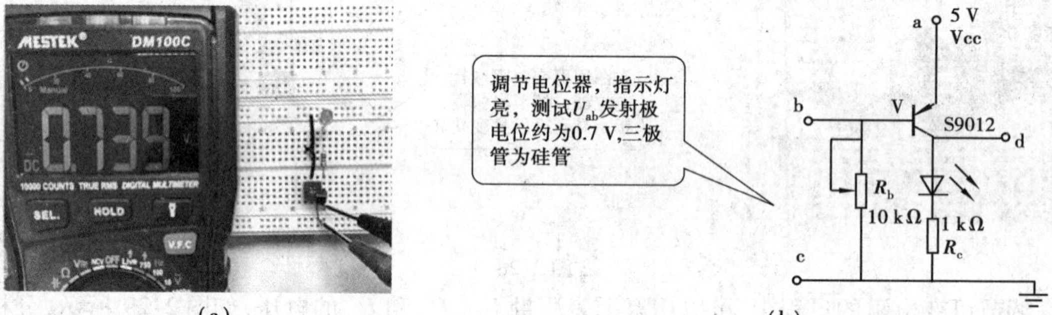

(a)　　(b)

图 2-32

任务五　基本数字控制电路的测试

微课视频

与门、与非门电路

一、与逻辑和与非逻辑

在电子线路中,通常把多个相同的门电路集成在一起使用,比如 74HC08 芯片,它是“四路 2 输入”的与门电路,如图 2-33(a)所示;74HC00 芯片是“四路 2 输入”的与非门电路,如图 2-33(b)所示。下面即为两芯片的性能测试过程。

在面包板上插接好两块集成块,为了保证集成 IC 正常工作,集成 IC 的下排最后一脚(7脚)接地,面包板上已用黑线插接;最上一排左边的第 14 脚接 5 V 电源,面包板上用红线插接;集成电路的 3 脚为第一路门电路的输出脚,测试时为了显示输出电平的高低,输出端都

接入了一只串联 510 Ω 电阻的发光二极管，门电路的输入脚 1、脚 2 用插针插接电源或地改变输入状态，如图 2-34 所示。

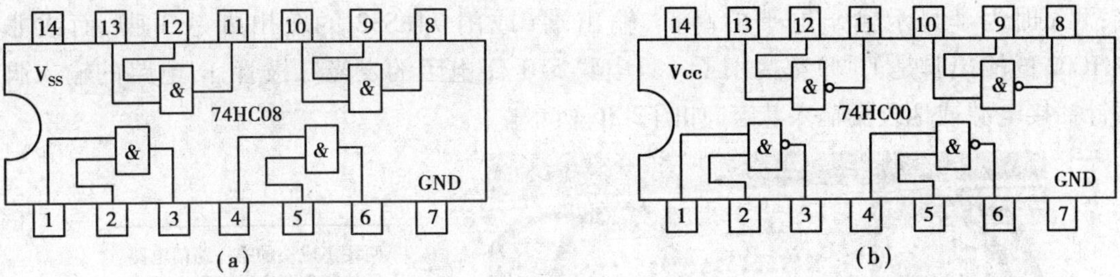

图 2-33

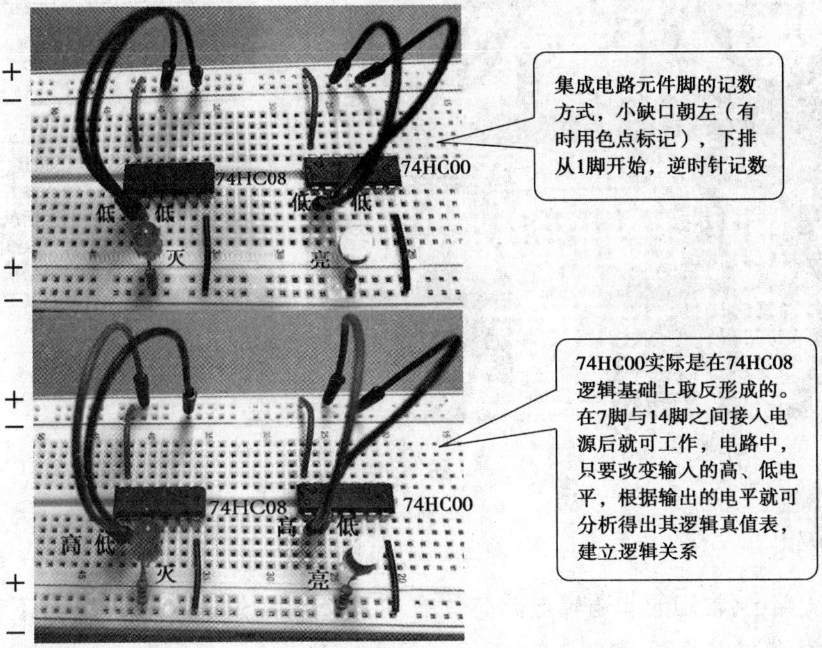

图 2-34

二、或逻辑和或非逻辑

在电子线路中，常用的或逻辑电路芯片 74LS32 是“四路 2 输入”的或门集成电路，如图 2-35(a)所示，常用的或非逻辑电路芯片 74HC02 是“四路 2 输入”的或非门集成电路，如图 2-35(b)所示。下面即为两芯片的性能测试过程。

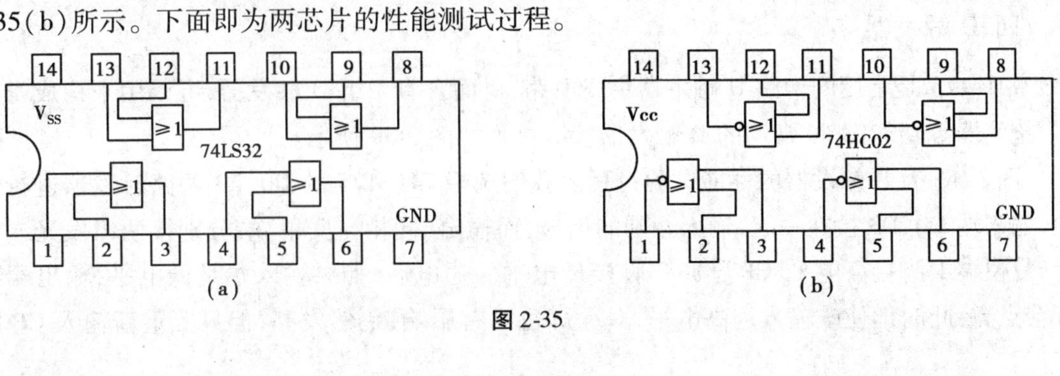

图 2-35

在面包板上插接好两块集成块，为了保证集成IC正常工作，集成IC的下排最后一脚（7脚）接地，面包板上已用黑线插接；最上一排左边的第14脚接5 V电源，面包板上用红线插接；测试时为了显示输出电平的高低，输出端（或门74LS32的输出脚是3脚，而或非门74HC02的输出脚是1脚）都接入了一只串联510 Ω电阻的发光二极管，门电路的输入脚用插针插接电源或地改变输入状态，如图2-36所示。

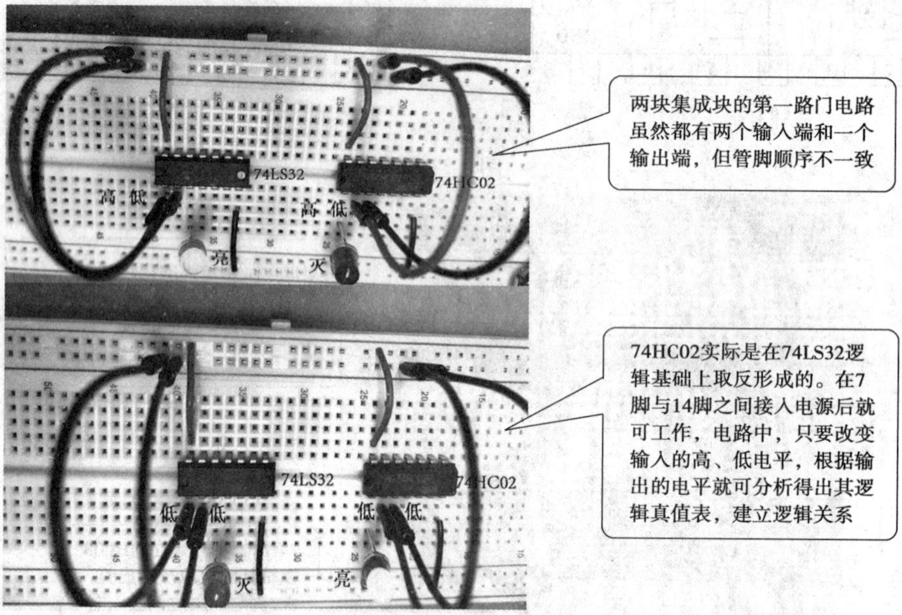

图 2-36

微课视频

非门电路

三、非逻辑

在电子线路中，常用的非逻辑电路芯片有74LS05、74LS06、HCF6409等，下面是六路非门HCF6409的集成电路图，如图2-37所示。

我们可以使用HCF6409芯片6个非门串联来测试其功能，每一个非门的输出端接下一个非门的输入端，同时还在每个输出端串接一只510 Ω电阻、发光二极管到地，通过改变第一个非门的输入电平，观察二极管发光状态，从而测试非门的逻辑关系。图2-38（a）输入的电平是高电平（插针接电源正极），图2-38（b）输入的电平是低电平（插针接电源负极）。

微课视频

D触发器

四、D触发器

74Ls175是常用的四路D触发器集成电路，里面含有4组D触发器，可以用来构成寄存器、抢答器等功能部件，常用的D触发器管脚排列如图2-39所示。

图2-40为D触发器的性能试验过程。我们选择74LS175的D0、D3两路触发器进行试验，输入端D0、D3接在一起，输入相同的信号，而输出（同相与反相）端分别接两组发光二极管，复位端1脚接高电平，CP脉冲9脚接低电平。通电后，如果输入端是低电平，输出端绿灯会点亮，此时即使改输入为高电平，对绿灯也没有影响，仍然发亮，但只要重新输入CP脉

冲（拨插一下），绿灯就会熄灭，红灯就会点亮。

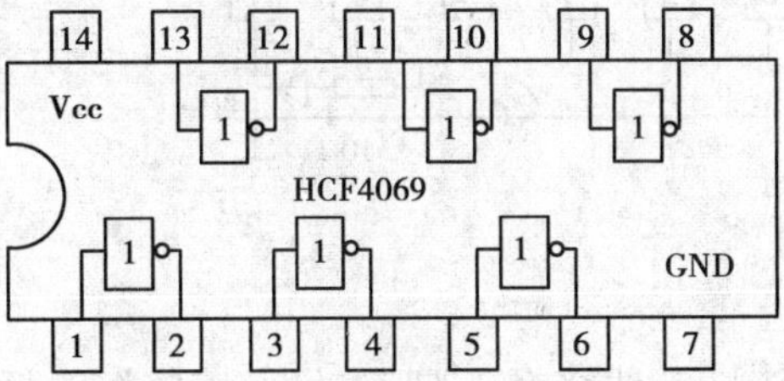

图 2-37

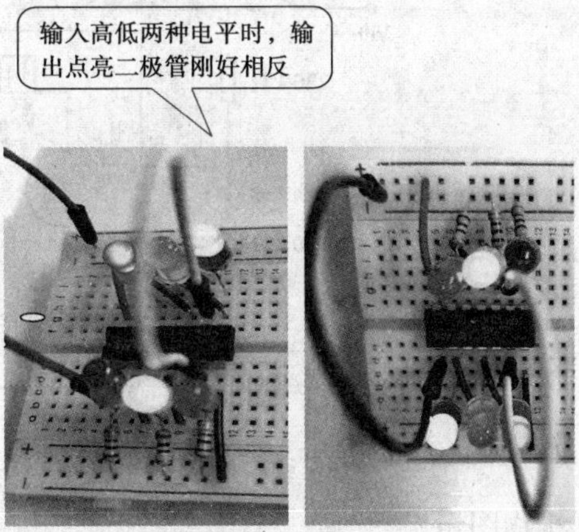

(a)　　(b)

图 2-38

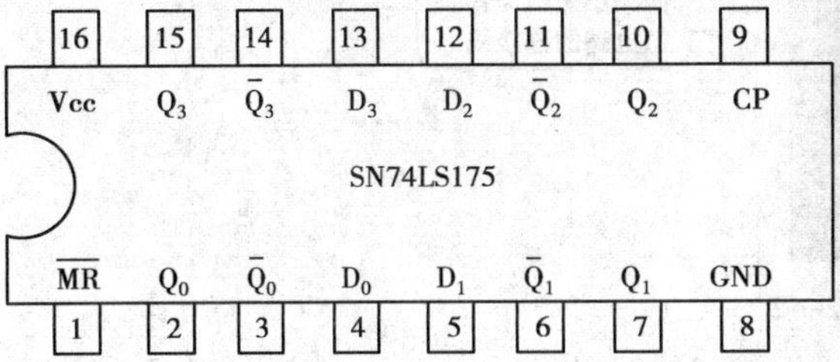

图 2-39

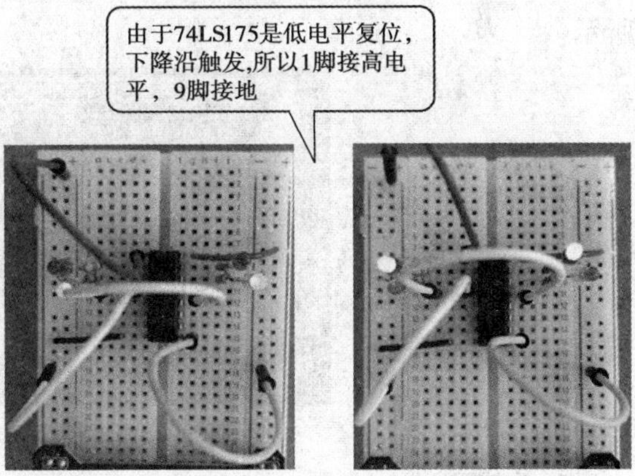

图 2-40

任务六　数字集成电路的运用

微课视频

简易水质探测仪设计

一、简易水质探测仪的设计

1. 设计要求

设计一个水质检测仪，判断水中是否含有大量杂质。

2. 设计分析

水质不同，导电率是不同的，纯净水几乎不含杂质，电阻很大，而随着水中杂质的增多，水的导电性增强。我们可以通过探头检测水的导电强弱，用门电路对采集的信号进行处理，从而检测并显示水的质量。

3. 电路组成

采用一只 100 kΩ 可调电阻、一只 220 kΩ 电阻、两只串联 510 Ω 的红、绿发光二极管和非门 HCF4069 搭建。具体电路如图 2-41 所示。

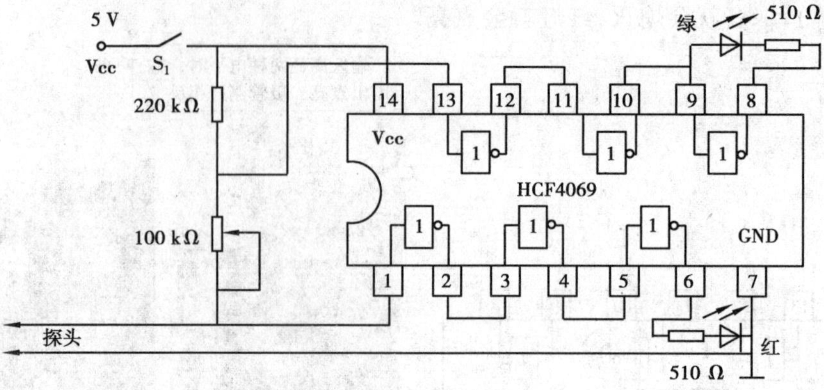

图 2-41

4. 实物图示

各元件插接在面包板上,水质检测的感应探头插针线接在 1 脚上,另一感应探头插针线接在电源的负极上,发光二极管上直接串联了一只 510 Ω 电阻,接入对应的位置,如图 2-42 所示。

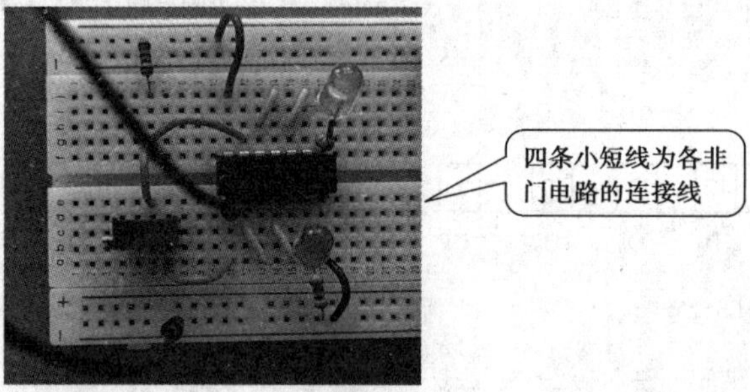

图 2-42

5. 功能测试

接通电源,把探头线(蓝色)和接地线(黑色)分别放入不同水质的水中,观察红指示灯与绿指示灯亮灭的情况,如图 2-43 所示。

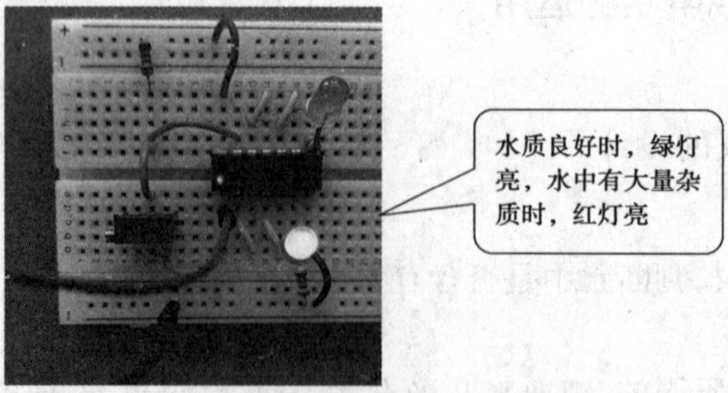

图 2-43

微课视频

简易抢答器设计

二、简单抢答器的设计

1. 设计要求

设计一个抢答器,共两路输入,用按键抢答,对应的指示灯显示结果,最先按下者获胜。

当最先按下者点亮指示灯后，只要不松开按钮，另一路即便按下按键，指示灯也不能点亮。

2. 设计分析

由于是两人同时操作，而且他们之间相互制约，在优先级中，前一个的输出结果会影响后一个，因此可以考虑用基本的门电路设计一个两人抢答器，把每一个的输出端信号接入到另一个的输入端，形成制约锁定，从而实现功能。

3. 电路组成

采用与门电路 CT74LS08 和非门电路 HCF4069 来进行设计，电路原理图如图 2-44 所示。当 S_1 和 S_2 没有按下时，两个与门电路都有一路输入 0 电平，因此输出均为低电平 0，两只发光二极管均熄灭；当 S_1 和 S_2 其中一个按下时，按下与门电路的一路变为高电平输入，与另一路非门输出的高电平（因为另一个与门没有按下，它的输出是低电平，取反以后是高电平）进行逻辑与，导致本与门电路的输出翻转为高电平，从而点亮发光二极管，它输出端的非门电路取反后的 0 电平，会将另一个与门锁定，让它的输出是低电平，即便另一个按钮按下，指示灯仍然不会点亮。

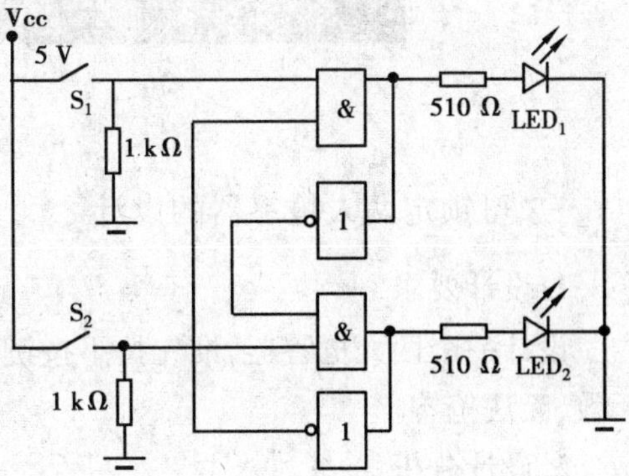

图 2-44

4. 实物图示

两片芯片插于面包板，左边为 CT74LS08，选用第 1 路和第 4 路与门，它的“1”脚、“13”脚接按钮输入信号，“3”脚和“11”脚接输出信号，输出的信号送入右边的 HCF4069 非门的第一路“1”脚和第六路“12”脚，取反后重新送回左边 CT74LS08 的“2”脚和“12”脚，最终在 CT74LS08 的“3”脚和“11”脚通过插接的红指示灯和绿指示灯显示状态信息，如图 2-45 所示。

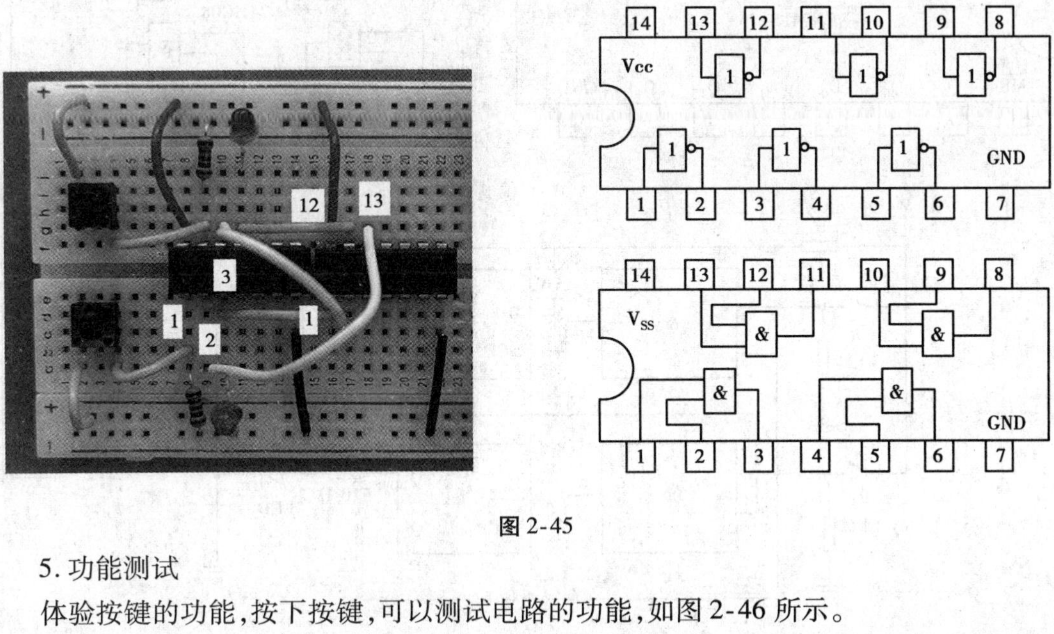

图 2-45

5. 功能测试

体验按键的功能，按下按键，可以测试电路的功能，如图 2-46 所示。

图 2-46

微课视频

可锁定两人抢答器设计

三、可锁定两人抢答器的设计

1. 设计要求

设计一个两人抢答器，谁先按下按键，即便松手，指示灯都一直点亮，之后按下按键的均无效，无法抢答。

2. 设计分析

该电路具有记忆功能，能对按键的状态“记住”（即便松手，指示灯都一直点亮）。可以使用 D 触发器来实现。

3. 电路组成

电路采用 4 个 D 触发器的集成电路 74LS175、与门电路 74LS08、两只 1 kΩ 电阻和两只串接 510 Ω 电阻的发光二极管搭建，集成电路及电路原理图如图 2-47 所示。

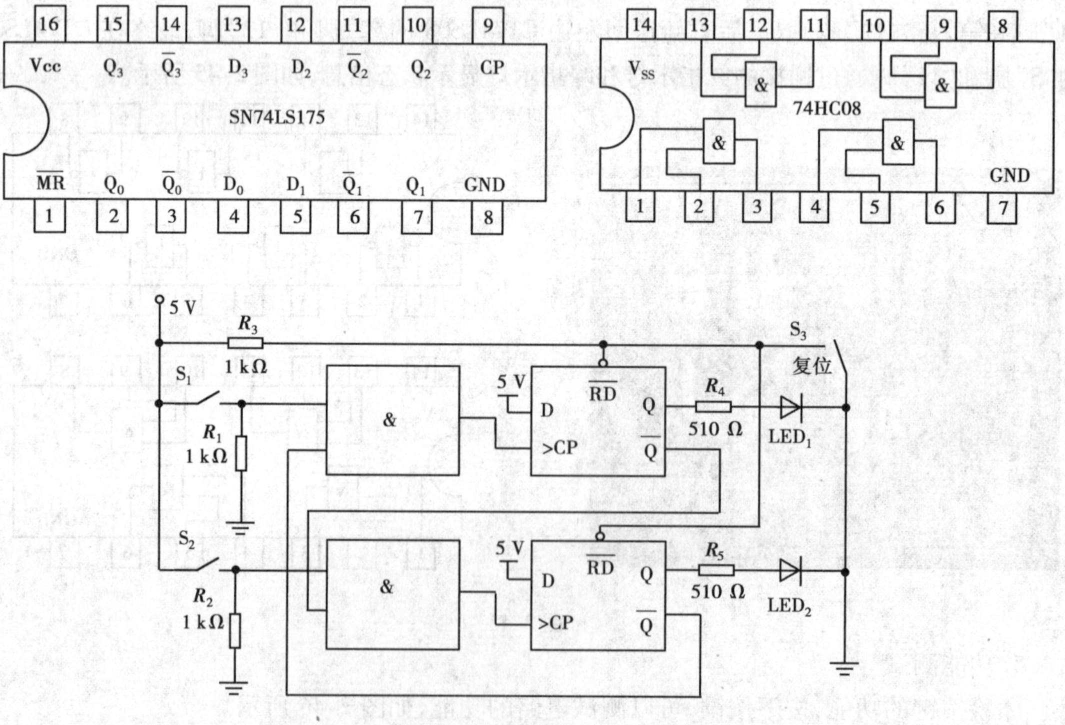

图 2-47

4. 实物图示

如图 2-48 所示的电路由两块 D 触发器（74LS175）芯片、一块与门电路（74LS08）芯片、按钮、电阻、发光二极管等组成。图中，门电路选用的是第一路和第四路，触发器选用的是 D0 和 D3 两路；按钮分别接入了与门电路的“1”脚和“13”脚；两路与门的输出信号分别送到 D 触发器芯片 CP 脉冲端；两个 D 触发器 1 脚接地，处于复位状态。

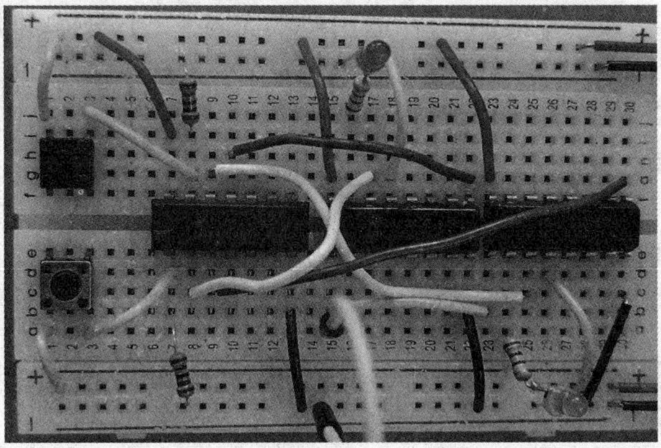

图 2-48

5. 功能测试

“1”脚的复位端改为接高电平，抢答功能就可实现，如图 2-49 所示。按下按钮 S_1 时，绿灯点亮并锁定，按 S_2 不起作用。“1”脚重新复位，可进入下一次抢答。

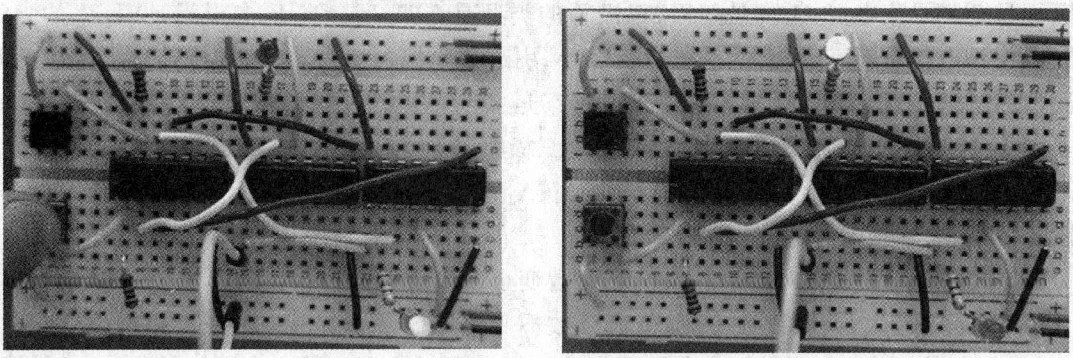

图 2-49

案例解析

【案例 1】下列有关数字信号与模拟信号的描述中，说法不正确的是（　　）。

A. 自然界中的信号基本上都是模拟信号，比如一天内湿度、温度的变化，人的声音等都是模拟信号

B. 模拟信号转换为数字信号的过程，称为模数转换或 D/A 转换

C. 模拟信号在运用过程中传输易失真，保密性差，抗干扰能力弱

D. 模拟信号经过“采样→量化→编码”处理后就能形成数字信号

【答案】B

【解析】本题主要考查数字信号与模拟信号的特性。模拟信号通常指连续变化的信息。对模拟信号进行数字化转换后(经过"采样→量化→编码"处理后)才能形成数字信号,数字信号在时间和取值(数值)上都是离散的信号。将模拟信号转变为数字信号称为 A/D 转换。故本题的正确答案是 B。

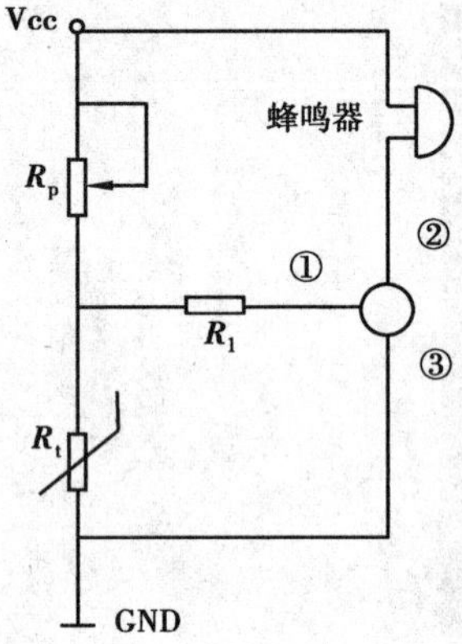

图 2-50

【案例 2】在通用技术实验室,小明搭建了如图 2-50 所示的三极管控制电路。通电以后,小明调节 R_P,让电路工作在放大状态。用指针式万用表进行检测,当黑表笔接 GND,红表笔分别接①②③三脚时,测得的电压分别为 0.3 V、4.5 V 、0 V。以下关于该电路的分析中,说法正确的是(　　)。

A. 该三极管为 NPN 型的硅三极管

B. ③脚为发射极,②脚为基极

C. 黑表笔接 GND,红表笔接②脚,当 R_P向上滑动时 ,测得电压将上升

D. 去掉电阻 R_1,电路工作状态不会受到影响

【答案】C

【解析】本题主要考查三极管的工作原理。由三极管的①②③三脚电位,可以知道①③脚之间的电压是 0.3 V,又因为三极管处于放大状态,说明发射结(PN 结)正向导通,材料是锗,而且②脚是集电极,①脚是基极,三极管的类型是 NPN 型。当 R_P向上滑动时,R_P的阻值增大,①脚电位下降,三极管的基极电流变小,引起集电极电流减小,负载蜂鸣器上的电压降低,②脚的电位就会升高。故本题的正确答案是 C。

【案例 3】如图 2-51 所示是小明搭建的三极管实验电路,V_1、V_2均始终处于放大状态,其中 A_1、A_2为电流表。下列关于该电路的分析中正确的是(　　)。

A. R_1阻值调小,A_1表读数变大,A_2表读数变小

B. R_3阻值调大,A_1表读数不变,A_2表读数不变

C. R_5阻值调小,V_2 集电极电位降低

D. R_2阻值调大,V_2集电极电位升高

【答案】D

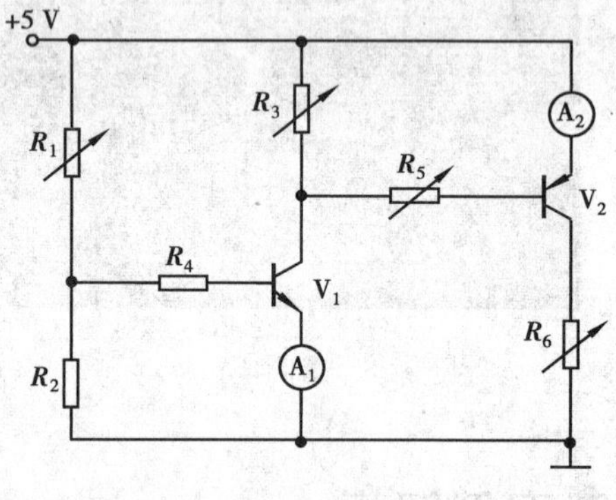

图 2-51

【解析】本题主要考查三极管的工作原理。本电路中,三极管 V_1与 V_2工作状态相同,即同时进入导通状态或同时进入截止状态。当 R_1阻值调小时,两只三极管同时导通,A_1、A_2表读数都变大;R_3阻值调大及 R_5阻值调小时,主要影响三极管 V_2,它的基极电位下降,导致 A_2表读数都变大,三极管 V_2的集电极电位升高;R_2阻值调大,两只三极管都会进一步导通,A_1、A_2表读数都变大,V_2集电极电位升高。故本题的正确答案是 D。

【案例 4】图 2-52 所示为门窗报警电路,当门和窗都关上时,发光二极管不亮,只要其中一个没有关上,发光二极管就会发光提醒。其中 S_1、S_2是装在门窗上的微动开关,门窗关上

时，S_1、S_2闭合。根据以上的描述，你认为虚线框处应选用的逻辑门是(　　)。

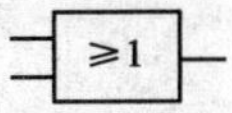

A.

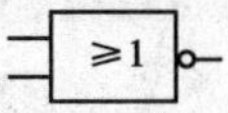

B.

C.

D.

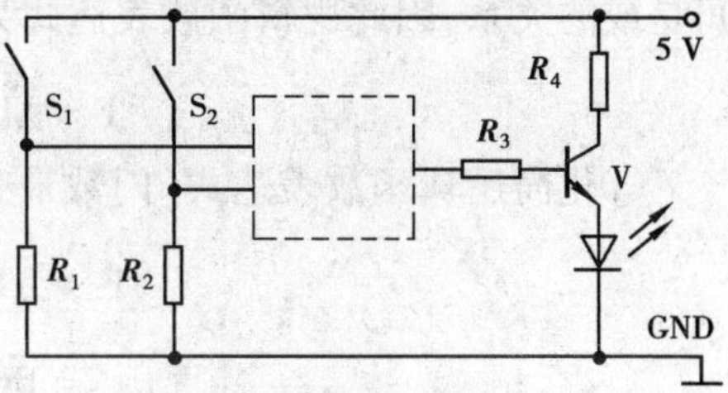

图 2-52

【答案】D

【解析】本题主要考查基本门电路的性质。本电路中，只要三极管基极是高电平，二极管就会发亮，因此门电路输入端均为“1”时才能输出低电平，否则只要有一个条件不满足，门电路均要输出高电平，这是与非门的性质。故本题的正确答案是 D。

【案例 5】如图 2-53 所示，电路中三极管均工作在开关状态，则输入端 A、B、C 与输出端 F 的逻辑关系正确的是(　　)。

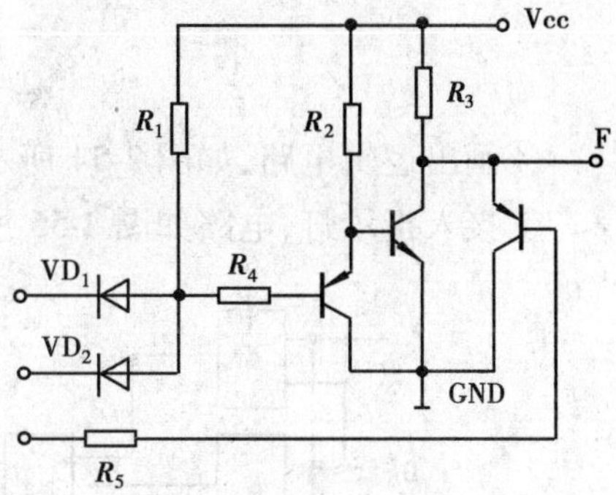

图 2-53

A. $F=A\bar{B}C+\bar{A}BC+\bar{B}C$　　　B. $F=A\bar{B}+\bar{A}C$

C. $F=\bar{A}B+\bar{B}C$　　　D. $F=\bar{A}C+\bar{B}C$

【答案】D

【解析】本题主要考查基本门的分析。本电路中，要保证输出端 F 成立，就要求 C 的输入端是高电平，同时还要 A 与 B 的输出端也同时为高电平，因此 A 与 B 的输出端与 C 的输出端是与的关系，同时满足，结论才成立；对于 A 与 B 的这一部分，要让它们的输出端使 F 成立(为 1)，只需要 A 与 B 中其中一个是低电平就行，因此形成的是或的关系，即$(\bar{A}+\bar{B})$；综合两个关系，最终逻辑关系为 $F=C(\bar{A}+\bar{B})$。故本题的正确答案是 D。

【案例 6】甲、乙、丙三人参加表决，每人面前有一个按钮，表决时，按下按钮表示同意，不按按钮表示不同意。表决结果按少数服从多数的原则，如表决结果通过则绿色指示灯亮，红色指示灯不亮，反之，绿色指示灯不亮，红色指示灯亮。请用基本逻辑门设计这个表决器，并画出逻辑电路。

【解析】本题主要考查逻辑电路的设计。其过程如下：

①根据条件建立真值表。首先假设甲、乙、丙三人分别为 A、B、C，不同意为“0”，同意为“1”，输出结果 F 红色指示灯不亮为“0”，绿色指示灯亮为“1”，然后采用穷举法，建立真值表，见表 2-4。

表 2-4　真值表

输入			输出
A	B	C	F
0	0	0	0
0	0	1	0
0	1	0	0
0	1	1	1
1	0	0	0
1	0	1	1
1	1	0	1
1	1	1	1

②写出函数表达式。因为输出 F 中，只要输出为 1 的，都满足绿灯点亮的条件，它们之间是或的关系，因此逻辑函数表达式为：

$$F=\overline{A}BC+A\overline{B}C+AB\overline{C}+ABC$$

③化简逻辑函数表达式(门数最少、输入端个数最少)。

$$\begin{aligned}F&=\overline{A}BC+A\overline{B}C+AB\overline{C}+ABC\\&=BC+A\overline{B}C+AB\overline{C}\\&=C(B+A\overline{B})+AB\overline{C}\\&=C(B+A)+AB\overline{C}\\&=AC+B(C+A\overline{C})\\&=AC+AB+BC\end{aligned}$$

④画出逻辑电路，如图 2-54 所示。

⑤接入指示灯，电路如图 2-55 所示。

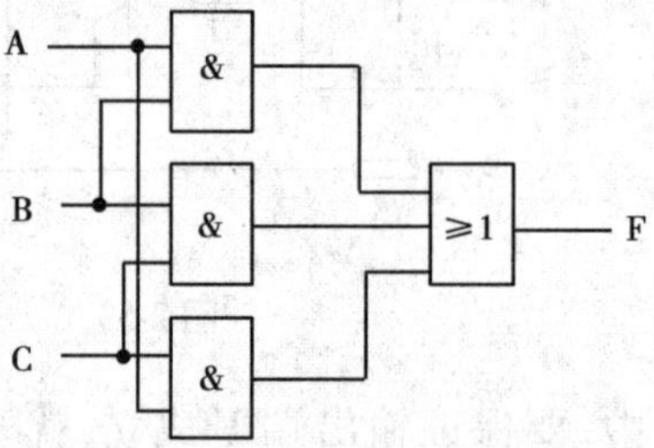

图 2-54

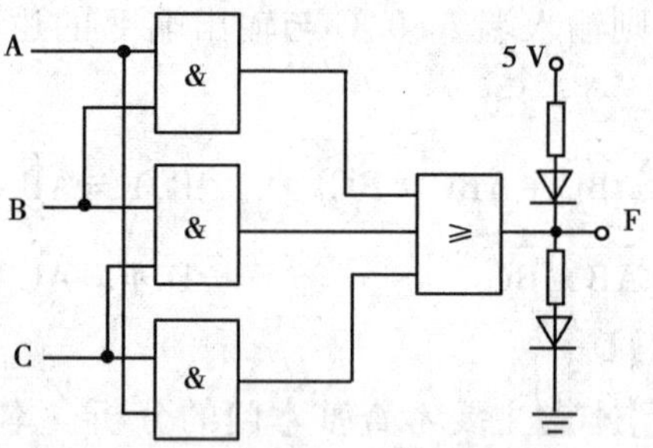

图 2-55

素养检测

一、单项选择题

1. 下列有关数字信号与模拟信号的描述中，说法不正确的是(　　)。

A. 模拟信号常用于表示连续变化的信息

B. 教室里书的数量、学生的人数是模拟信号

C. 海洋船只间联络的灯光信号、烽火台狼烟传递的信号可用数字信号表示

D. 数字信号比模拟信号抗干扰能力强，但数据量大、占用频带较宽

2. 关于三极管的工作状态，以下说法中不正确的是(　　)。

A. 三极管处于放大状态的条件是集电结反偏，发射结正偏

B. 只要三极管的发射结反偏，三极管就会处于截止状态

C. NPN 型三极管处于放大状态时，一定有集电极电位(U_c) > 基极电位(U_b) > 发射极电位(U_e)

D. 只要提高三极管的基极电位，就可让三极管由截止状态进入饱和状态

3. 关于三极管的输出特性曲线，以下说法不正确的是(　　)。

A. 三极管输出特性曲线的截止区是 I_B 为零时与 Y 轴所夹的区域

B. 三极管输出特性曲线的放大区是相互平行且间距相等的区域

C. 根据三极管输出特性曲线的数值，可以估算出三极管的放大倍数

D. 三极管输出特性曲线是三极管基极电流和集电极电流关系的曲线

4. 三极管工作在饱和导通状态时，下列说法中不正确的是(　　)。

A. 发射结和集电结均处于正向偏置状态

B. NPN 型三极管构成的电路中，基极的电位比发射极和集电极的电位都高

C. 集电极电流受基极电流的控制

D. 集电极与发射极之间相当于一个接通的开关

5. 已知某一晶体三极管 V_T 工作在放大状态，测得其三个管脚的直流电位如图 2-56 所示，则 1 脚、2 脚、3 脚和三极管类型依次为(　　)。

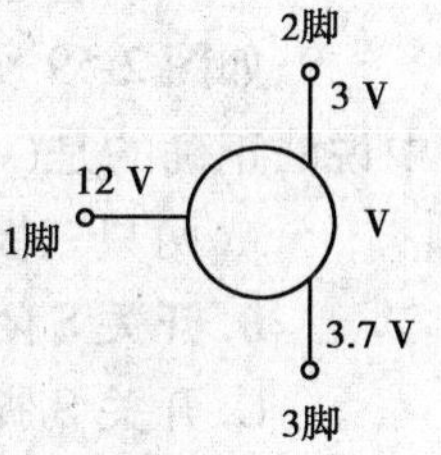

图 2-56

A. 基极、发射极、集电极，NPN　　B. 集电极、基极、发射极，PNP

C. 集电极、发射极、基极，NPN　　D. 基极、发射极、集电极，PNP

6. 小明对电路中的三极管进行测试，所测得的电流大小和三极管类型如下，你认为他标注的三极管类型及参数完全正确的是(　　)。

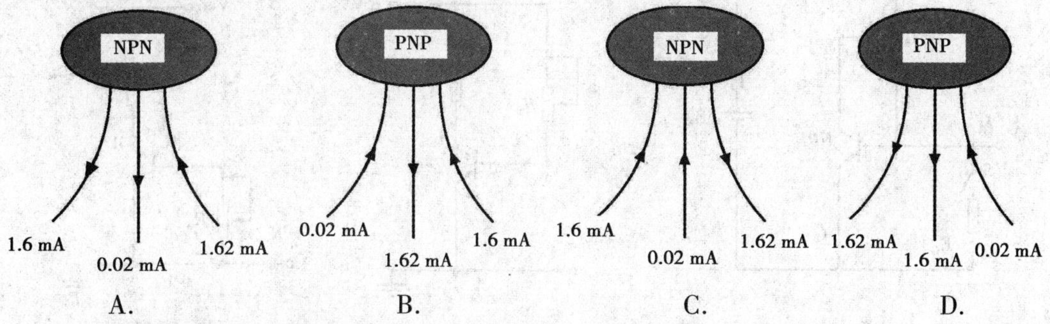

7. 小明对电路中的三极管进行测试，所测得的 1 脚、2 脚、3 脚的电流大小及方向如图 2-57 所示，你认为下列分析正确的是(　　)。

A. 该三极管为 NPN 型，2 脚是基极

B. 该三极管为 NPN 型，1 脚是基极

C. 该三极管为 PNP 型，3 脚是发射极

D. 该三极管为 PNP 型，1 脚是发射极

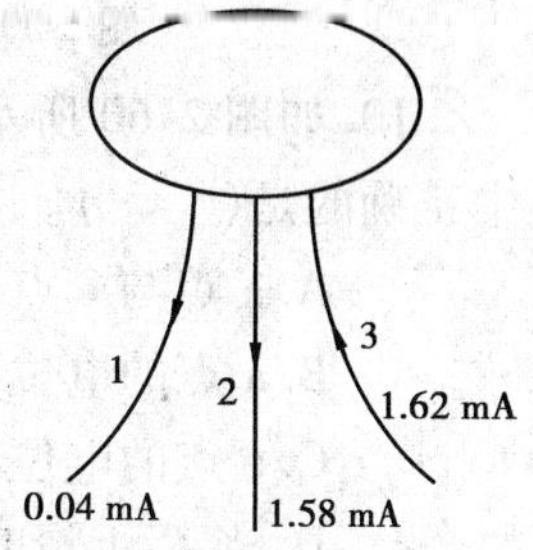

图 2-57

8. 如图 2-58 所示，当改变 R_b 时，关于甲、乙两只三极管的工作状态说法正确的是(　　)。

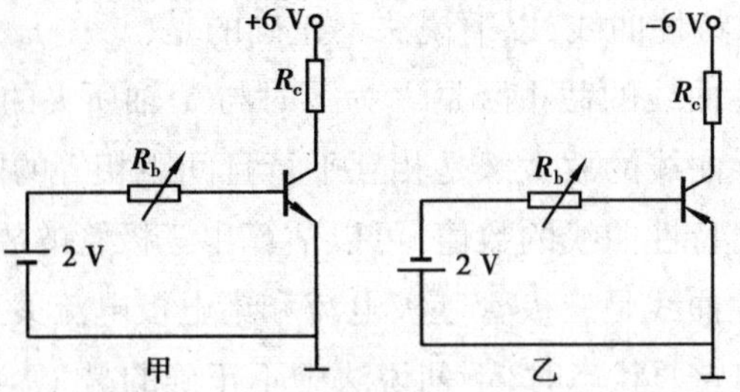

图 2-58

A. 甲、乙两只三极管都能进入放大状态　　B. 只有甲三极管能进入截止状态

C. 只有乙三极管能进入饱和状态　　D. 只有乙三极管能进入放大状态

9. 如图 2-59 所示为可控硅(晶闸管)的结构原理图。连接好电源后,下列关于它的分析中说法正确的是(　　)。

A. 两只三极管类型不同,工作时状态也不同

B. 开关 S 闭合时,两只三极管都导通,A 与 K 之间导通

C. 开关 S 脚闭合后断开,两只三极管都会截止,A 与 K 之间不通

D. 两只三极管导通后,I_A 大于 I_K

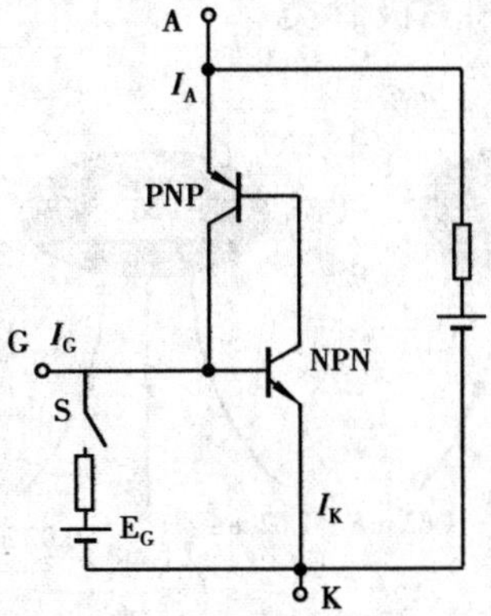

图 2-59

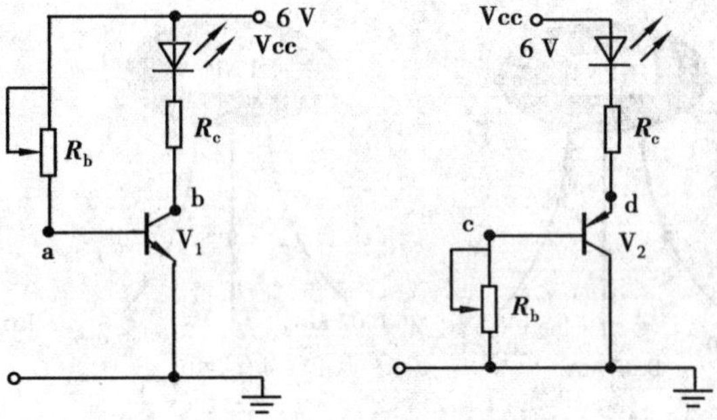

图 2-60

10. 如图 2-60 所示的两个电路中,三极管为硅管,调节 R_b 使 LED 发光时,下列电路分析中正确的是(　　)。

A. a 点与 c 点的电位相等,约为 0.7 V

B. a 点的电位可能是 0.7 V,且三极管 V_1 工作在饱和状态

C. c 点的电位有可能比 d 点的电位高

D. 当 R_b 上滑时,两个电路的指示灯都会变暗

11. 如图 2-61 所示是小明同学搭建的三极管实验电路,Vcc 为 6 V,闭合开关 S,调节可变电阻 R_p,下列说法**不正确**的是(　　)。

A. R_p 的滑片向下滑动,发光二极管 VD 的亮度增强

B. R_p 的滑片向下移移往 b 处过程中,三极管会进入饱和状态

C. R_p 的滑片向上移往 a 处过程中,三极管 V 的 U_{ce} 电压会减小

D. R_p 的滑片在上端 a 处时,发光二极管 VD 不亮,三极管 V 可能处于截止状态

12. 如图 2-62 所示为小明设计的冬天低温报警电路，当温度低于零下 1 ℃时，电路就会报警。开始报警时用数字式多用电表测试显示为 -3.5 V。以下关于该电路的分析中正确的是(　　)。

A. R_t是负温度系数热敏电阻

B. 若 R_3的阻值减小，报警时 VD 将变得更亮

C. 报警时，V 一定工作在放大状态

D. 减小 R_1的阻值，报警的设定温度变高

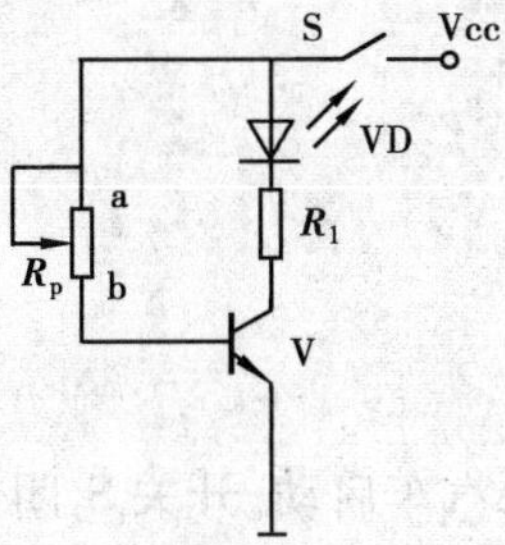

图 2-61

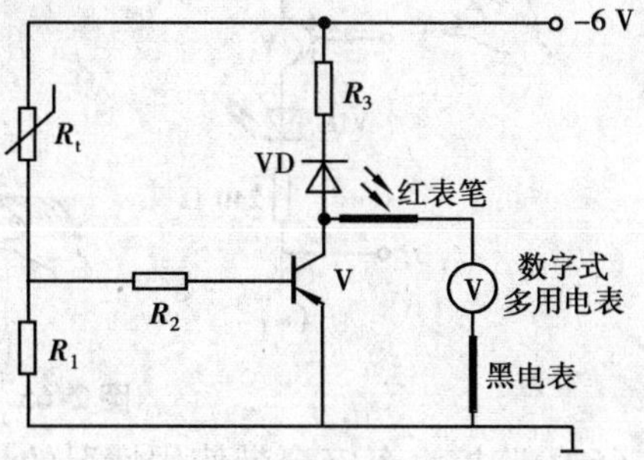

图 2-62

13. 如图 2-63 所示为三极管电路，三极管工作在放大状态。将 R_b滑动端向上滑动时，关于该电路的分析中，正确的是(　　)。

A. A 读数变小，V_1读数变大，V_2读数变大

B. A 读数变小，V_1读数变小，V_2读数变小

C. A 读数变大，V_1读数变大，V_2读数变小

D. A 读数变大，V_1读数变小，V_2读数变大

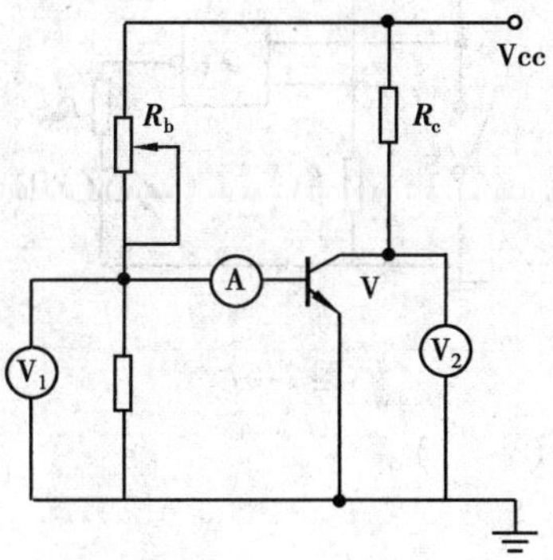

图 2-63

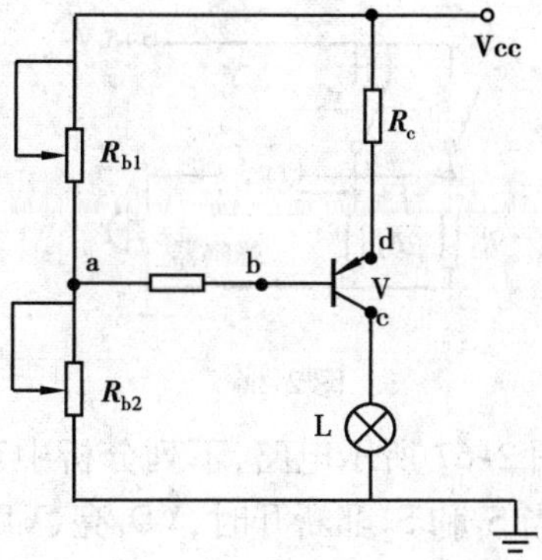

图 2-64

14. 如图 2-64 所示为小明搭建的硅三极管实验电路，已知三极管处于放大状态中，下列说法不正确的是(　　)。

A. b 点的电位高于 a 点的电位

B. d 点的电位高于 c 点的电位

C. 把 R_{b1}的阻值减小，三极管 V 集电极电流减小

D. 把 R_{b2}的阻值减小，三极管 V 基极电流会减小

15. 小明设计并搭建了如图 2-65 所示的两种三极管测试电路，下列有关这两种电路的试验及现象说法正确的是(　　)。

A. 用食指和大拇指短接 1 脚和 2 脚，VD_1亮，三极管 V_1一定进入饱和状态

B. 用食指和大拇指短接 2 脚和 3 脚，VD_1亮，三极管 V_1一定工作在放大状态

C. 用食指和大拇指短接 4 脚和 5 脚，VD_2亮，三极管 V_2一定工作在饱和状态

D. 用食指和大拇指短接 5 脚和 6 脚，VD_2亮，三极管 V_2一定进入放大状态

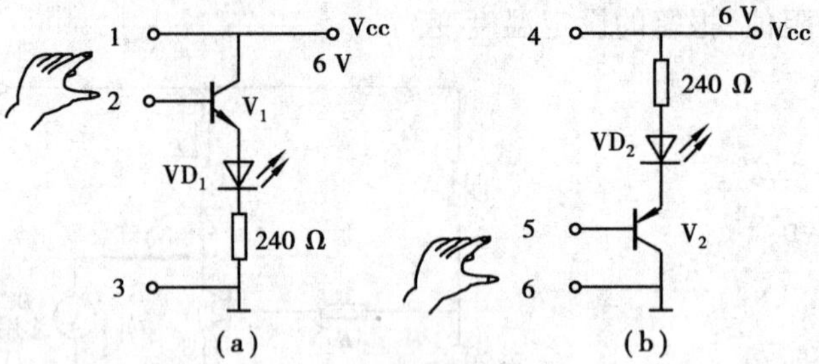

图 2-65

16. 如图 2-66 为监控汽车安全带使用情况的报警电路。如果汽车启动，开关 S_1闭合，安全带系好，S_2断开，蜂鸣器不会报警；如果驾驶员启动汽车但未系安全带时，蜂鸣器就会报警。根据以上要求，你认为图中虚线框内最适合接入的门电路是(　　)。

A. 与门电路　　　B. 与非门电路　　　C. 或门电路　　　D. 或非门电路

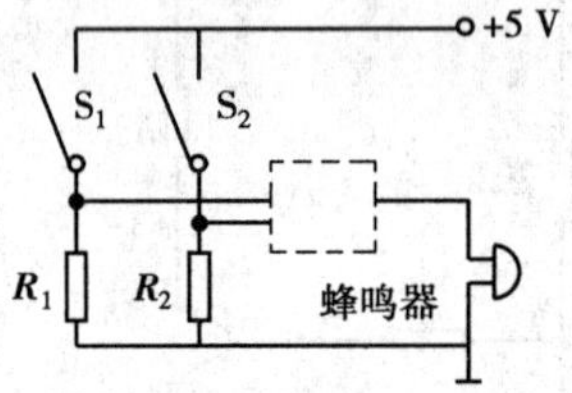

图 2-66

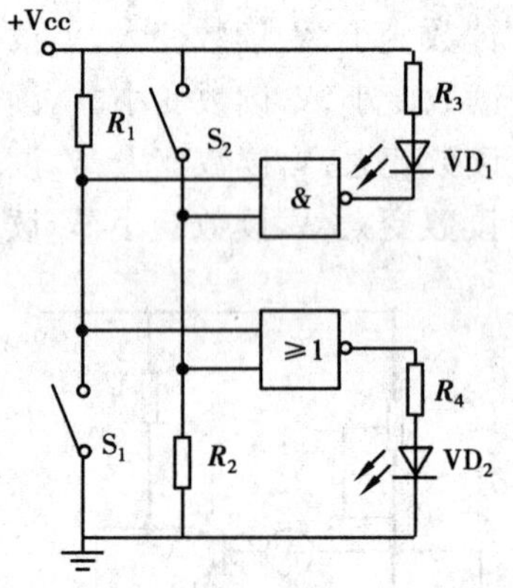

图 2-67

17. 如图 2-67 所示电路，下列分析中正确的是(　　)。

A. 当 S_1和 S_2都断开时，VD_1亮，VD_2不亮

B. 当 S_1和 S_2都闭合时，VD_1不亮，VD_2亮

C. 当 S_1断开，S_2闭合时，VD_1亮、VD_2不亮

D. 当 S_1闭合，S_2断开时，VD_1和 VD_2都不亮

18. 如图 2-68 所示，两个电路均是由逻辑门组成的电路，关于它们的功能分析，说法**不正确**的是(　　)。

A. (a)电路的逻辑代数表达式为 $F = AB + \overline{A}\,\overline{B}$；(b)电路的逻辑代数表达式为 $F = A\overline{B} + \overline{A}B$

B. (a)电路的功能是求同运算，只有输入相同（同高、同低电平）时，结论才成立（指示灯亮）

C. (b)电路的功能是求异运算，只有输入不同（一高、一低电平）时，结论才成立（指示灯亮）

D. 两个电路由于都使用非门和与门，因此它们的真值表是一样的

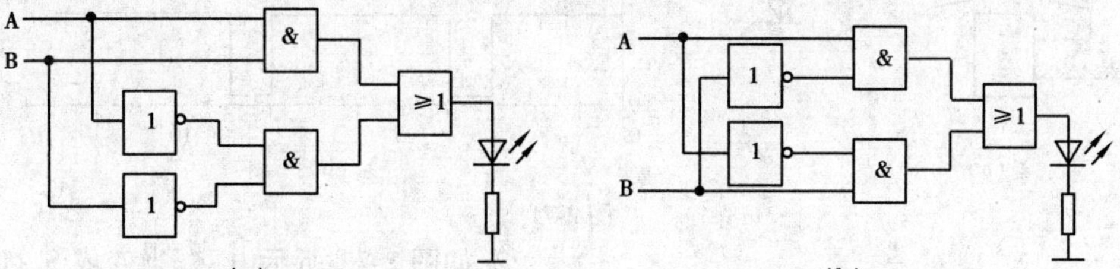

(a)　　　　　　　　　　　　(b)

图 2-68

19. 某逻辑电路如图 2-69 所示，在其真值表中，出现输出信号 F 为 1 的次数为(　　)。

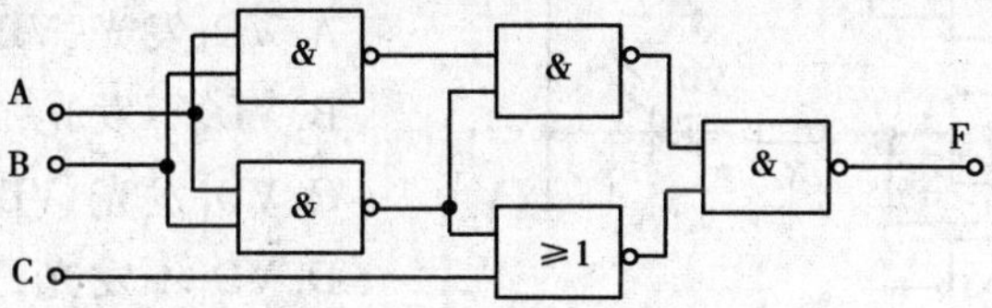

图 2-69

A. 2 次　　　　B. 3 次　　　　C. 4 次　　　　D. 5 次

20. 下列选项中，与图 2-70 所示的门电路功能相同的电路是(　　)。

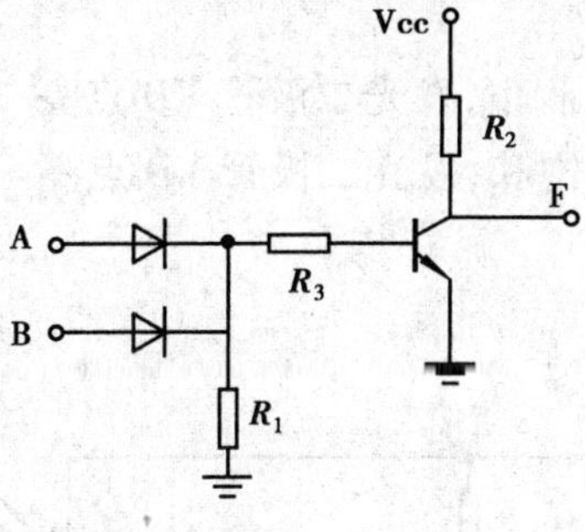

A.

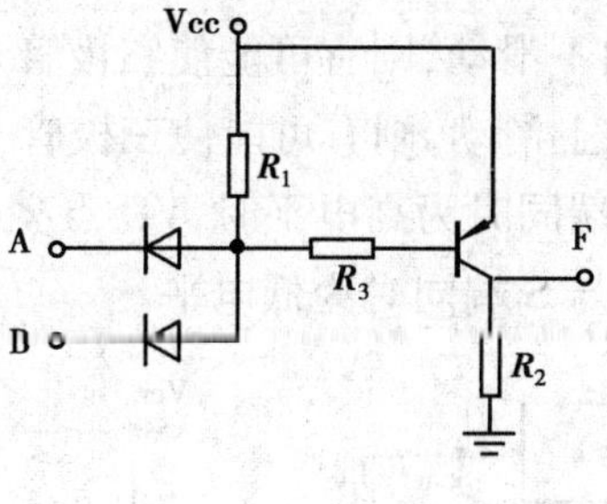

B.

图 2-70

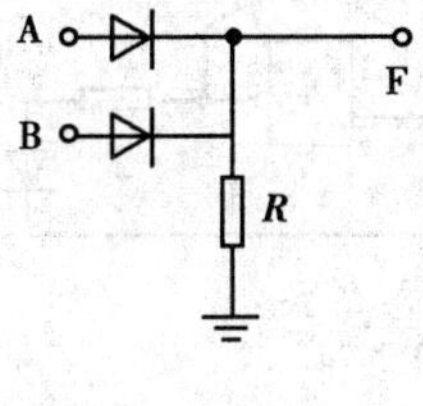

C.

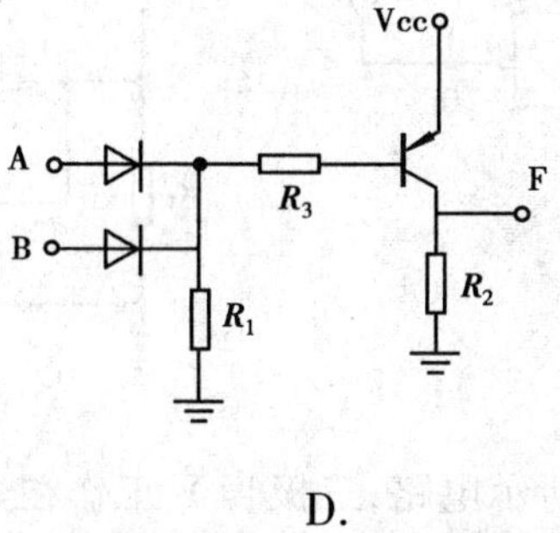

D.

21. 如图 2-71(a)所示是由两个与非门组成的基本 RS 触发器电路，当输入端加载图 2-66(b)所示的信号时，在 0 ~ 12 s 时间段内，VD 点亮的总时长约为(　　)。

A. 3 s　　　　B. 8 s　　　　C. 9 s　　　　D. 11 s

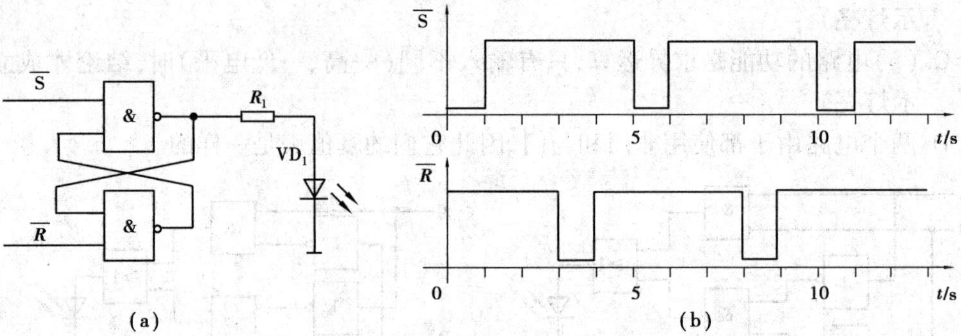

图 2-71

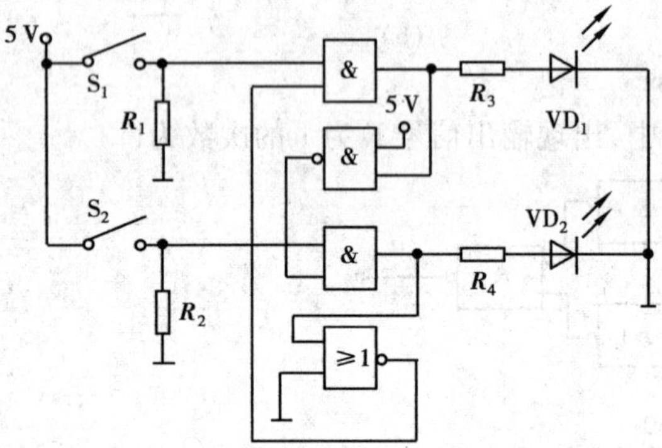

图 2-72

22. 如图 2-72 所示电路，当变成 S_1 打开、S_2 闭合时，VD_1 和 VD_2 的发光情况分析正确的是(　　)。

A. VD_1发光，VD_2发光

B. VD_1不发光，VD_2发光

C. VD_1发光，VD_2不发光

D. VD_1不发光，VD_2不发光

23. 如图 2-73 所示电路，S 为按钮开关，三极管控制是门电路输出的一端，在当前状态下，按下开关 S 并释放时，指示灯 VD 不亮。以下关于该电路分析正确的是(　　)。

A. 若 R_P 滑动端一直向下滑动，则有可能使三极管 V 截止，发光二极管 VD 点亮

B. 若 R_P 滑动端一直向上滑动，则有可能使三极管 V 饱和，发光二极管 VD 点亮

C. 该电路中 R 端与 S 端同时为高电平时，VD 点亮

D. 该电路不允许 R 端与 S 端同时为低电平

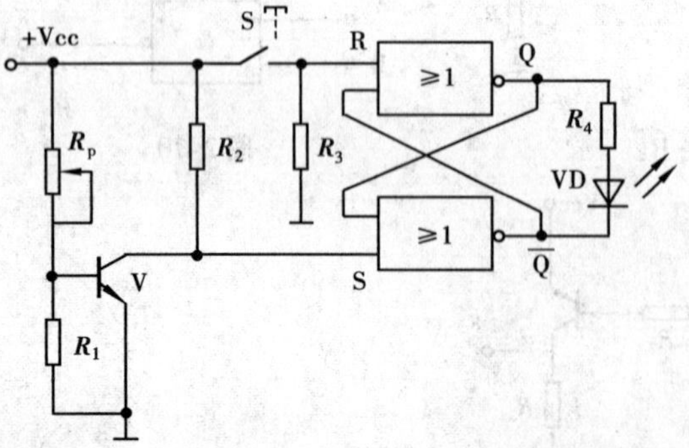

图 2-73

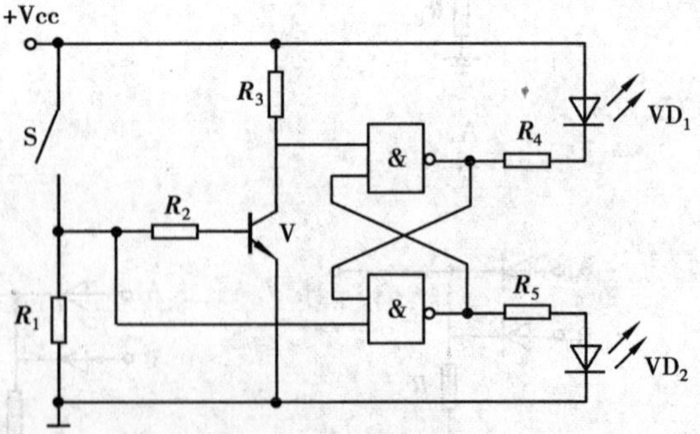

图 2-74

24. 小明设计了如图 2-74 所示电路，三极管 V 工作在开关状态，关于该电路的分析中正确的是(　　)。

A. S 闭合时，VD_1不发光，VD_2发光　　　　B. S 闭合时，VD_1发光，VD_2发光

C. S 断开时，VD_1不发光，VD_2不发光　　D. S 断开时，VD_1发光，VD_2发光

25. 如图 2-75 所示的电路，下列分析中正确的是(　　)。

A. S_A、S_B、S_C都闭合时，VD_1、VD_2都发光

B. S_A、S_B、S_C都断开时，VD_1、VD_2都发光

C. S_A、S_B闭合，S_C断开时，VD_1不发光，VD_2发光

D. S_A、S_B闭合，S_C断开时，VD_1、VD_2都不发光

26. 某三极管的输出特性曲线如图 2-76 所示，下列说法不正确的是(　　)。

A. 从该图可以看出，三极管的放大倍数为 50

B. 三极管的基极电流为 40 μA，发射极电流为 2.04 mA

C. 曲线中的 a 区域为饱和区、c 区域为截止区

D. 从横坐标轴可以看出，集电极电压 U_{ce}不断升高时，电路工作状态不会改变

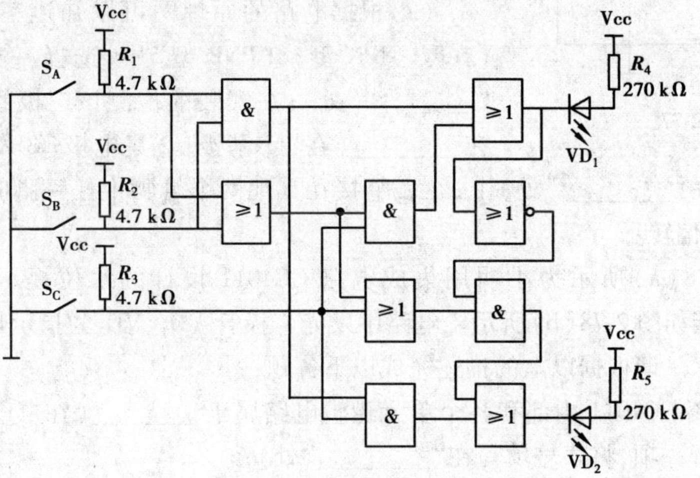

图 2-75

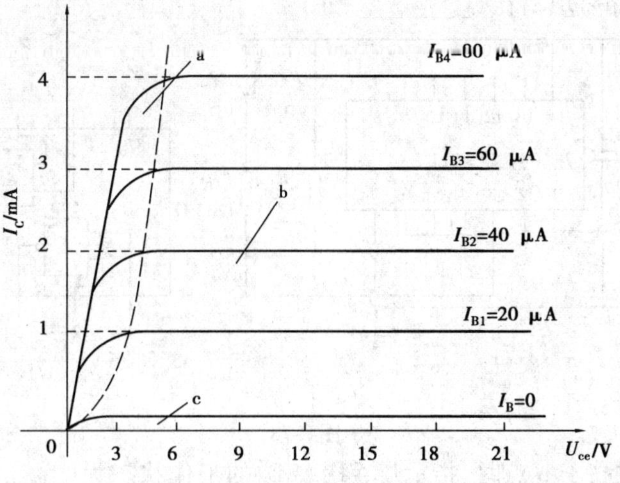

图 2-76

二、分析题

27. 如图 2-77 所示是小明在电子控制技术实践课上搭建的三极管控制电路图，调节可变电阻，可以改变发光二极管的亮度，请根据电路设计回答以下问题：

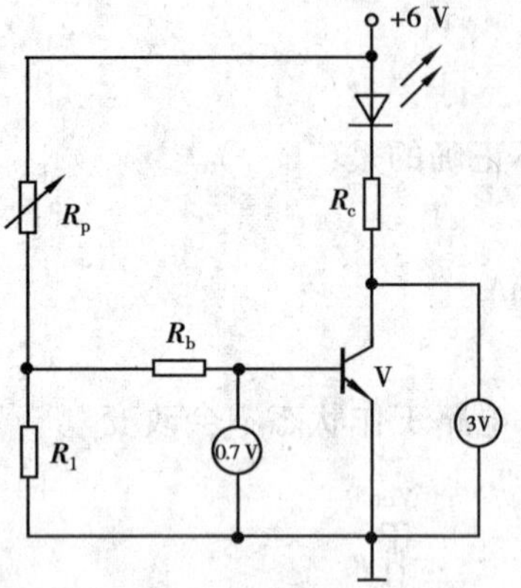

图 2-77

(1) 经测量，当前三极管 V 的基极对地电压为 0.7 V，集电极对地电压为 3 V。接下来，不断调大 R_P，集电极对地电压的变化情况为________（在“①增大；②减小”中选择一项，将序号填写在“________”处）；此时三极管将________（在“①从截止状态转入放大状态；②从放大状态转入饱和状态；③从放大状态转入截止状态”中选择一项，将序号填写在“________”处）；

(2) 根据电路的原理图可以知道三极管为________（在“①NPN 型；②PNP 型”中，选择一项将序号填写在“________”处）；在安装前检测该三极管时，当黑表笔接在________（在“①基极；②集电极；③发射极”中选择一项，将序号填写在“________”处）上；红表笔接在其他两个管脚中任一脚时，指针式万用表将发生大角度的偏转。

28. 如图 2-78 (a) 所示为小明用集成电路 CC4011 设计的水位提示电路，集成电路 CC4011 引脚功能如图 2-78 (b) 所示。电路中发光二极管 VD_1、VD_2 为指示灯，A、B 为水位探头，水箱中为盐水。请根据以上的描述完成以下各题：

(1) 集成电路 CC4011 内部和各个单元逻辑电路属于________（在“①与门；②与非门；③或非门”中选择一项，将序号填写在“________”处）；

(2) 当水箱水位高于 b 点时，集成电路输入端 1 脚为________（在“①高电平；②低电平”中选择一项，将序号填写在“________”处）；

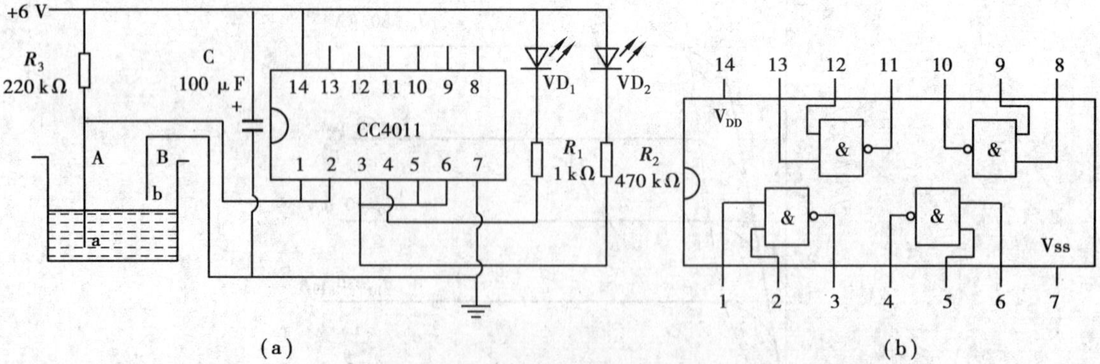

图 2-78

(3) 当水箱水位高于 b 点时，指示灯 VD_1、VD_2 的工作状态为________（在“①VD_1 发光，VD_2 不发光；②VD_1 不发光，VD_2 发光；③VD_1、VD_2 都发光”中选择一项，将序号填写在“________”处）；

(4)若本题不再使用集成电路,改用以下的直流电磁继电器和灯泡实现水位提示的功能(元件如图 2-79 所示)。当水箱水位高于 b 点时,红灯亮,绿灯灭;低于 b 点时,绿灯亮,红灯灭。其中 1、2、3 处分别表示动触点、常闭触点、常开触点。请用导线连接以下元器件完成电路。

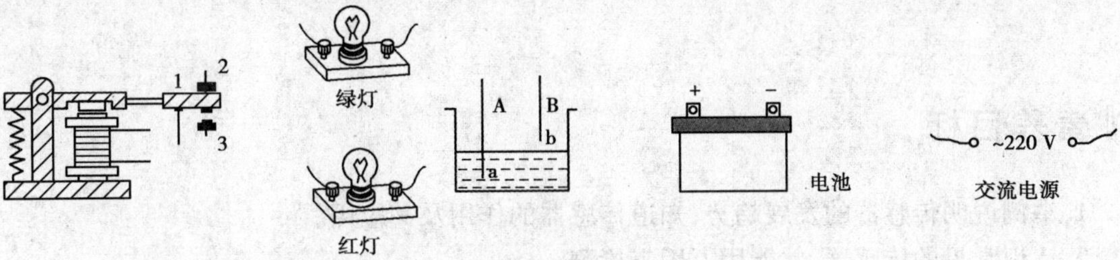

图 2-79

29. 若三极管的放大倍数为 100,其他参数如图 2-80 所示,将开关 S 接 A 点后,用万用表测量 R_2 两端的电压,应为多少？开关接 B 点后,R_2的电流有多大？

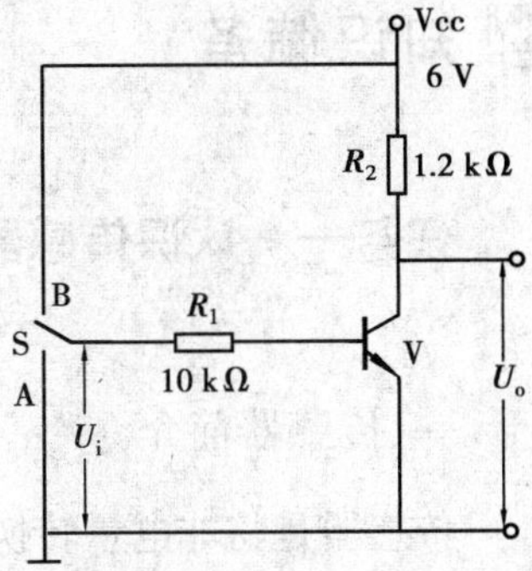

图 2-80

三、设计题

30. 在交通信号灯控制系统中,每一组信号灯由红、黄、绿三盏灯组成。正常情况下,任何时刻必有一盏灯亮,而且只能有一盏灯亮,否则故障检测系统应发出信号提醒维护人员前去维修。请根据以上描述,设计逻辑电路。

第三单元　传感器与继电器

素养目标

1. 举例说明传感器的发展趋势,知道传感器的作用及其应用。

2. 认识常见的传感器,并能用万用表检测。

3. 知道继电器的作用和分类,了解常见的直流电磁继电器的构造、规格和工作原理,学会直流电磁继电器的使用方法。

知识储备

任务一　认识传感器

微课视频

认识传感器

一、传感器简介

传感器是将非电量转换为与之有确定对应关系的电量输出的一种装置。传感器一般由敏感元件和输出部分组成。敏感元件是传感器中能直接感受被测量信息,并把它转换成电信号的部分,是传感器的核心,在电路中传感器的功能如图 3-1 所示。通常的传感器元件有光敏、热敏、湿敏、气敏、磁敏、声敏、力敏、位移传感器等。常见传感器的类型、外形、符号见表 3-1。

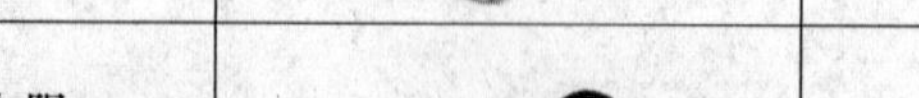

图 3-1

表 3-1　常见传感器的类型、外形、符号

传感器类型	传感元件名称	元件图	电路符号
光敏传感器	光敏电阻		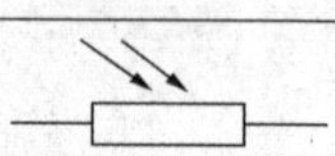
热敏传感器	热敏电阻		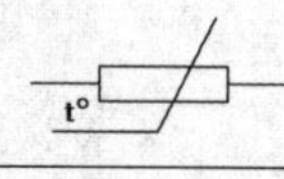
湿敏传感器	湿敏电阻		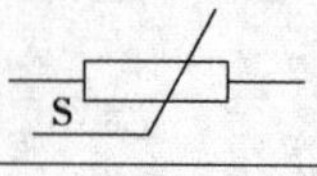 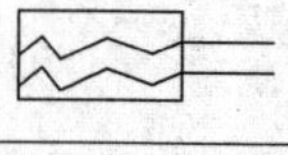
磁敏传感器	干簧管		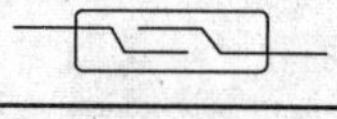

续表

传感器类型	传感元件名称	元件图	电路符号
气敏传感器	电阻式气敏传感器		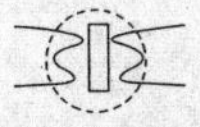
声敏传感器	驻极话筒		
力敏传感器	电阻式应变片		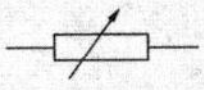
位移传感器	电容式位移传感器		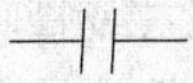

二、光敏传感器

光敏传感器是将光信号转换为电信号的装置。常用的检测元件有光敏电阻、光敏二极管、光敏模块等。

1. 光敏电阻

光敏电阻的外形如图 3-2 所示。它是一种电阻性传感器件，能将获取的外界光线的变化信息转化为电阻阻值变化的信号，通常在遮光（暗光）条件下，光敏电阻的阻值一般大于 10 MΩ，有光照时，电阻阻值迅速减小。

图 3-2

可用万用表的电阻挡测量其性能。受光面在不同光照度下，它的阻值变化如图 3-3 所示。

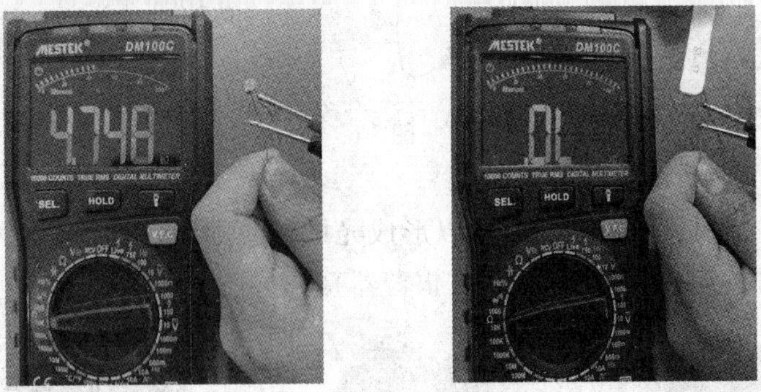

图 3-3

2. 光敏二极管

光敏二极管有多种外形，有的只能吸收特定波长的光波，有的可吸收红外光，其常见的外形如图 3-4 所示。

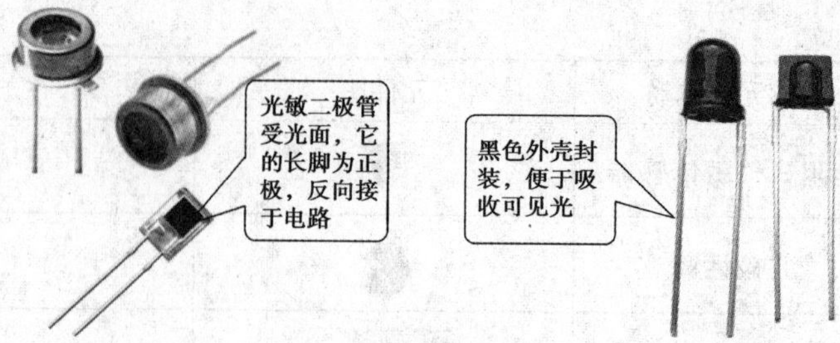

图 3-4

当光敏二级管吸收到光照信号时，反向电阻值会迅速减小，可用万用表测量其电阻值随外界光线变化的情况，如图 3-5 所示。

反向见光，电阻较小　　反向遮光(暗光)，电阻增大

图 3-5

光敏二极管在反向偏压下工作，无光照时，阻值很大，电路中只有很微弱的电流；有光照时，反向电阻值迅速减小，较大的电流流过电阻 R_L，从而在电阻 R_L 上产生输出电压，实现光信号与电信号的转换，如图 3-6 所示。

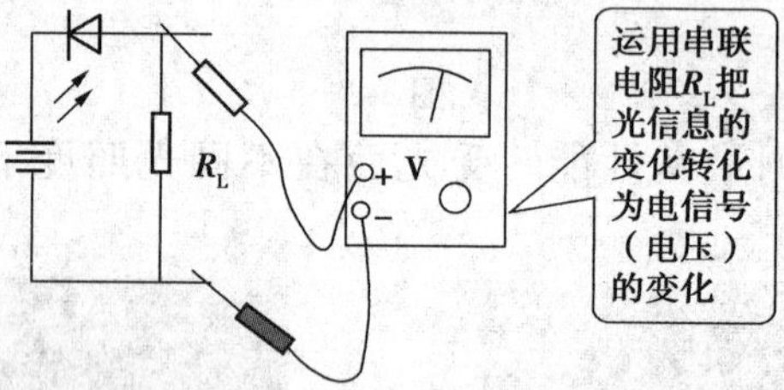

图 3-6

3. 光敏模块

运用光敏器件，对信息进行处理，可以形成光敏传感器、灰度传感器、红外线传感器(测温器、夜视仪、自动门)、火焰传感器(火灾报警器)等，如图 3-7 所示。

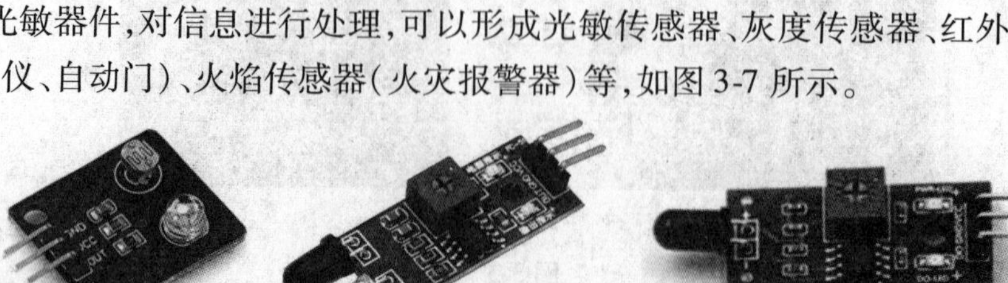

灰度传感器模块　　红外线传感模块　　火焰传感模块

图 3-7

三、温度传感器

温度传感器是将温度的变化量转换为电信号的装置。常用的检测元件有热电偶(检测高温)、温度计、热敏电阻等。

热敏电阻是一种温度敏感元件,又称热敏传感器。通常有 PTC(正温度系数热敏电阻,随着温度升高阻值增大)、NTC(负温度系数热敏电阻,随着温度降低阻值增大)两种类型。可以用万用表检测其性能,如图 3-8 所示。

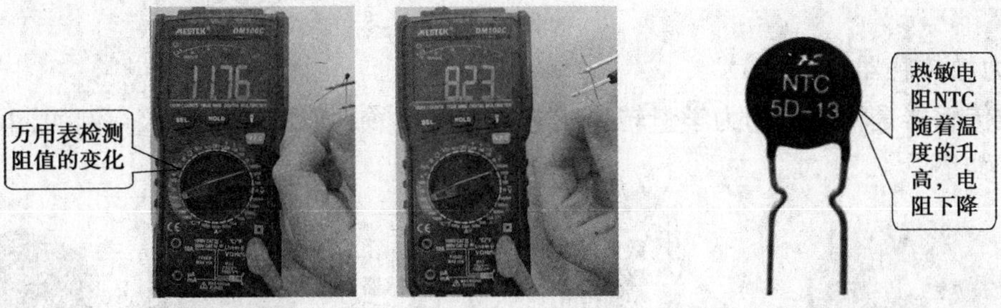

图 3-8

运用热敏器件,对信息进行处理,可以形成感温探头或温度传感器,如图 3-9 所示。

图 3-9

四、湿敏传感器

湿敏传感器是能够感受外界湿度变化,并通过器件材料的物理或化学性质变化,将湿度转化成电信号的器件,可用于检测土壤湿度、粮食的含水量,如图 3-10 所示。

五、气敏传感器

气敏传感器是一种能获取气体信息并转换为电信号的元件,如图 3-11 所示。例如,检测家庭中的煤气、甲醛等的传感器。

湿度传感器模块

图 3-10

有害气体检测传感器模块

酒精检测传感器模块

图 3-11

六、磁敏传感器

磁敏感传感器能将磁场信息转换成各种有用的电信号。常用的磁敏传感器有干簧管、霍尔元件等,如图 3-12 所示。

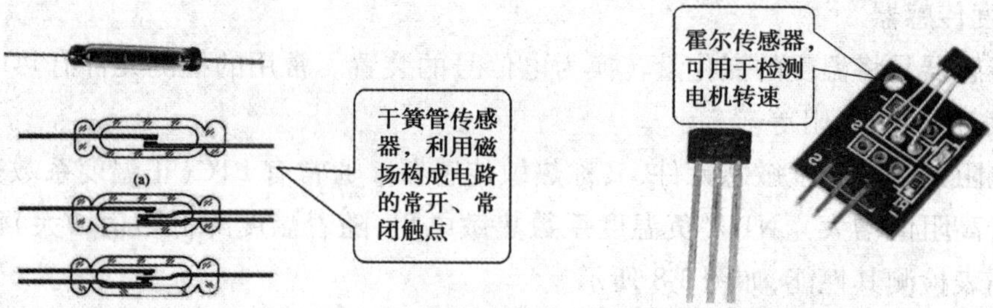

图 3-12

七、力敏传感器

力敏传感器是将被测的力学量转换成电信号的装置，如图 3-13 所示。例如，电子秤、机器人脚底鞋垫。

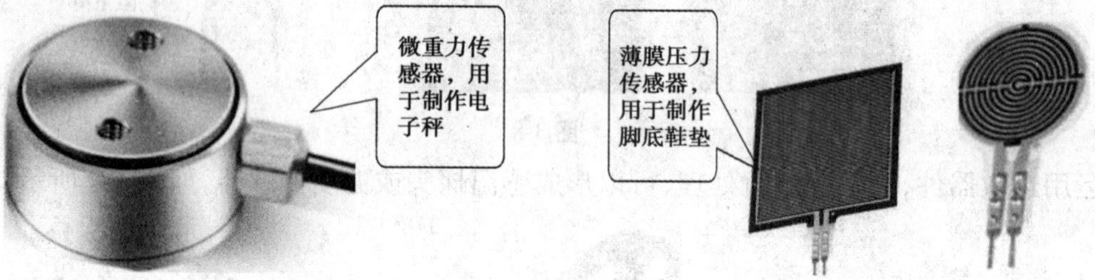

图 3-13

八、声敏传感器

声敏传感器是把气体、液体或固体介质中传播的机械振动转换成电信号的器件或装置，如图 3-14 所示。例如，噪声传感器。

驻极话筒(声音检测元件)　　声音检测传感器模块　　噪声传感器

图 3-14

九、超声波传感器

超声波是指频率高于 20 kHz 的声波，它在人的听觉范围之外。超声波传感器具有良好的方向性和穿透能力，可以用来测速度、距离。例如，机器人的测距、医院的 B 超机器等都是使用超声波传感器来获得信息的，如图 3-15 所示。

机器人超声波模块　　手持式 B 超机

图 3-15

任务二 认识继电器

微课视频

认识继电器

一、继电器简介

继电器能够根据控制系统的控制命令自动接通或者断开电路，实现自动控制和保护用电设备。它是用低电压控制高电压或用小电流控制大电流的开关器件，在电子控制技术中，它的控制过程如图 3-16 所示。

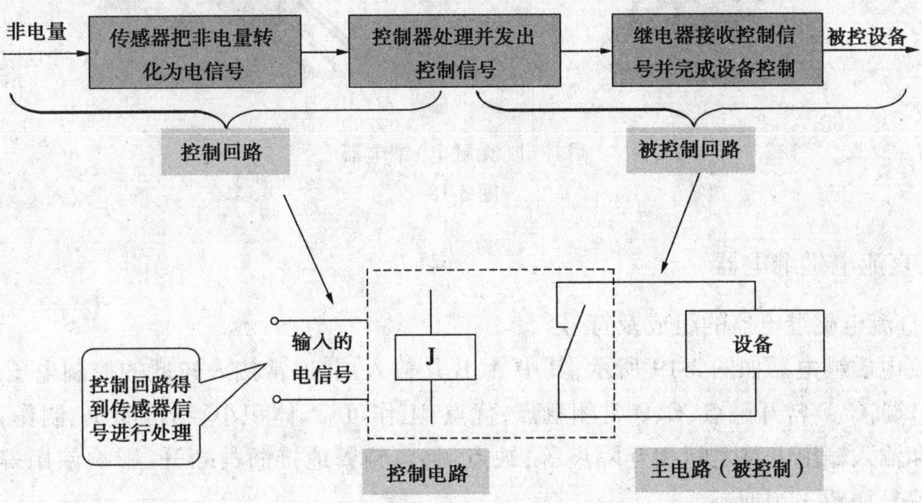

图 3-16

继电器的分类方法很多，按工作原理可分为电磁继电器、感应继电器、晶体管继电器等；按输入信号可以分为电压继电器、电流继电器、速度继电器、热继电器、压力继电器等；按输出方式可以分为有触点的继电器和无触点的继电器两种类型。它们的外形如图 3-17 所示。

交流电磁继电器

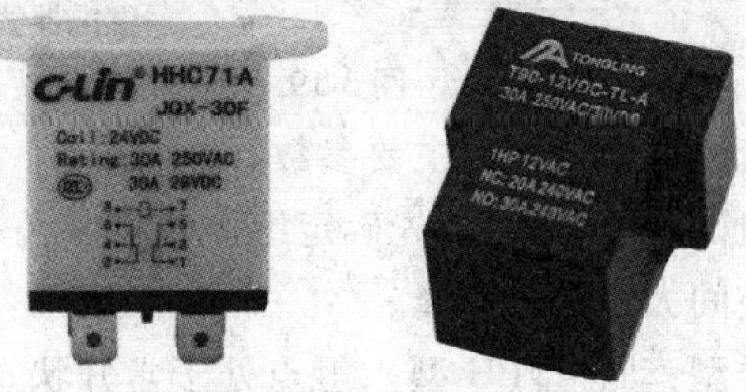

直流电磁继电器

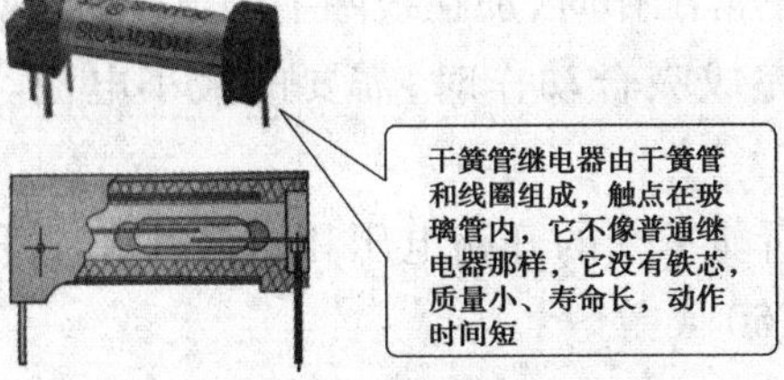

干簧管继电器

图 3-17

无触点继电器没有可动触点，不产生电火花，因而它的可靠性高、寿命长、无干扰，又由于它的体积小，易与电子电路集成，应用广泛，如图 3-18 所示。

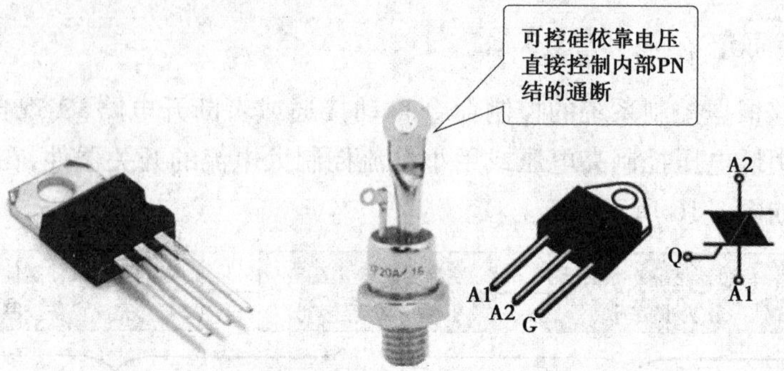

可控硅（无触电）继电器

图 3-18

二、直流电磁继电器

1. 直流电磁继电器的组成及符号

直流电磁继电器如图 3-19 所示，其中 A、B 是输入端，通常接入较低的控制电压。C、D、E 是输出端，C、E 常开触点，C、D 常闭触点；优点：工作可靠、体积小、结构简单、制作方便、灵敏度高和输入输出电路之间相互隔离等；缺点：触点频繁地接通与断开，影响使用寿命。其结构与符号如图 3-20 所示。

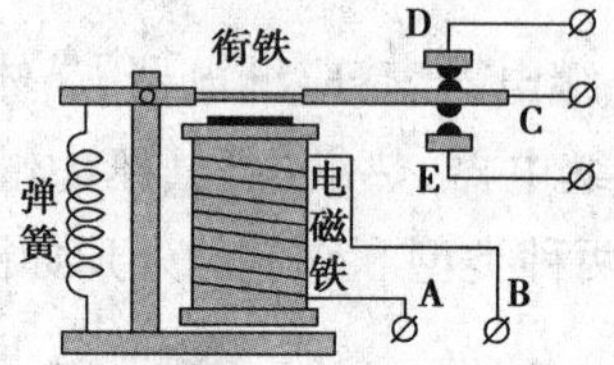

图 3-19

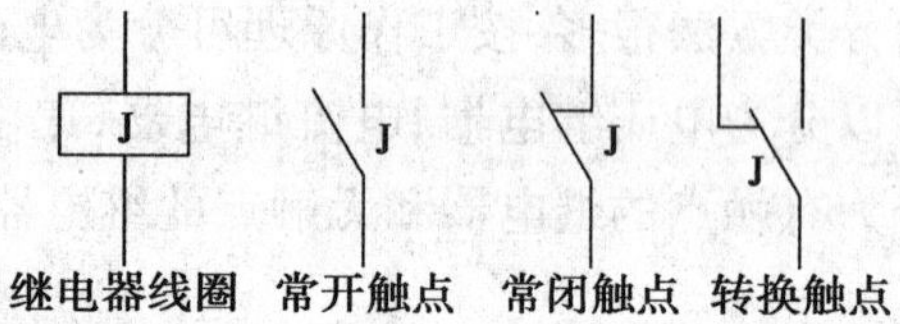

图 3-20

2. 直流电磁继电器的主要参数

选用电磁继电器时，首先确定继电器的工作电压，然后根据触点类型、触点负荷及继电器占用的空间大小进行选择。

触点类型：动合型（H 型），触点处于常开状态，通电后闭合；动断型（D 型），触点处于常闭状态，通电后打开；转换型（Z 型），内部有触点，分动触点和静触点两种，通电后立即转换。

额定电压：继电器线圈正常工作时，加在线圈上的电压，通常有 6 V、12 V、24 V 等。

吸合电流：继电器线圈完成吸合动作时，需要的最小电流。正常工作时要略大于这个电流。

触点负荷：断电器触点所能承受的开路电压和闭合电流。开路电压有 110 V、220 V、380 V 等，闭合电流有 5 A、10 A、50 A 等。

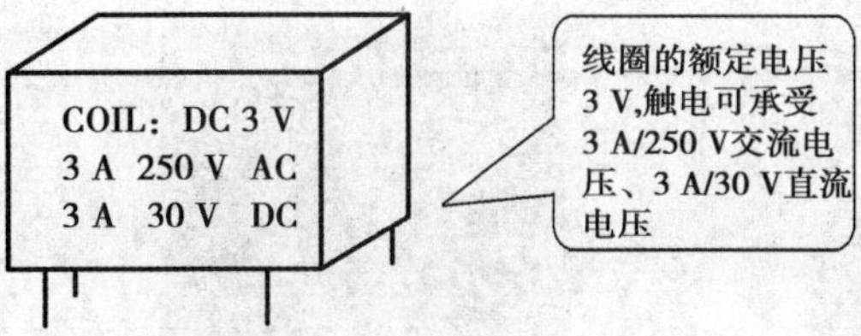

图 3-21

图 3-22

直流电磁继电器主要参数如图 3-21 所示。参数(见图 3-22)识读如下:

ZD-32F-S-1LH:ZD 代表触点类型为动合型(转换型);32F-S-1LH 代表继电器的型号和封装方式,不同厂家表示方法不同,S 表示密封型。

12 V　DC:继电器线圈的额定工作电压为直流 12 V。

5 A　250 VAC:说明该继电器的触点工作在交流 250 V(额定工作电压)时,可以通过的最大电流为 5 A。

7 A　125 VAC:说明该继电器的触点工作在交流 125 V 时,可以通过的最大电流为 7 A。

5 A　28 VDC:说明该继电器的触点工作在直流 28 V 时,可以通过的最大电流为 5 A。

3. 直流电磁继电器的检测

使用万用表“ ×1”电阻挡或蜂鸣挡(测量通断)就能检测电磁继电器触点的开闭情况。使用万用表“ ×10”电阻挡就能判断电磁继电器线圈的好坏。若测量的阻值为无穷大,通常为线圈断路损坏,如图 3-23 所示。

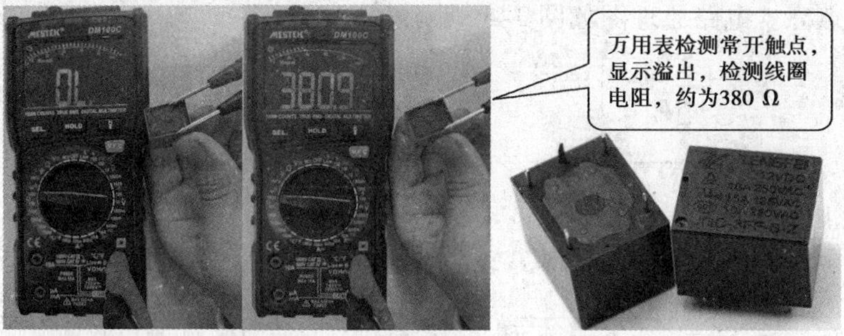

图 3-23

使用万用表电阻挡或蜂鸣挡检测电磁继电器好坏时,常开触点的电阻应接近无穷大,常闭触点的阻值接近零,如图 3-24、图 3-25 所示。

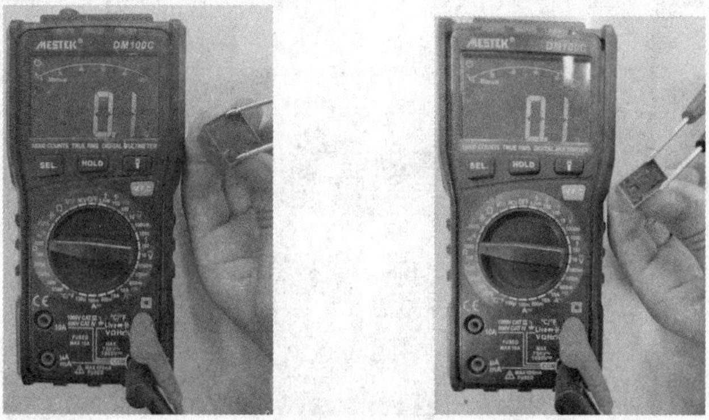

图 3-24

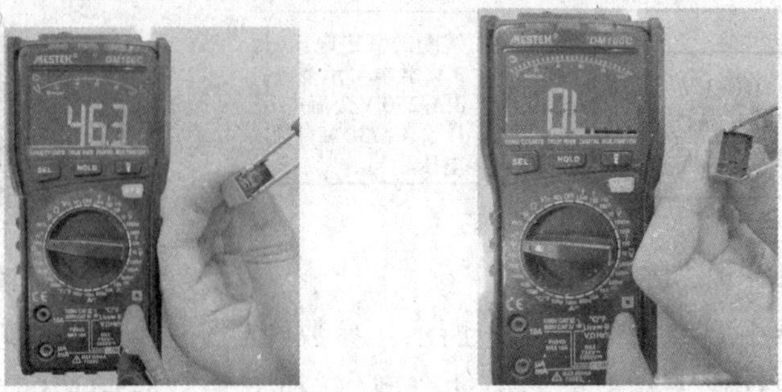

图 3-25

任务三　光控电路的安装与测试

微课视频

三极管光控电路设计

一、应用三极管搭接的最简单光控电路

1. 设计分析

在 PNP 型三极管 S9012 构成的光控电路中，只要光敏电阻的阻值减小，基极电位降低，电流就可由发射极注入三极管基极和集电极，就能让三极管导通，发光二极管就能点亮；在 NPN 型三极管 C5551 构成的光控电路中，只要光敏电阻阻值减小，三极管的基极电位升高，电流就可由基极注入三极管发射极，集电极电流就可从发射极流出，就能让三极管导通，发光二极管就能点亮。电路原理图如图 3-26 所示。

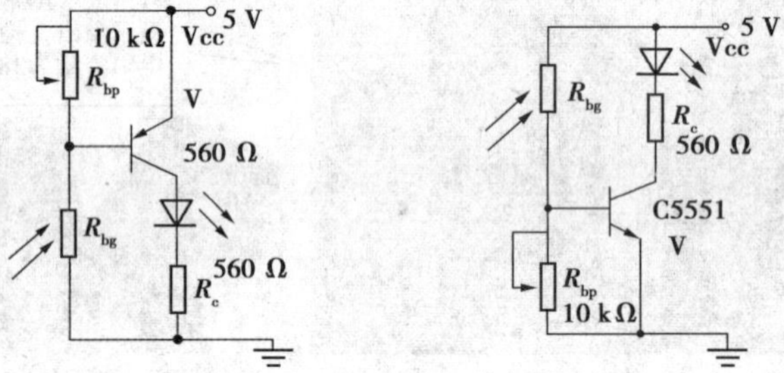

图 3-26

2. 安装线路

在面包板中，为了方便对照，5 V 电源采用红色导线，地采用黑色导线，实物连接图如图 3-27 所示。

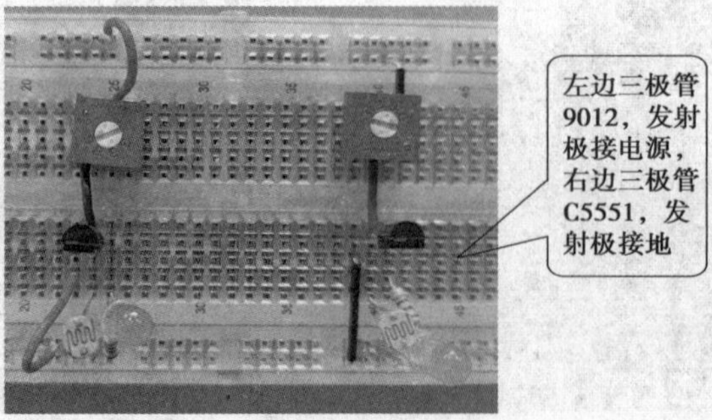

图 3-27

3. 电路调试

接通电源，用平口起子调节可变电阻的阻值，两指示灯均可点亮。在 PNP 型三极管 S9012 构成的光控电路中，R_{bp}的阻值增大时，发光二极管亮度增强；在 NPN 型三极管 C5551 构成的光控电路中，R_{bp}的阻值增大时，发光二极管亮度也增强；如果光敏电阻遮光，指示灯熄灭。如图 3-28 所示。

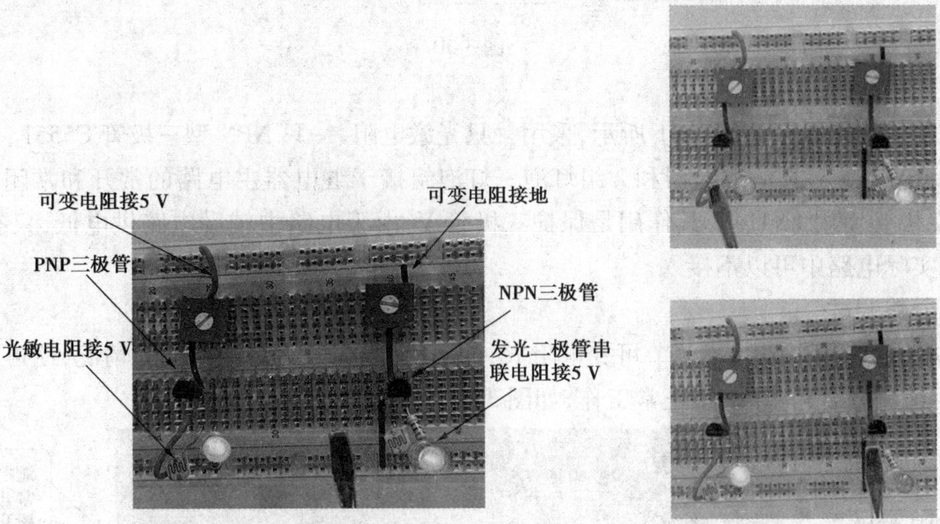

图 3-28

二、应用三极管、继电器搭接的光控电路

1. 设计分析

微课视频
三极管继电器搭接的光控电路

(1)总体思路：控制信号一般都接在三极管的基极上，NPN 型三极管构成的控制电路中，继电器串接于三极管的集电极上，并且反向并联一只二极管(保护三极管，防止线圈产生反向电动势击穿三极管)，继电器的触点一般采用常开触点。如果更换为 PNP 型三极管，继电器通常接于发射极，只是基极的控制信号的极性与 NPN 型的控制信号的极性效果刚好相反，为此可以在三极管的基极增加非门实现相同的功能，如图 3-29 所示。

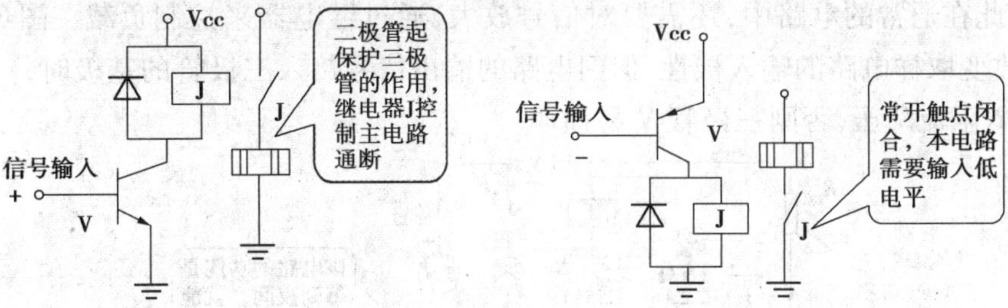

图 3-29

(2)具体电路：图 3-30 所示是使用三极管、光敏电阻、继电器搭建的晚间灯光控制电路。当光线暗时，自动点亮灯光，主电路中的常开与常闭可根据实际情况进行选择。

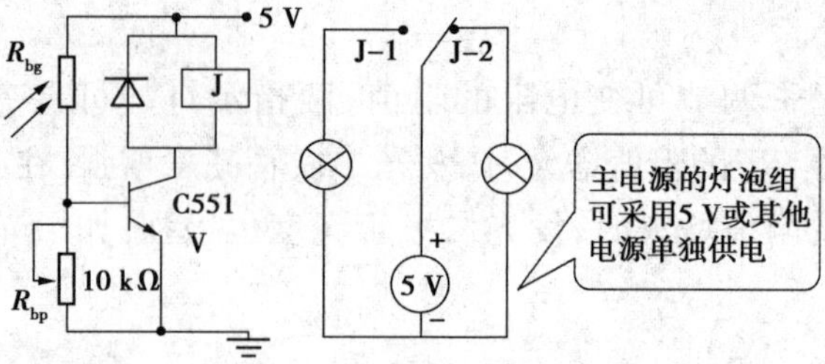

图 3-30

2. 安装线路

它的实物连接图如图 3-31 所示，采用一只光敏电阻、一只 NPN 型三极管 C5551、一只 10 kΩ 可变电阻，5 V 直流继电器和 2 组灯泡。灯泡组接于继电器主电路的常开和常闭两个回路中，二极管使用 1N4148，其作用是保护三极管 V，由于电路中辅助电路供电低，只有 5 V，因此在实际电路中可以不接入。

3. 电路调试

遮挡光线，用平口起子调节可变电阻 R_{bp} 的阻值，观察两组灯泡的亮灭情况，使可变电阻 R_{bp} 的阻值刚好合适，让电路正常工作，如图 3-32 所示。

图 3-31

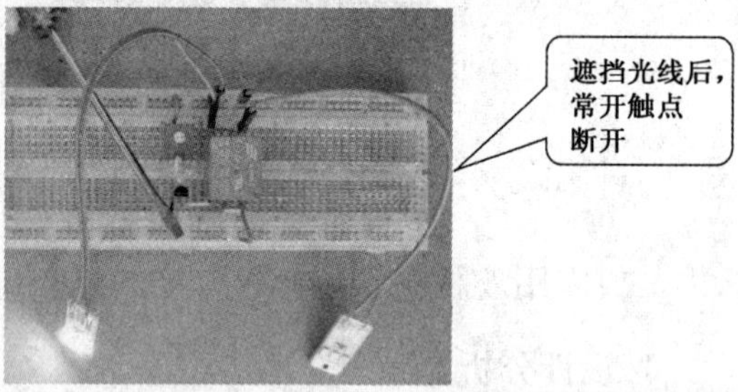

图 3-32

三、应用逻辑门搭接的控制电路

微课视频

逻辑门搭接的光控电路

1. 设计分析

逻辑门电路可以直接输出高、低电平，驱动负载工作（让发光二极管点亮），但带负载的能力弱，因此在通常的电路中，还需要对信号放大，通过继电器来控制负载。图 3-33 中，通过非门可改变取样电路的输入极性，但门电路的输出信号接入三极管的基极时，一定要接入一只电阻 R_1 限流降压，否则三极管 V 易损坏。

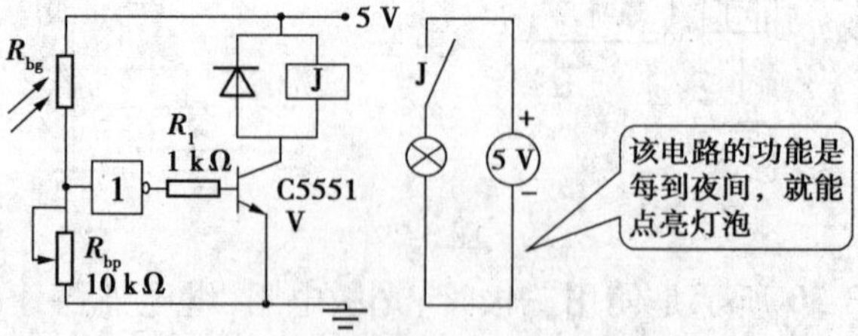

图 3-33

2. 安装线路

图 3-34 为元件安装图，图 3-35 为继电器管脚接线图。在面包板上插接好三极管

2N5551、非门 4069、光敏电阻、负载灯珠、1 kΩ 电阻 R_1 和 3 V 继电器。线路连接时，选用非门 4069 的第二路的“3”脚与“4”脚，负载灯珠串接电源和继电器的“6”脚和“2”脚。

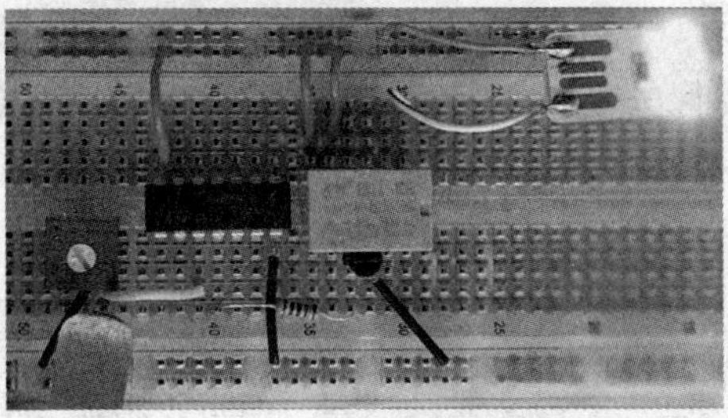

图 3-34

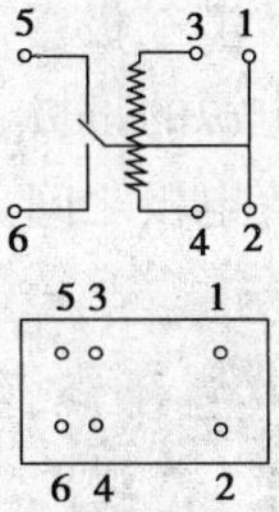

图 3-35

3. 电路调试

搭建好电路后，接通电源，用摄子柄挡住光敏二极管时，灯珠自动点亮，如图 3-36 所示。如果不能点亮，就需要调节可变电阻。

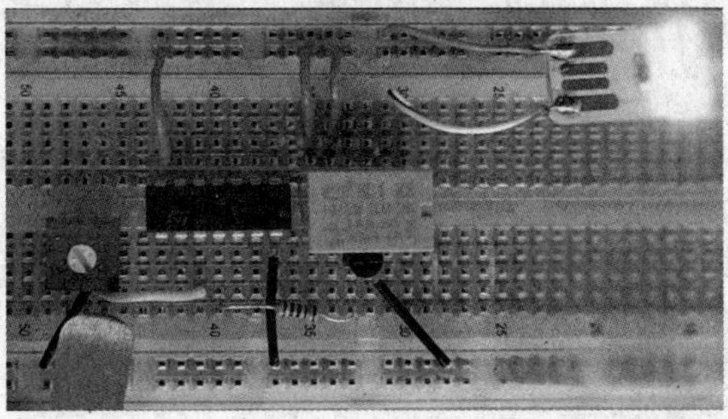

图 3-36

微课视频

三极管搭接的湿控电路

任务四　湿控电路的安装与测试

一、应用三极管搭接的基本湿控电路

1. 设计分析

运用湿敏电阻、雨滴传感器等获取环境的湿度信息，将此信号放大，作用于被控的物体，就可形成湿控电路，如图 3-37 所示。此电路以 NPN 型三极管 C5551 为核心，基极接入湿度信号，集电极驱动发光二极管输出，形成的是共发射极电路。当传感器与雨滴接触时，基极产生电流，使三极管由截止状态转向放大或饱和状态，接通集电极负载，发光二极管点亮。

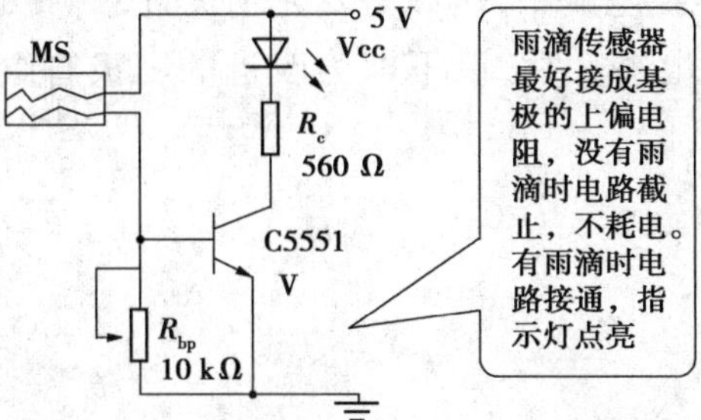

图 3-37

2. 安装线路

如图3-38所示，其左边为5 V的电源稳压板（用9 V电池稳压得到），中部即为控制电路部分：包括一只NPN型三极管C5551、一只10 kΩ可变电阻、发光二极管和雨滴传感器等。传感器的两条线与电源的正极、三极管的基极相接，发光二极管串接560 Ω限流电阻后接在电源正极和三极管集电极之间。

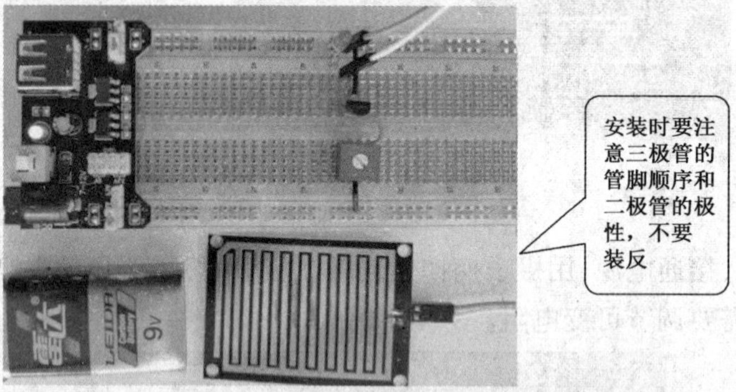

图3-38

3. 电路调试

搭建好如图3-39所示的电路后，接通电源，水滴滴在传感器上，调节可变电阻，直至发光二极管点亮，用纸巾擦掉水滴后，如果指示灯熄灭，证明电路功能正常。

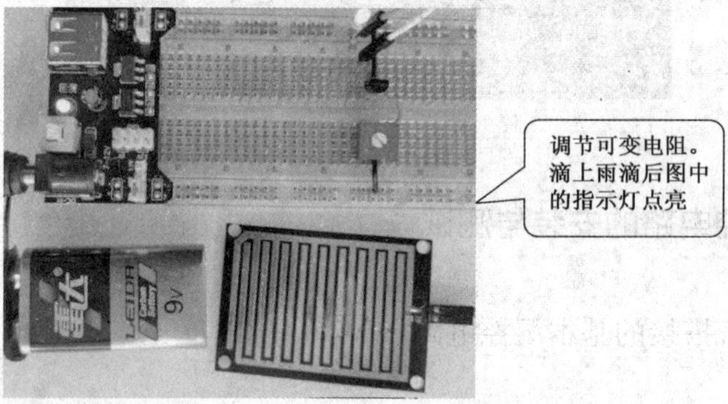

图3-39

二、应用三极管、继电器搭接的雨滴控制电路

1. 设计分析

在三极管形成的基本湿控电路中，负载是发光二极管，其负载电流较小，如果要提高带负载的能力，我们可采用继电器代替，以下即为改进的三极管继电器雨滴控制电路，如图3-40所示。

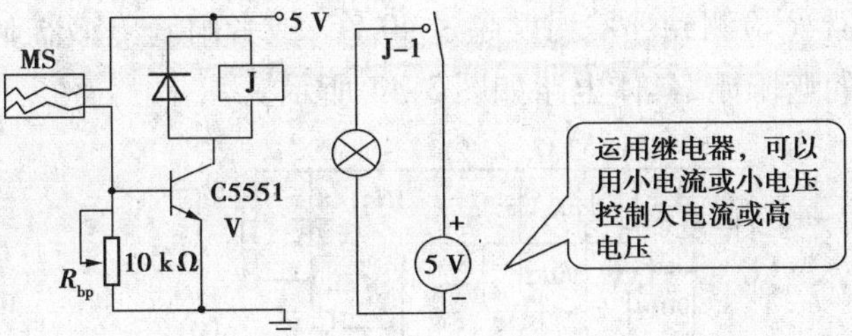

图 3-40

2. 安装线路

如图 3-41 所示为元件安装图，如图 3-42 所示为继电器管脚接线图。在面包板上插接好三极管 C5551、10 kΩ 可变电阻、雨滴传感器、继电器以及负载。

图 3-41

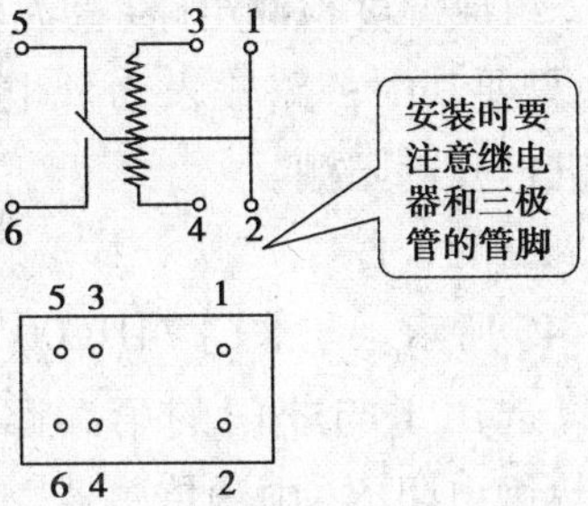

图 3-42

3. 电路调试

搭建好如图 3-43 所示的电路后，接通电源，水滴滴在传感器上，调节可变电阻，直至发光二极管点亮，用纸巾擦掉水滴后，如果指示灯熄灭，证明电路功能正常。

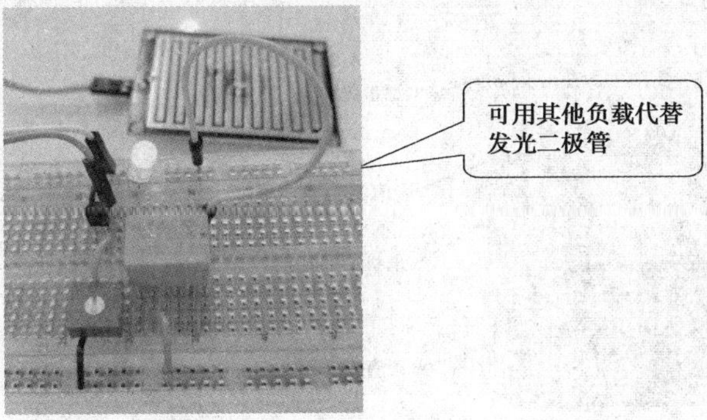

图 3-43

任务五　两路传感电路的安装与测试

在日常生活中，为了完成特定的功能，常常使用多路传感器来设计电路。

遮阳棚电路

1. 设计分析

为了防止雨水飘进阳台或阳台的温度过高，可设计一个温度和湿度两路传感器控制的遮阳棚电路，当传感器 R_t 检测到环境温度超过 40 °C，或者雨滴传感器 MS 检测到下雨，都会启动电机，打开阳台的遮阳棚，具体电路如图 3-44 所示。

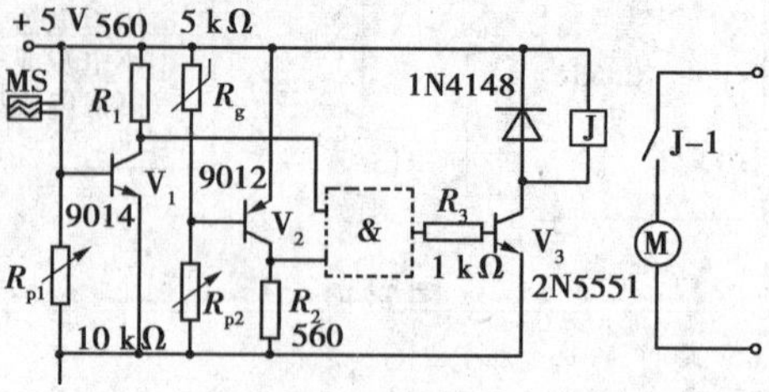

图 3-44

电路中，MS 湿度传感器和三极管 9014 组成湿度检测电路（有雨时输出低电平），R_t 温度传感器和三极管 9012 组成温度检测电路（高温时输出低电平），两路检测结果都送到与非门电路。与非门电路中只要其中一路输入为低电平时，输出的高电平就会让三极管 V_3 饱和，继电器吸合，启动电机打开遮阳棚。

2. 安装线路

实物连接如图 3-45 所示。与非门 74HC00 电路安装在面包板的中央，它的管脚功能如图 3-46 所示，我们只选用了与非门的第一路“1-3”管脚接入电路。三极管 9014、9012、2N5551、负温度系数热敏电阻 R_t、雨滴传感器 MS 及可调电阻 R_{P1} 与 R_{P2}、继电器和发光二极管等按图示安装。

3. 电路调试

测试时，可以在雨滴传感器上滴下水滴或用手握住热敏电阻，在任一情况下，都可看到电机工作指示灯点亮，即为电路正常，如图 3-47 所示。

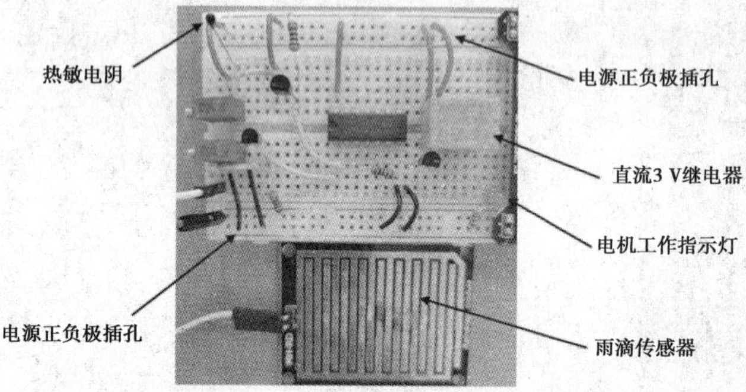

图 3-45

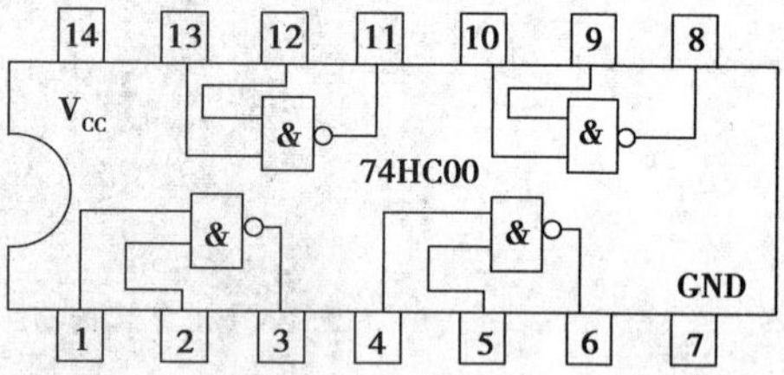

图 3-46

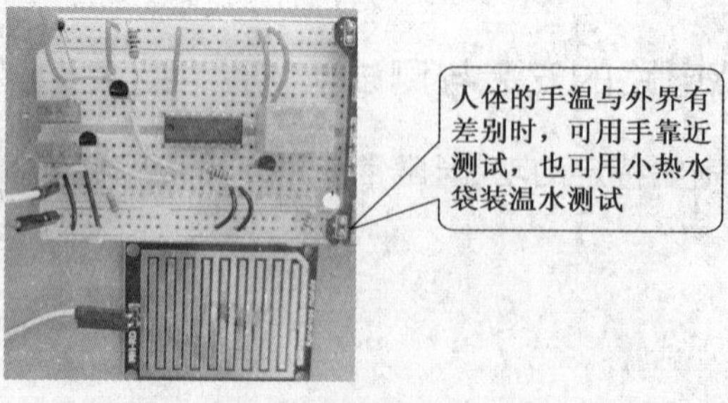

图 3-47

案例解析

【案例1】下列关于传感器及继电器的说法中，不正确的是(　　)。

A. 传感器的作用是感知外界信号，并把其他信息转换成电路能识别的信号

B. 用指针式万用表测量光敏传感器时，通常见光时阻值较大

C. 干簧管继电器一般比其他继电器质量轻

D. 干簧管、霍尔传感器都属于磁敏类传感器

【答案】B

【解析】主要考查常见传感器的基本性质。传感器的作用是感知外界信号，并把其他信息转换成电路能识别的信号，因此A选项正确；光敏传感器见光后电阻会变小，说明B错误；而干簧管、霍尔传感器的说法也都是正确的。故本题的正确答案是B。

【案例2】直流电磁继电器的参数如图3-48所示，以下关于它的描述不合理的是(　　)。

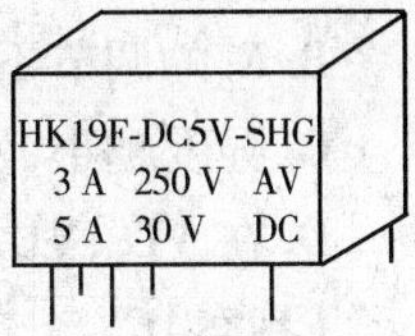

图3-48

A. 直流电磁继电器线圈的额定工作电压是直流5 V

B. 在直流250 V电压下所允许流经触点的最大电流为3 A

C. 在直流30 V电压下所允许流经触点的最大电流为5 A

D. 该直流电磁继电器属于有触点类继电器

【答案】B

【解析】本题主要考查继电器参数的识读。其中AC表示的是交流状态下的参数，DC表示的是直流状态下的参数。故本题的正确答案是B。

【案例3】如图3-49所示是由光敏电阻、电位器、发光二极管、三极管及电阻等组成的光控灯电路，下列针对该电路的分析，合理的是(　　)。

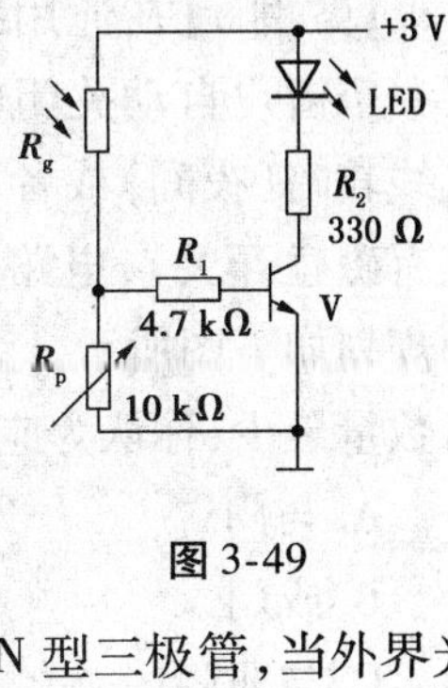

图3-49

A. 三极管V属于PNP型三极管

B. 当外界光线足够暗时，三极管V处于饱和状态

C. 外界光线变亮时，光敏电阻及R_g的阻值变大

D. 要实现外界光线足够暗时LED发光，可交换R_g与R_p的位置

【答案】D

【解析】本题主要考查三极管及传感器的性质。三极管V属于NPN型三极管，当外界光线足够暗时，传感器R_g的阻值最大，三极管V处于截止状态；当交换R_g与R_p的位置后，外界光线足够暗时，三极管将导通，LED发光。所以D是正确答案。

【案例4】如图3-50所示是小明设计的花房喷雾控制电路，R_t为正温度系数热敏电阻，MS为湿度传感器，调整R_{P1}与R_{P2}到合适状态，在设计的温度或湿度下电路就会启动电机喷雾。关于该电路的分析，以下说法不正确的是(　　)。

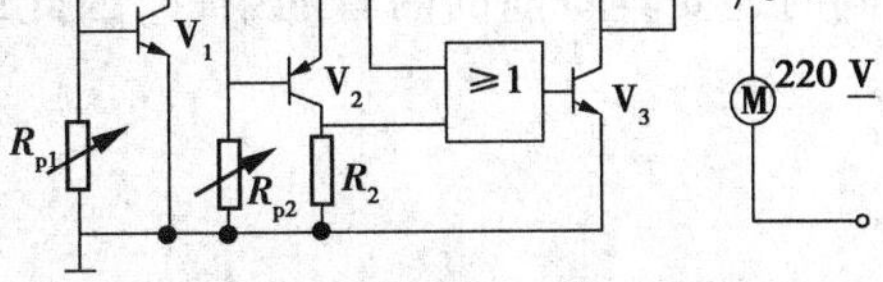

图3-50

A. R_{P1}阻值调大时，可能会增加花房的喷雾时间

B. 只要花房的温度过高，电路就会启动水泵喷雾

C. 花房的湿度过低或温度过高时，电路也会启动水泵喷雾

D. 只要花房的湿度过低，电路就会启动水泵喷雾降温

【答案】A

【解析】本题主要考查传感器与门电路的性质。当或门电路中任意一路为高电平时，三极管 V_3 均会工作，从而启动电机喷雾，而 MS 湿度下降，R_t 温度升高，都会使或门电路得到高电平的信号，因此选项中 B、C、D 都正确，当 R_{P1} 阻值调大时，会造成三极管 V_1 导通，门电路得到低电平，缩短喷雾时间，所以 A 是正确答案。

【案例 5】如图 3-51 所示是湿度检测装置的电路图，下列关于该电路的说法正确的是(　　)。

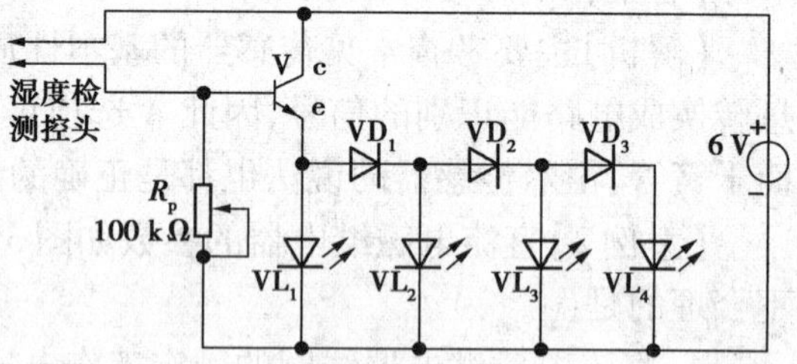

图 3-51

A. 湿度越大，三极管电压 U_{ce} 越大

B. R_p 的调节不会影响湿度的测量

C. 湿度越小，发光二极管亮的个数越少

D. 在 VL_1、VL_2 和 VL_3 亮时，VD_3 是导通的

【答案】C

【解析】本题主要考查三极管的基本原理及传感器的使用。湿度越大，湿敏电阻阻值越小，U_{ce} 越小，A 选项错误；电位器 R_p 的调节是设定三极管导通的触发阈值，会影响湿度的测量，B 选项错误；湿度越小，U_{ce} 越大，发射极的电压越低，二极管点亮的个数越少，C 选项正确；只有 VL_1、VL_2、VL_3 点亮时，VD_3 截止，VL_4 不亮，D 选项错误。所以本题的答案是 C。

【案例 6】在通用技术实践课上，小明设计了一个窗户自动关闭电路，如图 3-52 所示。当光线较暗(夜间)或者下雨时，如果窗户未关(其上有磁碰开关)，电路就会自动驱动电机，电路的规划如下图所示。为让虚线框内所用的门电路数量最少，你认为应选用的逻辑门是(　　)。

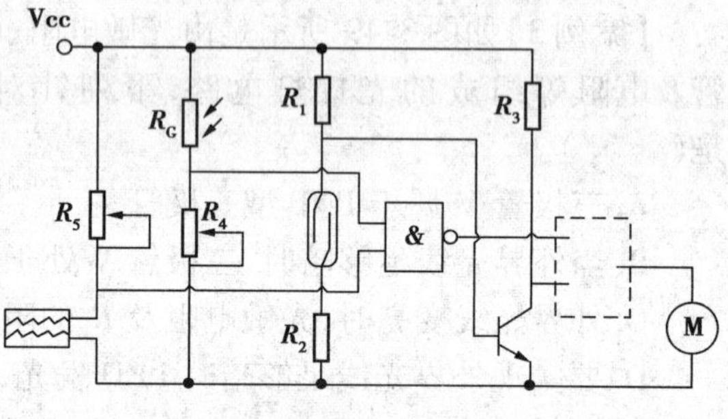

图 3-52

A. 与门

B. 或门

C. 与非门

D. 或非门

【答案】A

【解析】本题考查的是传感器及门电路的性质。窗户未关时才启动，因此是必要的条件，同时还要具备前面两者的条件，因此最后是相与的关系。所以本题的答案是 C。

素养检测

一、单项选择题

1. 在电子控制系统中，关于传感器在电子线路中的作用，下列说法不正确的是（　　）。

A. 获取外界信息，把它转换为电路能识别的信号

B. 传感器可用于电子控制系统的输入端

C. 传感器可用于反馈和检测外界信号

D. 传感器在电子控制系统中是不能缺少的

2. 在智能车库停车系统中，你认为最不可能用到的传感器类型是（　　）。

A. 红外传感器　　　　B. 超声波传感器

C. 湿度传感器　　　　D. 火焰传感器

3. 下列用指针式万用表检测传感器的各种描述中，说法不正确的是（　　）。

A. 传感器工作时，通常可用万用表进行粗略测试，并判断其性能

B. 湿敏电阻放入水中后，它的阻值几乎不会变化

C. 光敏电阻可以用黑色牛皮纸包住遮光对照测试判断性能

D. 热敏电阻可以放入热水和冷水中进行对照测试判断性能

4. 下列性能描述与实物不相符的是（　　）。

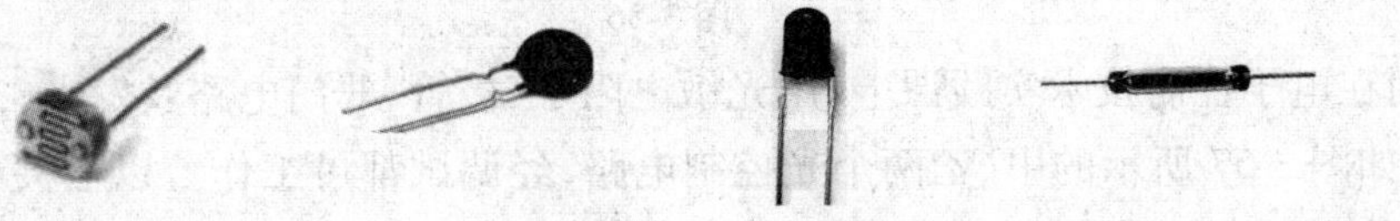

遮光后电阻会变小　　升温后电阻会增大　　遇可见光电阻变小　　两脚供电后会导通

A.　　　　B.　　　　C.　　　　D.

5. 如图 3-53 所示为某电磁继电器的接线图，关于该电磁继电器的相关说法不正确的是（　　）。

A. 继电器的①脚与②脚内部连接的是线圈

B. 继电器的⑦脚与⑨脚是常开触点，万用表测量电阻为无穷大

C. 继电器的④脚与⑥脚是常闭触点，万用表测量电阻为零

D. 继电器通电以后，⑤脚与⑥脚将闭合

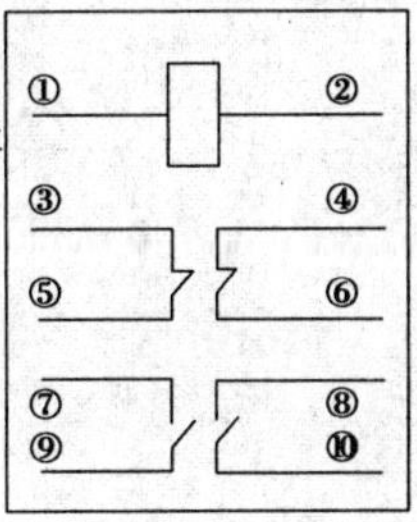

图 3-53

6. 如图 3-54 所示是一个电磁继电器的正面视图和底部视图，已知 1、2 脚连接的是继电器的动触点，用万用表测量 3、4 脚的电阻为 150 Ω，1、5 脚之间的电阻为 0，2、6 脚之间的电阻为无穷大，根据以上情况，下列分析

A. 继电器的 1、5 脚是常闭触点

B. 继电器的 2、6 脚可以接入交流电，但电流不能超过 3 A

C. 该继电器有一个线圈、一个常开触点和一个常闭触点

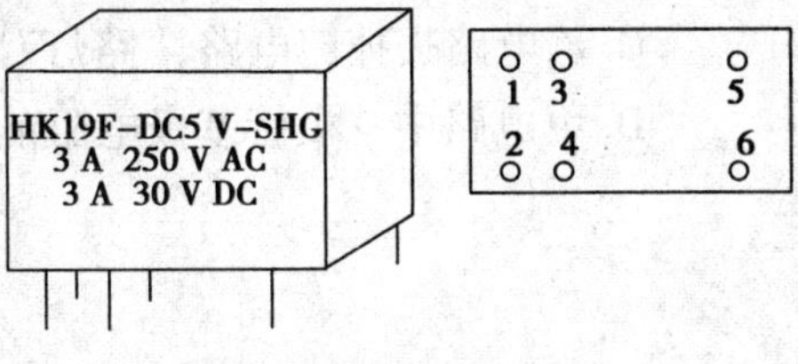

图 3-54

D. 继电器的3、4脚应接控制电路的输出部分，但电压一定要低于5 V

7. 一个电磁继电器的参数如图3-55所示，下列有关的描述中不正确的是(　　)。

A. 继电器线圈的供电电压是30 V，电流是5 A

B. 继电器的触点在交流电压为250 V时，不能通过超过3 A的电流

C. 继电器的触点既可控制交流电流的通断，也可控制直流电流的通断

D. 继电器只能在直流5 V的电压下才能正常工作

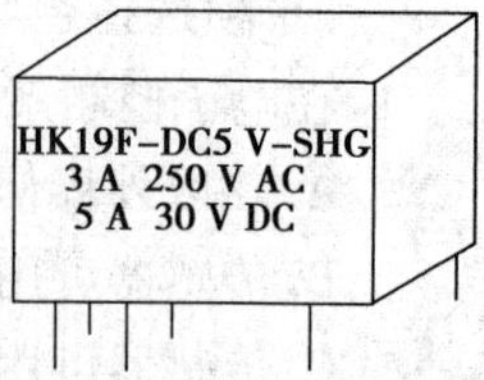

图3-55

8. 如图3-56所示是小明设计的一个下雨提示电路，下雨时，VD会发光。图的左边虚线框中没有画出的内容，采用湿敏传感器MS设计，他拟使用以下四种方案之一，你认为最合理的是(　　)。

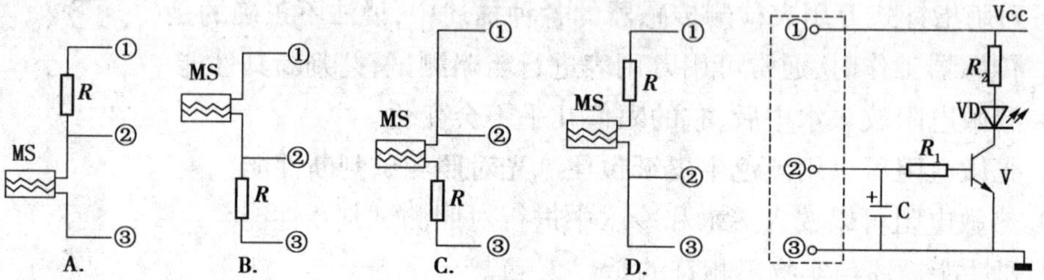

图3-56

9. 小明在电子控制技术实践课上，用光敏电阻、三极管、非门电路及发光二极管(代替路灯)设计了如图3-57所示的甲、乙两个光控制电路，经调试都可工作。以下关于这两个电路的分析中，说法正确的是(　　)。

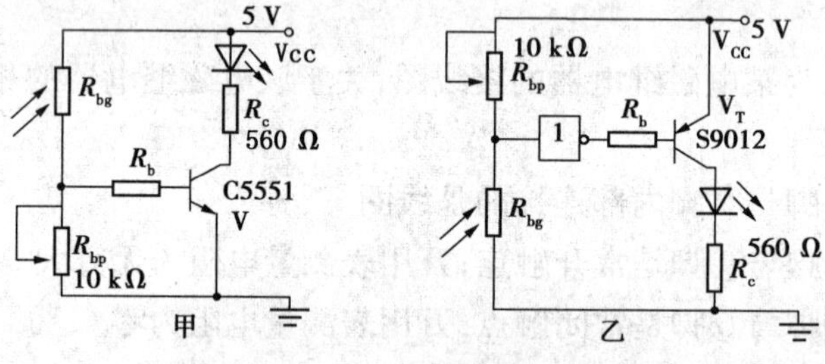

图3-57

A. 甲、乙两个电路中的“路灯”都是白天亮晚上不亮

B. 甲电路中的三极管改成PNP型，其他元件和连接方式不变，“路灯”将变得更亮

C. 乙电路去掉门电路，“路灯”晚上才亮

D. 甲电路中三极管基极电阻前可接入一个非门电路，“路灯”才有可能晚上点亮

10. 如图 3-58 是直流电磁继电器的工作示意图,以下关于该继电器的描述不合理的是(　　)。

A. 可以用较小的直流电流控制较大的直流或交流电流的通断

B. 图中继电器的触点处于常开状态,通电后才能吸合

C. 被控部分可以工作在高电压、大电流状态下,触点通断瞬间会产生火花,造成干扰,甚至还可能引起自燃,所以使用时要注意触点电流与电压参数

D. 带触点的断电器不能用无触点的断电器代替

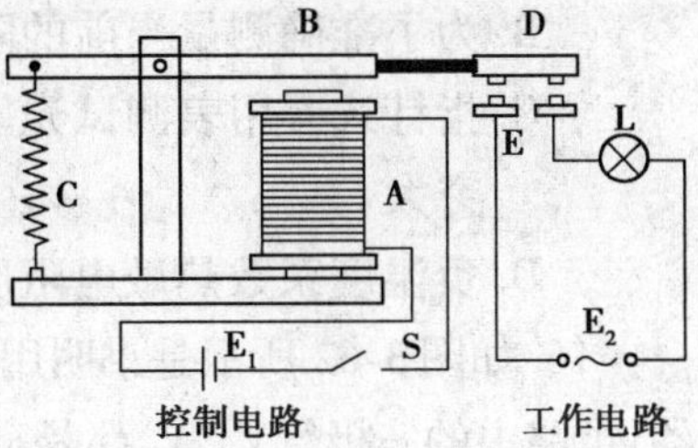

图 3-58

11. 如图 3-59 所示的控制电路中,当控制电路的开关 S 闭合时,以下关于工作电路的分析中,正确的是(　　)。

A. 电灯 L 亮,电铃 D 发出声音

B. 电灯 L 不亮,电铃 D 发出声音

C. 电灯 L 不亮,电铃 D 不响

D. 电灯 L 亮,电铃 D 不响

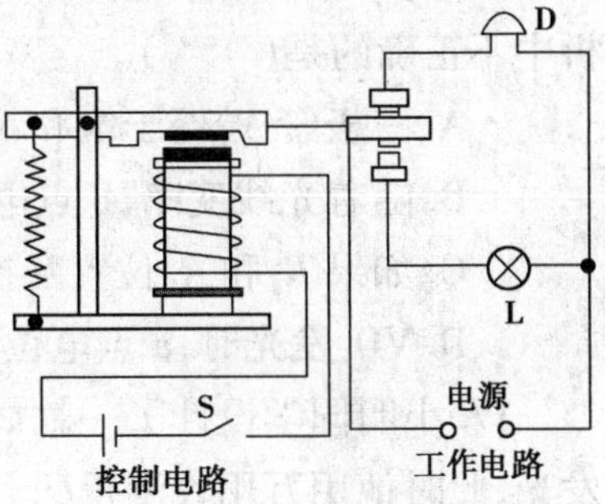

图 3-59

12. 如图 3-60 所示的电路中,当水温升高时,电流表的读数增大。以下关于该实验的分析正确的是(　　)。

A. 随着温度的升高,热敏电阻阻值会增大

B. 随着温度的降低,流过热敏电阻的电流增大

C. 调节可变电阻 R_L 的阻值,会引起热敏电阻阻值改变

D. 该热敏电阻为负温度系数的电阻

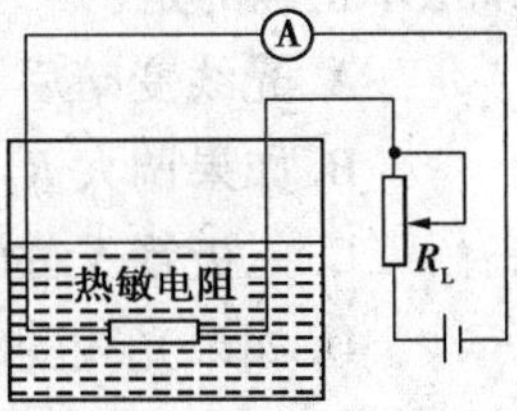

图 3-60

13. 如图 3-61 所示是小明设计的下雨提醒报警系统。该系统的传感器安装于室外雨棚上,当下雨时,蜂鸣器 DL 就会报警。为了能调节报警灵敏度,你认为电路中 A、B 处应选用的最合理的元器件组合是(　　)。

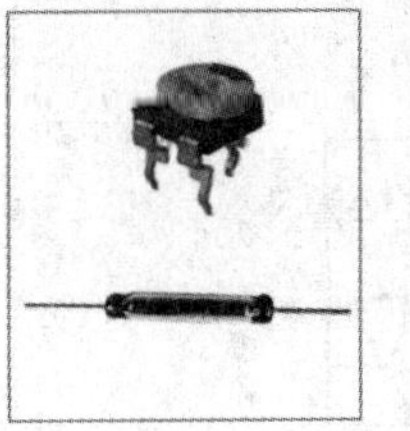

A.

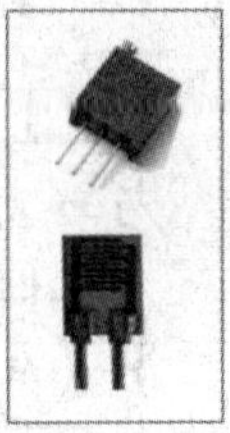

B.

C.

D.

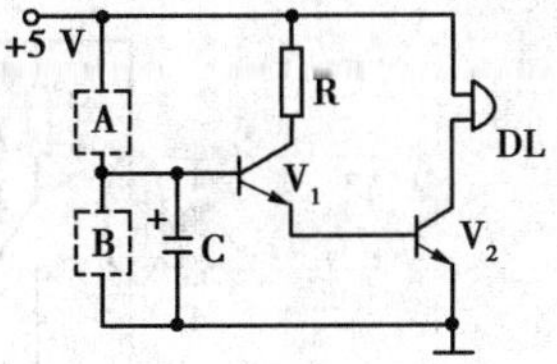

图 3-61

14. 以下关于传感器相关的说法中,不合理的是(　　)。

A. 检测房间是否发生火灾的报警器可使用热敏传感器

B. 检测电机的转速可使用霍尔传感器

C. 检测驾驶员酒精浓度、厨房是否有燃气泄漏、房间甲醛是否超标等都可用气敏传感器

D. 干簧管传感器与干簧管继电器工作原理几乎一样,只要有磁体靠近就工作

15. 小明用指针式万用表的“ ×1 kΩ”电阻挡测试光敏电阻和负温度系数热敏电阻,你认为以下描述中不合理的是(　　)。

A. 测试光敏电阻时，遮光越多，万用表测得的电阻数值越大

B. 为了准确测量当前的阻值，手不能完全握住热敏电阻进行测试

C. 指针式万用表测试光敏电阻时，红、黑表笔不能接反，否则光敏电阻的阻值将为无穷大

D. 负温度系数热敏电阻所处环境温度越高，万用表测得的电阻数值越小

16. 如图 3-62 所示是小明用光敏电阻设计的预防近视测光指示器，电路中的三极管 V_1、V_2 都是硅材料，当环境光线充足时，VD_1 发光；当环境光线低于设定值时 VD_2 发光，提醒使用者开灯。下列分析中不正确的是（　　）。

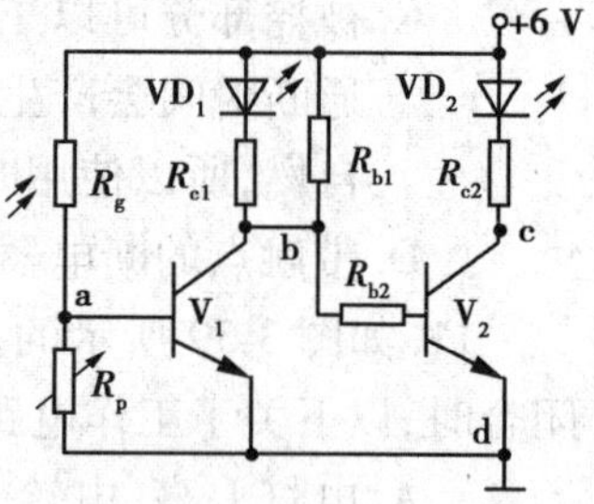

图 3-62

A. 三极管 V_1 处于饱和状态时，V_2 也会进入饱和状态

B. 随着光线变暗，b 点电位升高

C. 如果 R_g 和 R_P 位置互换，光线充足时，VD_2 可能发光

D. VD_1 发光时，a 点电位约为 0.7 V

17. 小明同学设计了一款如图 3-63 所示的光控灯电路，当环境光线充足时，VD_1、VD_2 均发光，此时他用万用表测得 $U_{ad}=0.7$ V。关于该电路的分析，下列说法不正确的是（　　）。

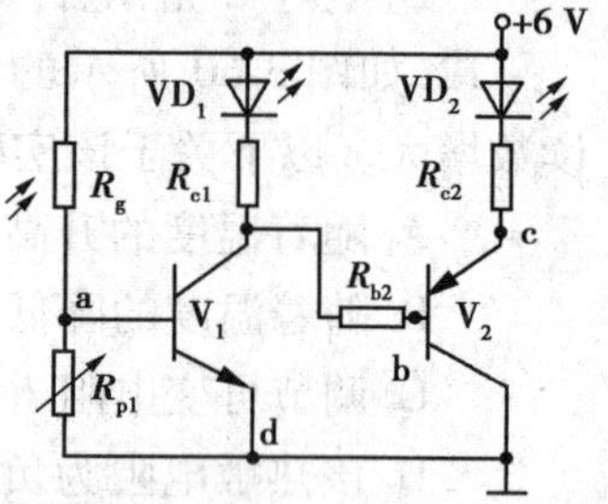

图 3-63

A. 光线变暗后，U_{ad} 会下降

B. 如果调大 R_{P1}，VD_1 与 VD_2 的亮度都可能提高

C. 三极管 V_1 的材料是硅

D. 如果光线变暗，VD_1 与 VD_2 的亮度都可能变暗

如图 3-64 所示是小明在电子控制技术实践课中用两只干簧管、两只三极管、两只二极管、两只继电器和四只电阻设计的电机正反转控制电路。根据电路图回答以下 18—19 两题。

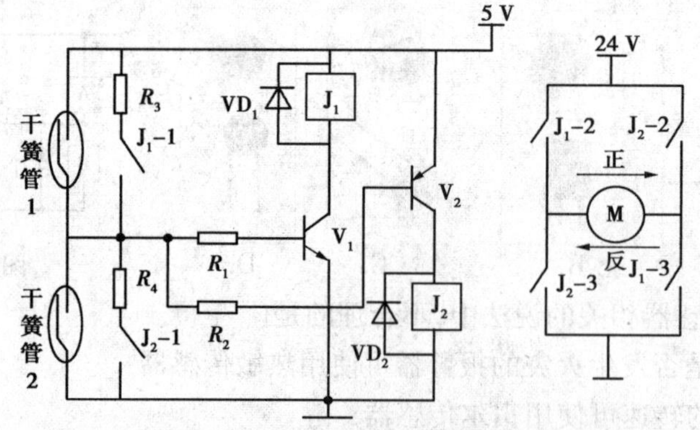

图 3-64

18. 关于该电路中继电器的说法不正确的是（　　）。

A. 该电路可以选用额定工作电压为 5 V，触点的额定开路电压为 30 V 的继电器

B. 电路中的继电器 J_1 至少有 8 个引脚

C. 二极管 VD_1、VD_2 的作用是保护继电器

D. 继电器 J_1 的线圈通电流后，触点 J_1-1、J_1-2、J_1-3 都会闭合

19. 电路进行调试时，下列测试或分析不正确的是(　　)。

A. 干簧管 1 吸合时，三极管 V_1 会饱和，三极管 V_2 会截止

B. 干簧管 2 吸合时，电机会正转

C. 三极管 V_1 饱和后，即便干簧管由吸合变为释放，由于触点 J_1-1 的作用，仍可维持电机正转

D. 两只三极管的工作状态不可能同为饱和状态或截止状态

20. 如图 3-65 所示是一个继电器的俯视图和底视图，根据图示及继电器的主要参数，你认为下列描述中正确的是(　　)。

图 3-65

A. 该继电器的线圈额定工作电压是直流 5 V

B. 该继电器有 8 只引脚，其中一定有两脚内接线圈

C. 直流 30 V 电压下所允许流经触点的最大电流为 8 A

D. 该继电器可以用交流电控制直流电的通断

21. 小明设计了如图 3-66 所示的断线报警自锁电路，线路 L 断路时报警电铃会报警。下列有关继电器的说法中不正确的是(　　)。

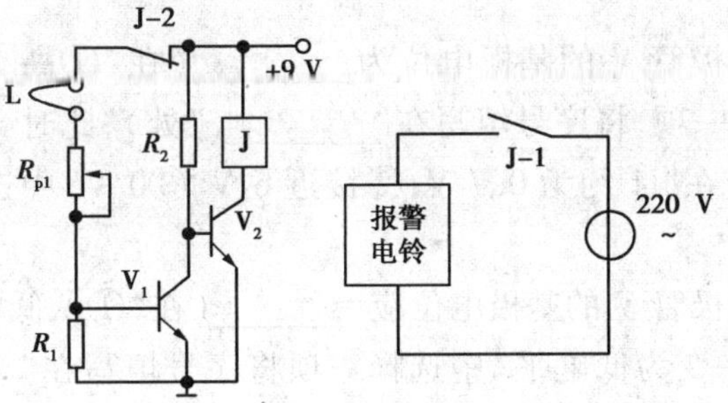

图 3-66

A. 额定工作电压可以为 9 V

B. 触点所能承受的开路电压不低于 AC 220 V

C. J－1 和 J－2 两个触点可用一个转换触点来替换

D. 继电器至少有 6 个引脚

22. 在电子控制技术实践课上，小明设计了一个窗户自动关闭电路，如图 3-67 所示。当下雨或光线很强(太阳天)时，电路就会自动驱动电机关闭窗户。为让虚线框内所用的门电路数量最少，你认为最应选用的逻辑门是(　　)。

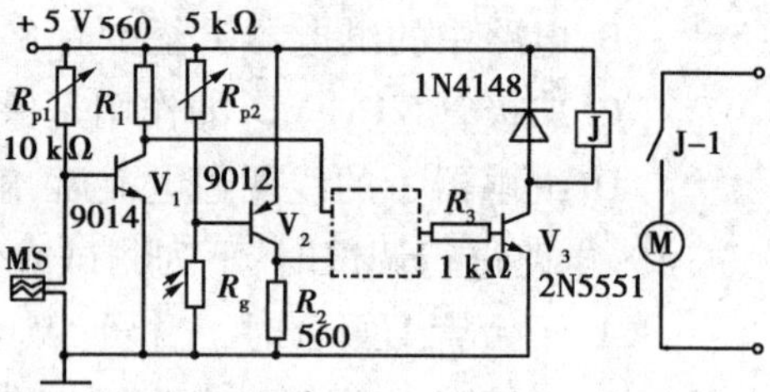

图 3-67

A. 与门

B. 或门

C. 与非门

D. 或非门

23. 如图 3-68 所示是声光控制路灯的基本逻辑电路，由声控开关、光敏电阻、小灯泡等元件构成，其功能是白天无论声音多响，小灯泡都不会亮，在晚上，只要有一定的声音，小灯泡就亮，该电路虚线框 N 中使用的是门电路。对元器件的选择，以下说法正确的是(　　)。

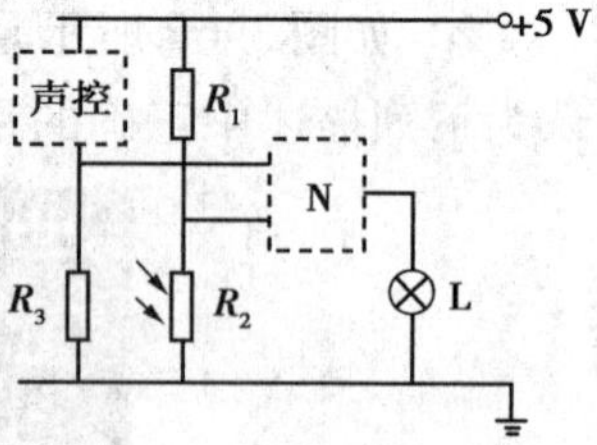

图 3-68

A. R_2为光敏电阻，N 为或门电路

B. R_2为光敏电阻，N 为与门电路

C. R_2为热敏电阻，N 为与门电路

D. R_2为热敏电阻，N 为或门电路

二、分析题

24. 如图 3-69 所示为小明设计的房间自动排气装置电路，窗户边框装有磁铁和干簧管继电器 S，当窗户打开时，干簧管内部触点闭合，排气装置 M 不工作；当窗户关闭时，干簧管内部触点断开，排气装置 M 能自动开启。请根据电路的功能和使用要求，回答下列问题：

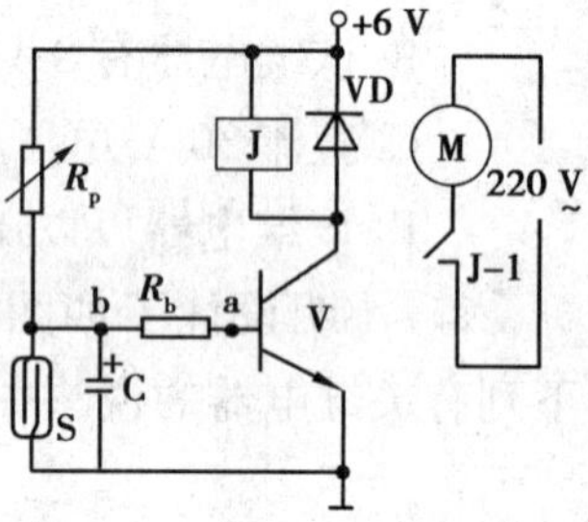

图 3-69

(1)窗户关闭时，三极管 V 的基极电位为________(在“①高电平；②低电平”中选择一项，将序号填写在“________”处)；此时 a 点的电位是________(在“①约为 0.7 V；②接近 6 V、③0 V”中选择一项，将序号填写在“________”处)；

(2)窗户打开时，三极管 V 的基极电位应________(在“①从低电平变为高电平；②立即变为高电平；③从高电平变为低电平”中选择一项将序号填写在“________”处)；并且在 a 点的电位是________(在“①约为 0.7 V；②接近 6 V；③0 V”中选择一项，将序号填写在“________”处)；

(3)电容 C 在电路中的作用是________排风扇(在“①延时关闭；②延时打开”中选择一项，将序号填写在“________”处)；

(4)该装置在使用一段时间后，小明发现电路中的 NPN 三极管和电容 C 损坏，现准备进行应急修理，暂时用 PNP 型的三极管替换修复，并适当改变继电器的引脚接法，请完成下列电路图(见图 3-70)的连线。

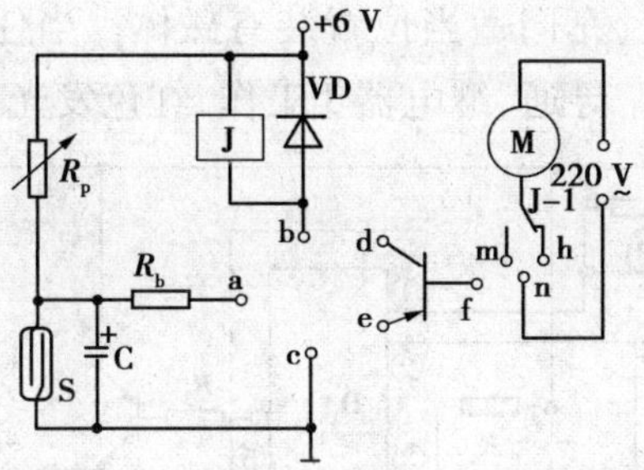

图 3-70

25. 如图 3-71 所示是小明设计的泥土湿度检测电路。把两探头插入花盆的泥土中，当泥土潮湿时，两探头间的电阻阻值较小；泥土干燥时，两探头间的电阻阻值较大。泥土非常干燥和非常潮湿时，发光二极管 VD_1 或者 VD_2 中只有一个发光。请根据电路的功能回答下列问题：

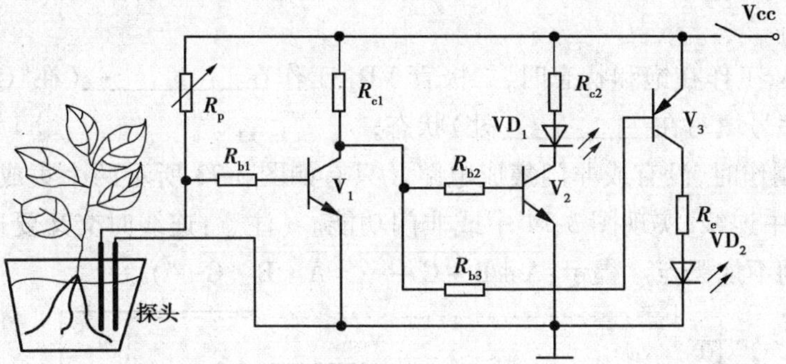

图 3-71

(1) 电路中的发光二极管 VD_2 的主要作用是________（在"①非常潮湿时报警；②非常干燥时报警"中选择一项，将序号填写在"________"处）；

(2) 当泥土非常潮湿时，三极管 V_1 的状态是________（在"①截止状态；②放大状态；③饱和状态"中选择一项，将序号填写在"________"处）。

26. 如图 3-72 所示是某智能饭盒的恒温控制电路，R_t 为热敏电阻、R_w 为电热丝。该电路能够让饭盒在温度低于设定温度时加热饭盒，直至设定温度，然后停止加温。根据以上的描述和电路图回答下列问题：

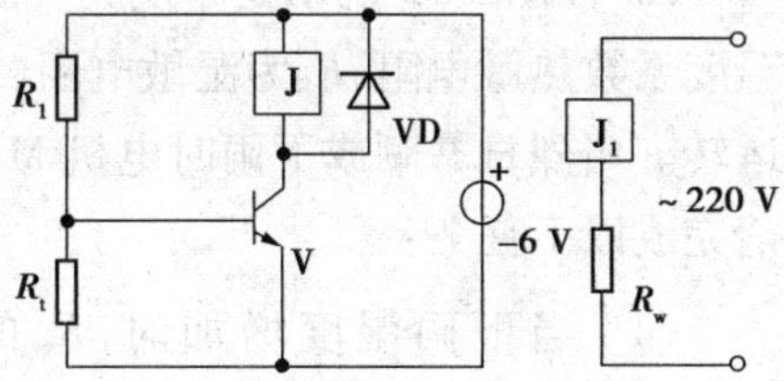

图 3-72

(1) 热敏电阻 R_t 为__________的电阻（在"①正温度系数；②负温度系数"中选择一项，将序号填写在"________"处）；

(2) 二极管 VD 的主要作用是__________（在"①保护三极管；②保护继电器"中选择一项，将序号填写在"________"处）；

(3) 假如把该电路中的热敏电阻 R_t 换成光敏电阻 R_g，其他元件不变，设计一个路灯的控制电路，要求夜晚时路灯才点亮，请画出路灯的控制电路图。

27. 如图 3-73 所示是某公共汽车车门状态检测电路。电路中 4 个霍尔元件 H_1、H_2、H_3、

H_4分别安装在公共汽车门框上，车门适当位置装有磁体。当任意霍尔元件检测到车门没有关好时，输出高电平，三极管 V_1 导通，继电器 J 工作，红色发光二极管 VD_2 发光。

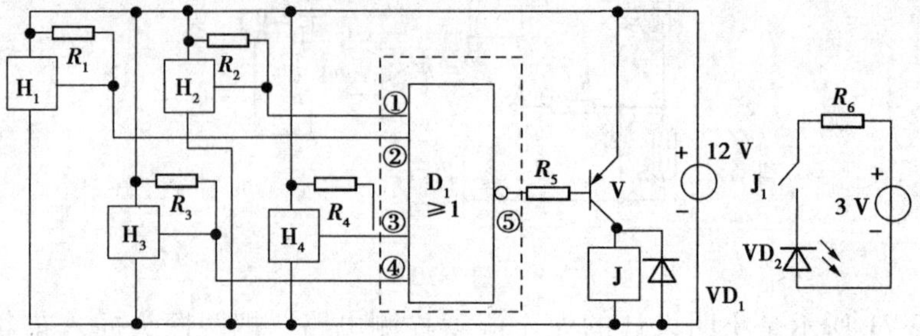

图 3-73

请完成以下任务：

(1) 三极管 V 是__________(在“①NPN 型；②PNP 型”中选择一项，将序号填写在______处)三极管；

(2) 三极管 V 工作在饱和状态时，二极管 VD_2 工作在__________(在“①导通；②截止”中选择一项，将序号填写在__________处)状态；

(3) 在实际制作时，没有或非门集成电路。只有如图 3-73 所示两个集成电路 74LS04 和 74LS21。请在图中连线，实现图 3-74 中或非门功能。(注意：连线时交叉要连通的线请加黑点，交叉不连通的不加黑点。提示：$\overline{A+B+C+\cdots}=\overline{A}\cdot\overline{B}\cdot\overline{C}\cdots$

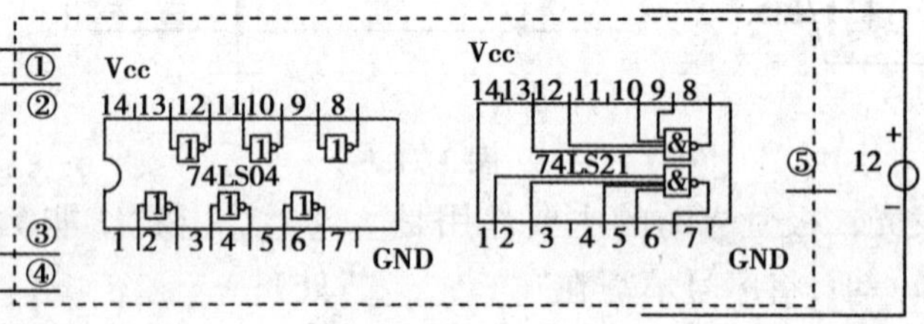

图 3-74

28. 如图 3-75 所示是小明为一款伸缩雨篷设计的自动伸缩电机控制电路，其中 R_t 是负温度系数热敏电阻，R_S 为湿敏电阻，IC_1 为或门电路，继电器 J 通过开关 J-1 控制电机 M 的运转。当烈日暴晒或下雨时电机 M 都会运转，带动雨布轴将雨布伸出打开。根据以上描述请完成以下任务：

(1) 当下雨湿度增加时，R_S 的电阻值将________(在“①增大；②减小；③不变”中选择一项，将序号填写在“________”处)；

(2) 小明搭好电路后进行测试，下雨测试完全正常，但在高温时，电机不转动，雨篷没有打开。你认为可能的原因是________(在“①R_1 虚焊；②热敏电阻 R_t 虚焊；③R_t 短路”中选择一项，将序号填写在“________”处)。

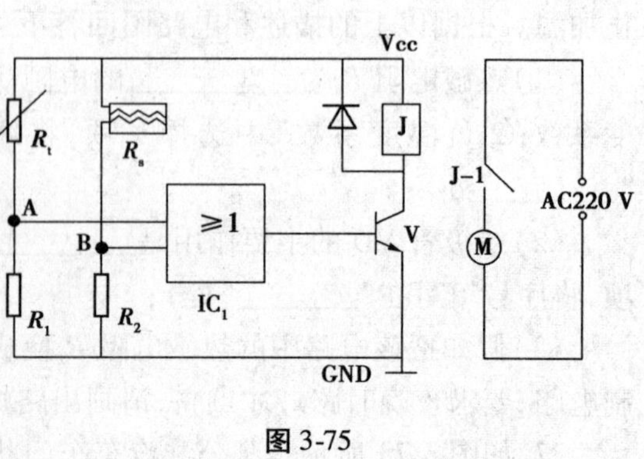

图 3-75

29. 如图 3-76 所示是水箱水位闭环控制系统电路图。a、b、c 三个水位探头(用粗铜电线制作)放置在水箱的不同位置。工作时合上水泵电源开关,当水位下降至 b 点以下时,水泵电机启动,向水箱注水,当水位升至 a 点时,水泵即停止注水。请根据以上的描述,完成以下各题:

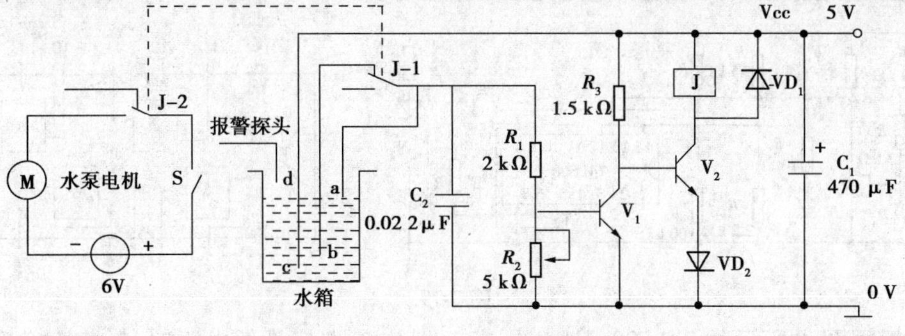

图 3-76

(1)当水位从 a 点下降到 b 点的过程中,三极管 V_1 最有可能的工作状态是＿＿＿＿＿＿(在"①放大;②饱和;③截止"中选择一项,将序号填写在"＿＿＿＿＿"处)状态;

(2)为了显示水泵的工作状态,拟用发光二极管(红色)显示水泵正在给水箱注水,用发光二极管(绿色)显示水泵停止注水。现有两个 1.5 V 的发光二极管(红色和绿色各一个),一个限流电阻。请在虚线框中补全该电路图(见图 3-77);

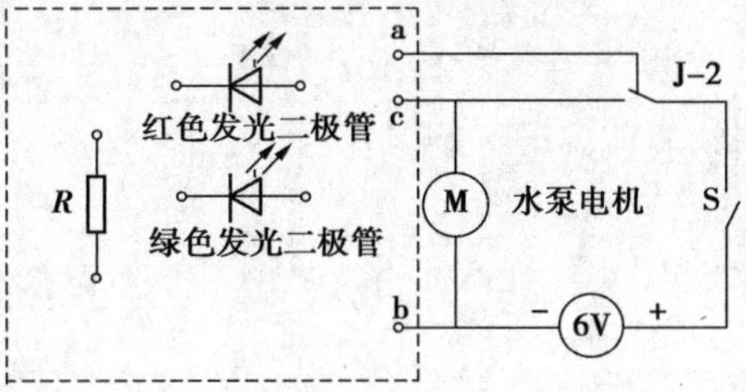

图 3-77

(3)为了防止控制电路出现故障时水溢出水箱,在水箱上端 d 点处设置一个探头(用粗铜电线制作),当水位升高至 d 点处时,蜂鸣器能自动报警,以提醒工作人员断开水泵电源开关。现有 1 个 5 V 电源、1 个蜂鸣器、1 个可调电阻、1 个四 2 输入与非门(用其中的一个与非门即可,引出脚为 1—3 脚)、导线若干。请用导线连接图 3-78 中元器件未连接的部分,组成报警电路。

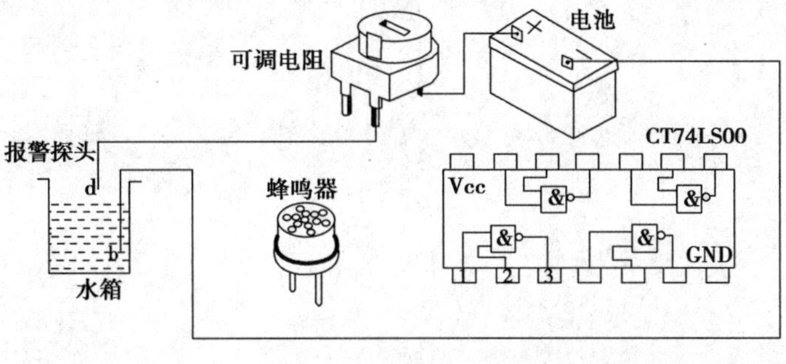

图 3-78

30. 如图 3-79 所示是小明用 74L00 和传感器设计的土壤湿度指示实验电路。在气温较高的条件下，发光二极管 VD_1 与 VD_2 的亮灭指示了土壤的干与湿。电路中 R_3 为湿敏电阻，R_8 为负温度系数热敏电阻，集成电路 74LS00 为四 2 输入与非门（引脚见图右），用于控制和输出逻辑电平。请根据以上描述和电路完成以下任务：

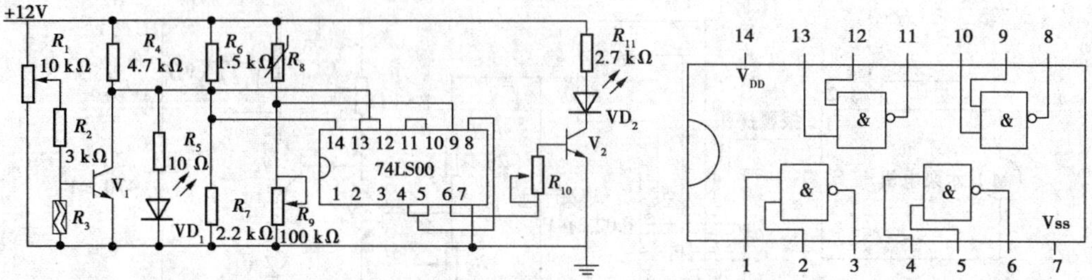

图 3-79

(1) 根据图中所示的 74LS00 引脚图，当 1 脚与 2 脚都是低电平时，3 脚的输出电平是______（在"①高；②低"中选择，一项，将序号填写在"______"处）；

(2) 当气温降低时，集成电路 74LS00 第 9 引脚上的电位______，第 6 引脚上的电位______（在"①升高；②降低；③不变"中选择一项，将序号填写在"______"处）；

(3) 当土壤潮湿时，发光二级管 VD_1 的状态是______（在"①亮；②不亮"中选择一项，将序号填写在"______"处）。

第四单元 电子控制系统及其应用

素养目标

1. 知道电子控制技术的含义，能描述电子控制系统的基本组成。
2. 能用方框图分析常见的电子控制系统的工作过程。
3. 会应用功能电路设计开环电子控制系统和简单的闭环电子控制系统。
4. 能分析并进行安装、调试和改进开环电子控制系统和简单的闭环电子控制系统。

知识储备

任务一 电子控制系统基本含义及常见单元电路

一、电子控制系统的基本含义

电子控制系统是以电子技术为核心的控制系统。在这个系统中，通过电阻、电感、电容、二极管、三极管、集成电路（IC）等电子器件形成一个整体，实现控制的目的。例如：电子调光台灯系统，灯泡是被控对象，灯光的亮度是被控量（输出量），通过控制器（调光电子电路）对灯泡进行控制，实现灯光亮度的调节。

电子控制系统一般可分为输入、控制（处理）和输出三个基本的组成部分。输入部分通常由传感器组成；控制（处理）部分一般由电子元件或集成电路构成，它能对输入的信号分析比较和处理，然后发出执行指令；输出部分就是执行机构，通过该部分能完成任务或达到特定功能，可以由继电器组成。

电子控制系统在生活中应用非常广泛，比如路灯的自动开启和关闭控制、电冰箱的恒温控制、微波炉的烧煮火力控制等。

二、输入部分

输入部分通常使用传感器产生信号，信号主要有模拟信号和数字信号两种。

1. 模拟信号

通过传感器自身（光敏电阻、热敏电阻、湿敏电阻）独立元件或串联电阻来形成信号，如图 4-1 所示。若控制的参数有上限和下限，通常可选择两个输入端来调节，如图 4-2 所示。

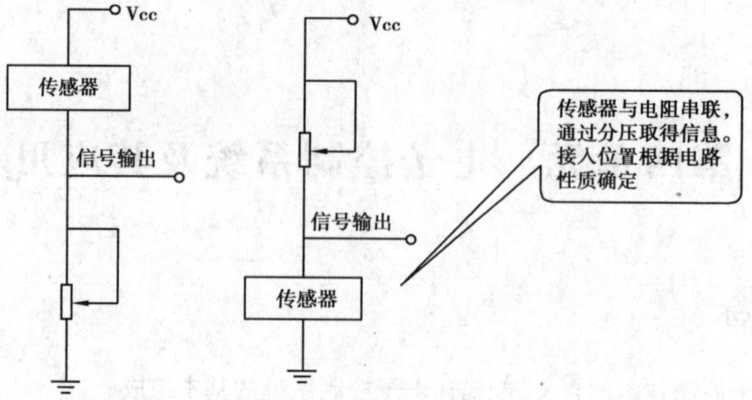

图 4-1

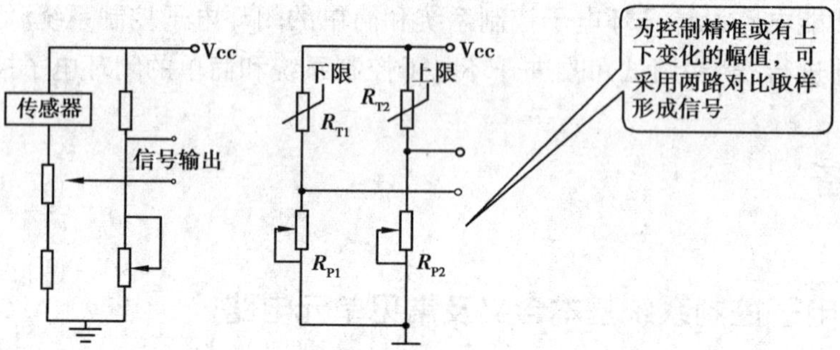

图 4-2

2. 数字信号

水位探头、干簧管、触碰开关等可产生数字信号，直接输出高低电平，如图 4-3 所示。

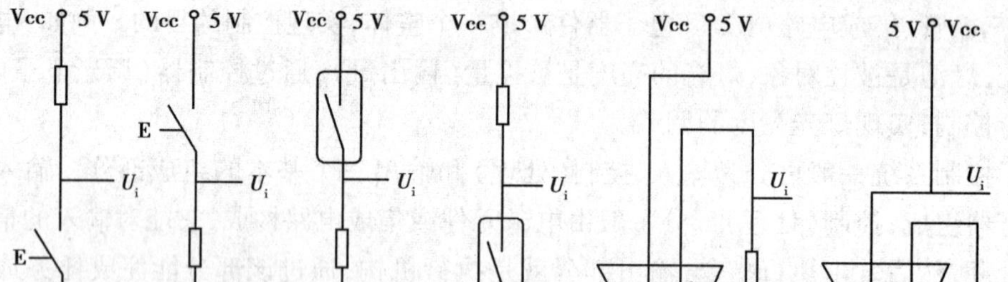

图 4-3

3. 数字信号与模拟信号

通过电压比较电路 LM393 与传感器组合形成传感器模块，从而产生数字信号或模拟信号。

LM393 是一款双路独立精度电压集成电路，采用单电源供电，是常用的电压比较器件。它能对两个输入电压的大小进行比较，判断比较的结果，并用输出电压的高和低来表示。它有两个输入端——同相输入端（“ + ”端）及反相输入端（“ - ”端）；有一个输出端 V_{out}（输出电平信号）。常见的比较器 LM393 由两个比较电路构成，如图 4-4 所示。

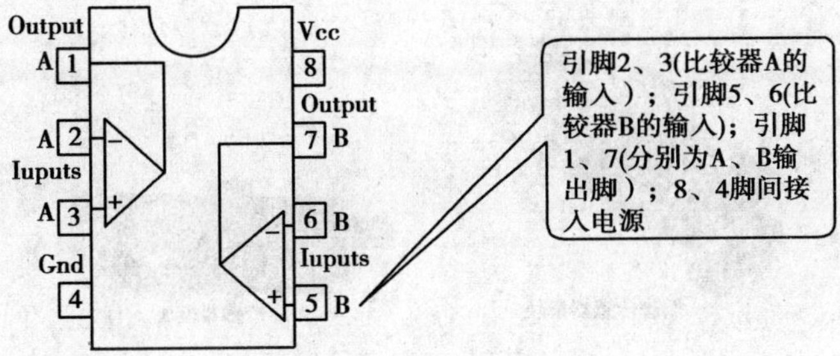

图 4-4

LM393 的管脚分布及功能如图 4-5 所示。

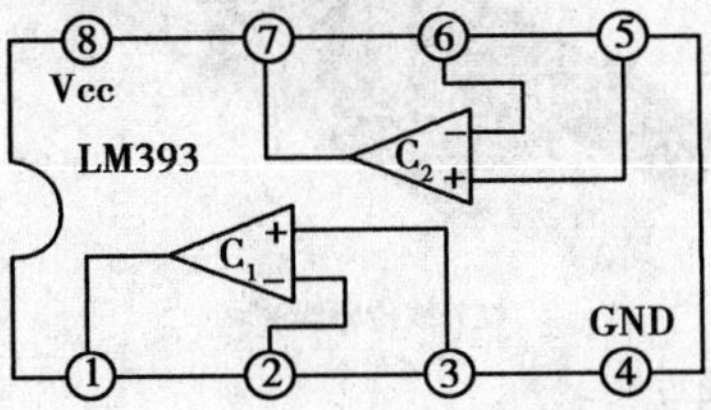

比较器	输入	输出
C_1	③>②	①高电平
	③<②	①低电平
C_2	⑤>⑥	⑦高电平
	⑤<⑥	⑦低电平

图 4-5

LM393 形成的传感器模块电路如图 4-6 所示。

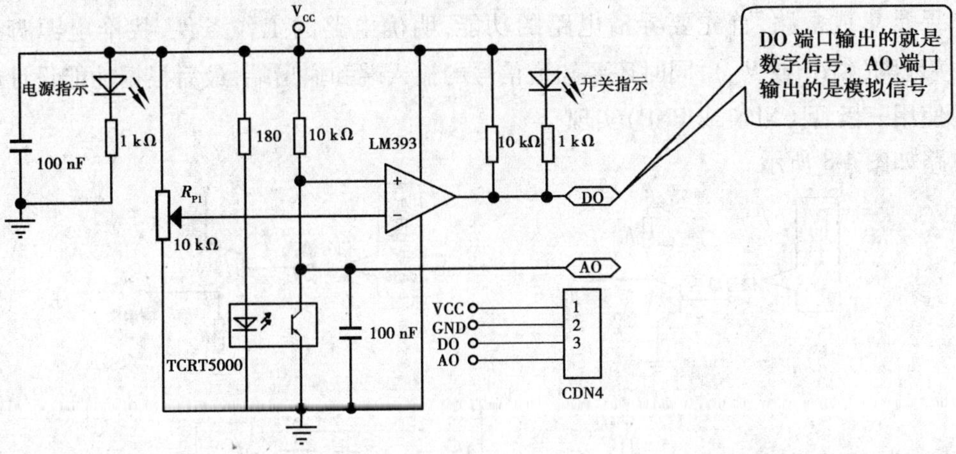

图 4-6

常见的传感器模块如图 4-7 所示。

图 4-7

三、控制(处理)部分

如果是集成电路,首先要弄清电路的功能,明确电路的工作条件,找准电源脚(Vcc、V_{DD}),接地脚(GND 或 V_{ss}),同时还要知道信号的输入端和输出端,最后根据功能设计电路。

1. 使用三极管(NPN 或 PNP)实现

电路如图 4-8 所示。

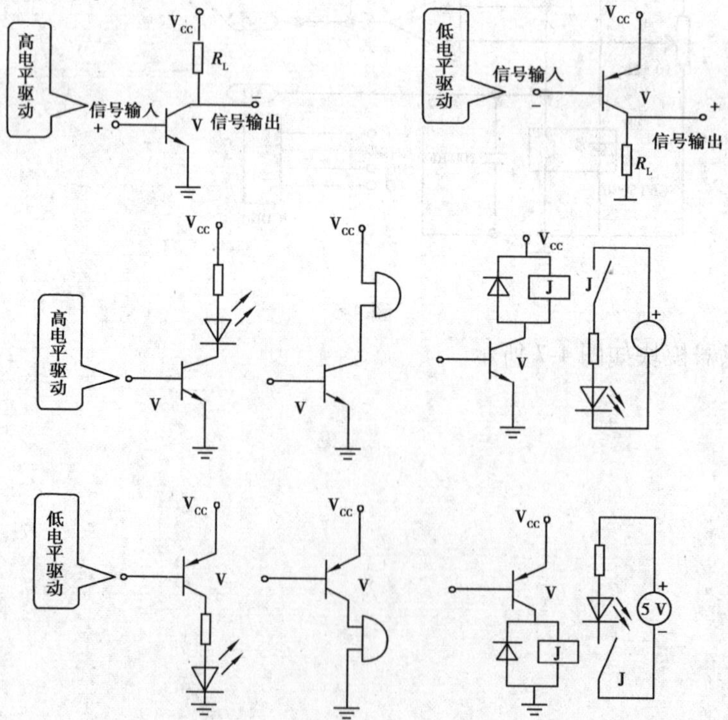

图 4-8

2. 采用集成芯片 UA741(CF741)、LM393 比较器，NE555、CB7555 时基集成电路实现

(1)集成运算放大集成电路 UA741、CF741(比较器)

UA741 或 CF741 芯片为双列直插封装的运放电路。紧靠缺口(有时也用小圆点标记)下方的管脚编号为 1，按逆时针方向管脚编号依次为 2，3，…，8。其中，管脚 2 为运放反相输入端，管脚 3 为同相输入端，管脚 6 为输出端，管脚 7 为正电源端，管脚 4 为负电源端，管脚 8 为空脚，管脚 1 和管脚 5 为调零端，可外接一个几十千欧的电位器，其滑动端接负电源，调整电位器，可使失调电压为零。它的电路符号及功能如图 4-9 所示。

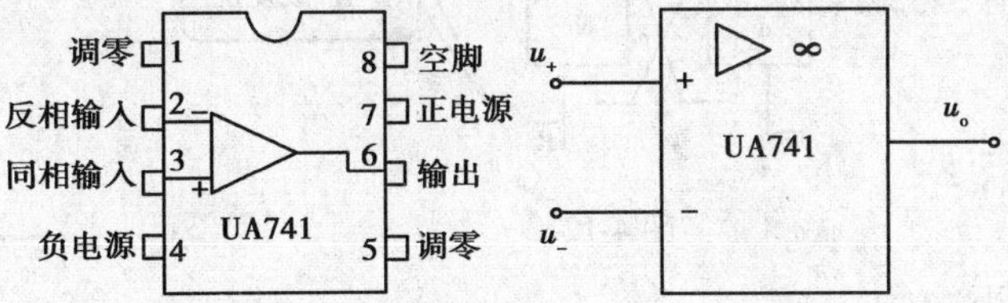

$u_+>u_-$	u_o输出正电源电压
$u_+=u_-$	u_o输出零((正+负)电源电压/2)
$u_+<u_-$	u_o输出负电源电压

图 4-9

(2)集成时基电路 NE555

因集成电路内部有 3 个 5 kΩ分压电阻，故称该集成电路为 NE555，如图 4-10 所示。它内部还有两个比较器、一个基本 RS 触发器和一个反相缓冲器。其中，8 脚为电源脚，可供电压4.5 ~16 V，1 脚为公共接地端；3 脚为输出端，可输出高低电平，最大电流为 200 mA；4 脚为复位脚，当接低电平时复位，输出为低电平，接高电平时，进入工作状态；5 脚为控制脚，控制芯片的阈值电压，当脚为空时，默认的阈值电压为 1/3Vcc 和 2/3Vcc；2 脚为触发引脚，当电压低于阈值电压或低于 1/3Vcc 时，3 脚输出高电平；6 脚为阈值引脚，当输入电压高于阈值电压或高于 2/3Vcc 时，3 脚输出低电平；7 脚为放电引脚，用于电源电容放电，它与 3 脚输出电平同步一致。555 时基电路功能见表 4-1。

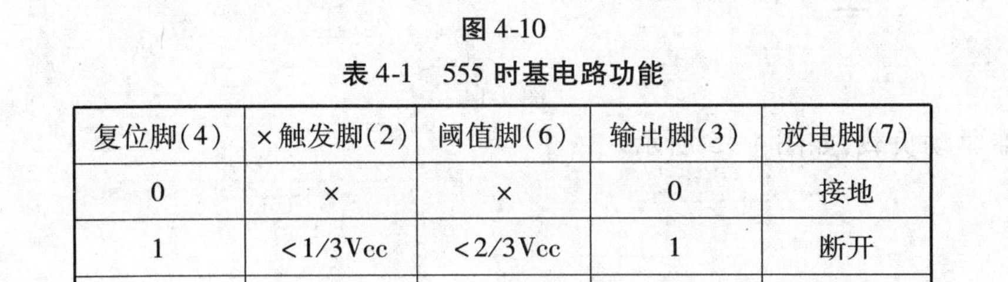

图 4-10

表 4-1　555 时基电路功能

复位脚(4)	×触发脚(2)	阈值脚(6)	输出脚(3)	放电脚(7)
0	×	×	0	接地
1	<1/3Vcc	<2/3Vcc	1	断开
1	>1/3Vcc	<2/3Vcc	保持	保持
1	>1/3Vcc	>2/3Vcc	0	接地

3. 采用触发器(与非门触发器、或非门触发器)实现

或非门触发器如图 4-11 所示。S 为高电平时，置“1”，即 Q 输出为“1”；R 为高电平时，复位，Q 输出为“0”；输入“1”“1”为不允许；输入“0”“0”为保持状态。

与非门触发器如图 4-12 所示。S 为低电平时，置“1”，即 Q 输出为“1”；R 为低电平时，复位，Q 输出为“0”；输入 “0”“0”为不允许；输入“1”“1”为保持状态。

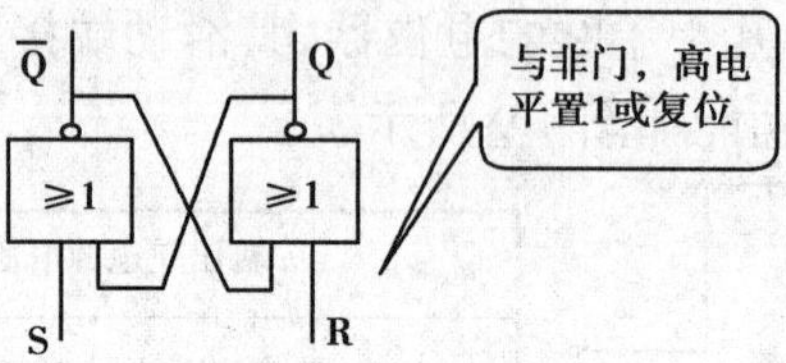

图 4-11

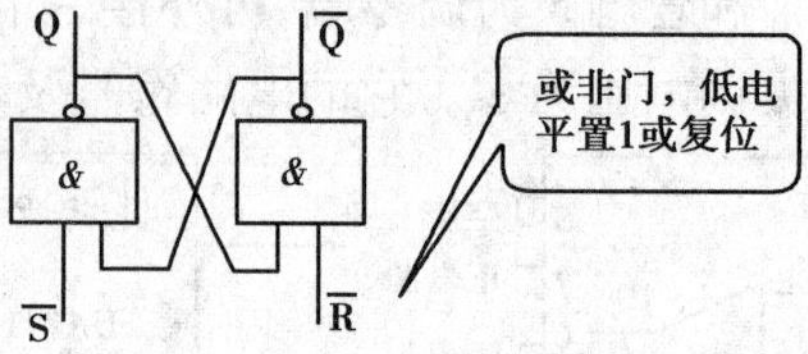

图 4-12

触发器的电路符号如图 4-13 所示。

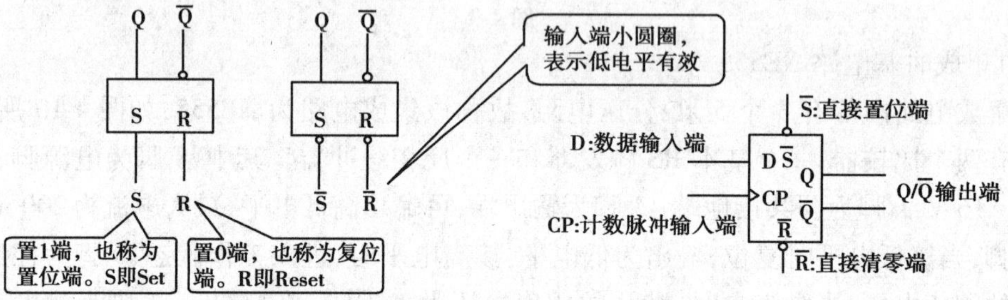

图 4-13

四、输出部分

输出部分一般采用三极管直接驱动或继电器来实现功能。

三极管直接驱动，如图 4-14 所示。

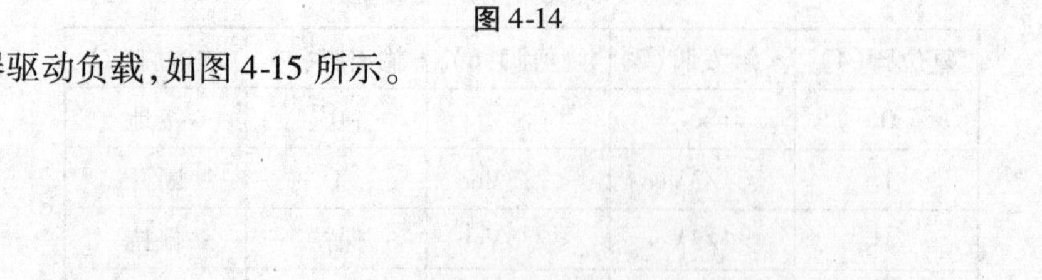

图 4-14

继电器驱动负载，如图 4-15 所示。

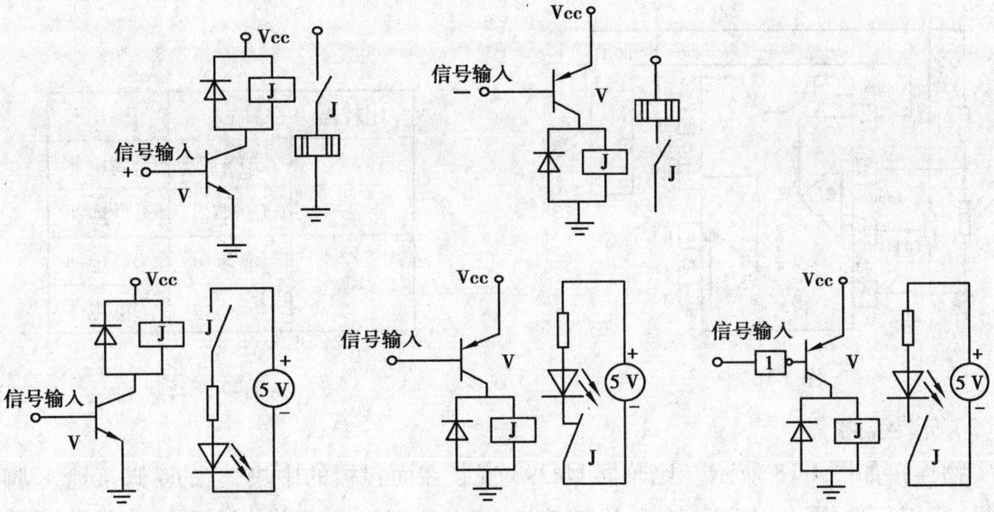

图 4-15

五、简单控制电路的设计

1. 电子控制系统的工作过程分析

①明确控制目标:明确给定电子控制系统的功能,明确控制系统的输入量和被控量。

②分析控制过程:把控制系统划分为输入、控制(处理)和输出三个部分。然后分别对每个部分的输入和输出进行分析,列出输入、输出的真值表。

③统筹各环节:分析时既要分析各个部分,同时又要从全局角度综合考虑每一部分。

2. 电路的设计步骤

①明确功能模块所完成的控制信号的传输线路。

②确定所需的元器件。

③分辨信号线、电源正极、电源负极。

④完成线路的连接、设计。

3. LM393 小夜灯电路设计

(1)电路分析

微课视频

LM393小夜灯电路设计

LM393 小夜灯电路如图 4-16 所示。该电路由集成电路 LM393(性能见图 4-17)、光敏电阻、5.1 kΩ 电阻、1 000 Ω 电阻、10 kΩ 电位器、小夜灯 LED 和 5 V 电源组成。当光敏电阻暗光(没有检测到光线)时,光敏电阻阻值较大,分压使得反相端 2 脚的电位升高,高于同相端 3 脚时,1 脚输出低电平,负载 LED 就会接通,小夜灯 LED 会发亮;当光敏电阻接收到光时,光敏电阻阻值会减小,分压使得反相端 2 脚的电压下降,下降到低于同相端 3 脚电压,1 脚会输出高电平,负载 LED 会截止,小夜灯 LED 不亮。调节电位器可以改变小夜灯的光线亮度起控点。

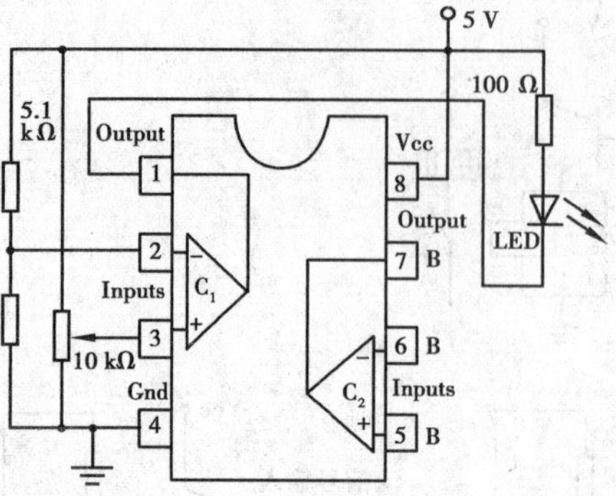

图 4-16

比较器	输入	输出
C_1	③>②	①高电平
	③<②	①低电平
C_2	⑤>⑥	⑦高电平
	⑤<⑥	⑦低电平

图 4-17

(2)安装线路

实物连接如图 4-18 所示。比较器 LM393 安装在面包板的中央,它的 4 脚接地,8 脚接电源正极,我们只选用了 LM393 的 C_1 比较放大电路,2 脚外接光敏传感器,3 脚外接可调电阻的滑动端,信号从 1 脚输出,外接负载小夜灯(二极管和串联电阻组成)。

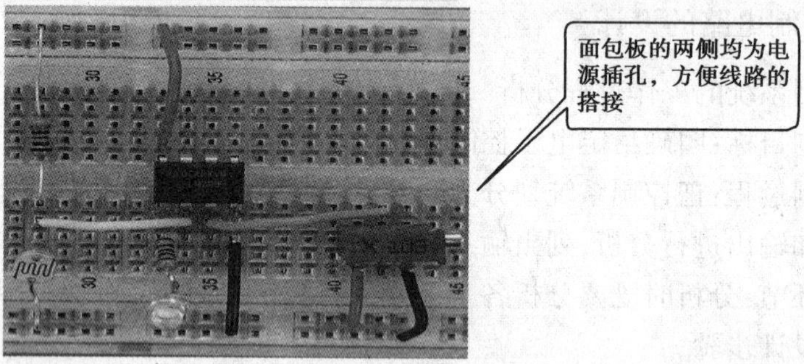

图 4-18

(3)电路调试

搭建好如图 4-19 所示电路后,接通电源,用启子挡住光敏二极管时,灯珠自动点亮,如果不能点亮,就需要调节可变电阻。

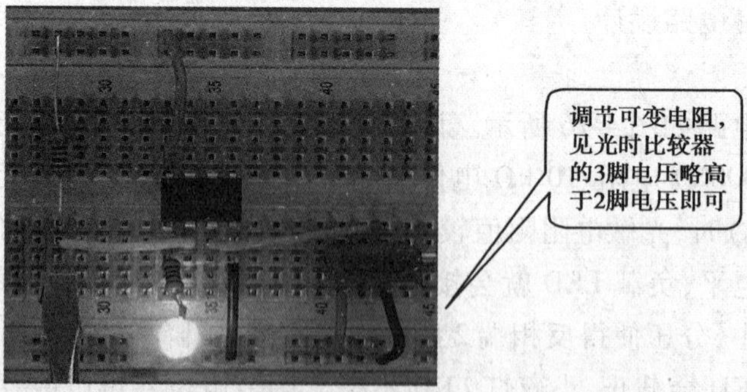

图 4-19

微课视频

UM741温控电路设计

4. UA741(CF741)温控电路的设计

(1)电路分析

UA741(CF741)温控电路如图 4-20 所示。UA741 只有一路集成比较放大电路,它的性能如图 4-21 所示。在电路中，R_t 为负温度系数热敏电阻，当温度降低时，R_t 阻值增大，UA741 的 2 脚电平下降，当下降到低于 3 脚电平时，6 脚输出高电平，使三极管导通，从而接通电热丝加热；随着温度的升高，R_t 阻值不断减小，UA741 的 2 脚电平不断上升，当上升到高于 3 脚电平时，6 脚输出低电平，使三极管截止，电热丝停止加热，周而复始，不断循环，从而维持一定温度。

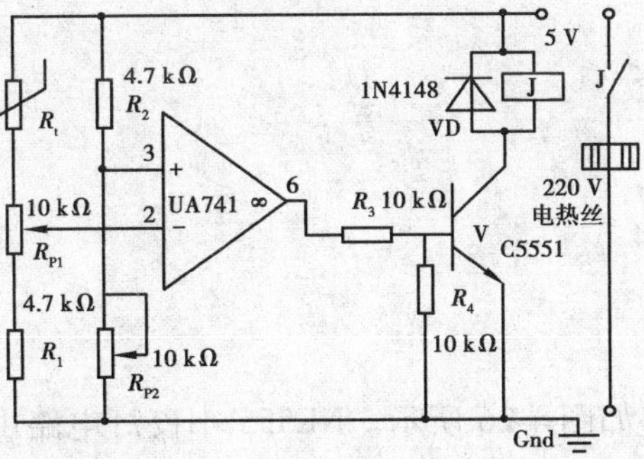

图 4-20

输入	输出
U_-（2 脚）$>U_+$（3 脚）	低电平（6 脚）
U_-（2 脚）$<U_+$（3 脚）	高电平（6 脚）

图 4-21

（2）安装线路

实物连接如图 4-22 所示。在面包板上首先插接好 UA741，然后用红插针线接 7 脚和最上面的插孔（电源正极），用黑插针线接 4 脚和最下面的插孔（电源负极），然后再分别插接好 2 脚、3 脚及输出 6 脚的外部元件，三极管 V_2 插接时一定要注意管脚顺序，集电极接 5V 直流继电器线圈（管脚见图 4-23），而主电路中，负载用发光二极管代替。

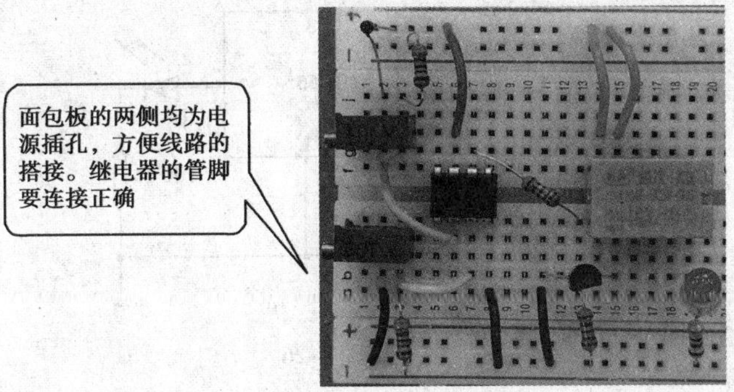

图 4-22

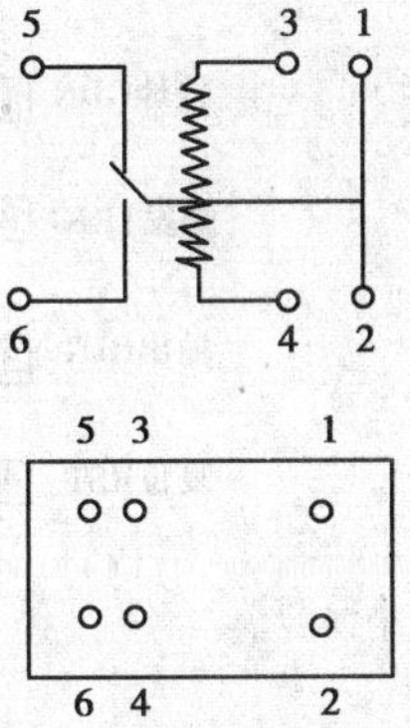

图 4-23

（3）电路调试

搭建好如图 4-24 所示电路后，接通电源，灯珠不亮；用手紧靠热敏电阻时，温度升高，电阻的阻值变小，指示灯点亮。

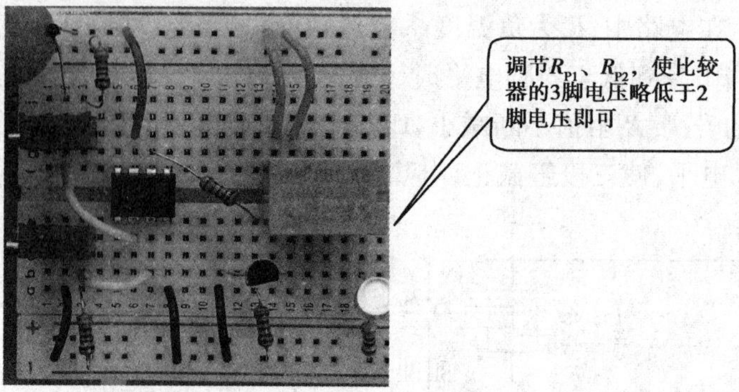

图 4-24

5. NE555 小夜灯电路设计

微课视频

NE555小夜灯电路设计

(1) 电路分析

NE555 管脚功能如图 4-25 所示，小夜灯电路如图 4-26 所示。NE555 小夜灯电路由集成电路 IC555、光敏电阻、100 Ω 电阻、20 kΩ 电位器、小夜灯 LED 和 6 V 电源组成。当光敏电阻暗光（没有检测到光线）时，光敏电阻阻值较大，分压使得 2、6 脚的电位降低，低于 5/3 V 时，3 脚输出高电平，负载 LED 就会接通，小夜灯 LED 会发亮；当光敏电阻接收到光时，光敏电阻阻值会减小，分压使得 2、6 脚的电位升高，高于 10/3 V 时，3 脚输出低电平，负载 LED 就会截止，小夜灯 LED 会不亮。调节电位器可以改变小夜灯的光线亮度起控点。

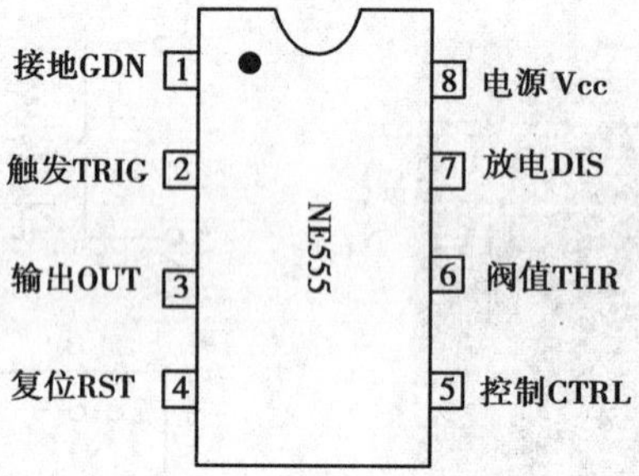

图 4-25

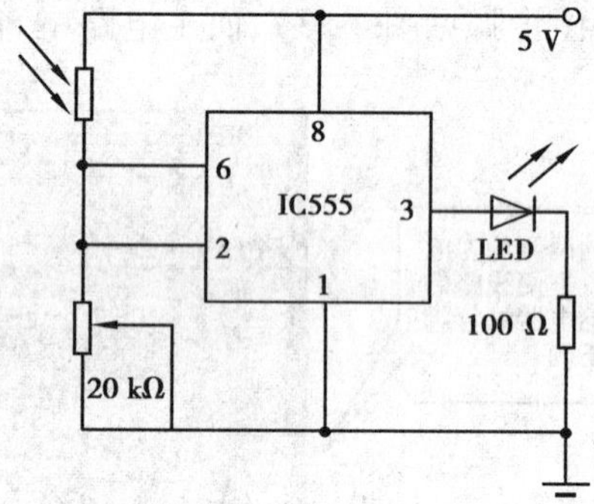

图 4-26

(2)安装线路

如图 4-27 所示，在面包板上首先插接好 NE555，然后用红插针线接 8 脚和电源正极，用黑插针线接 1 脚和电源负极，然后再分别插接好 2 脚、6 脚及输出 3 脚的外部元件，其中输出脚的小夜灯 LED 可串联一只 100 Ω 电阻，然后直接插接于地与 3 脚之间。

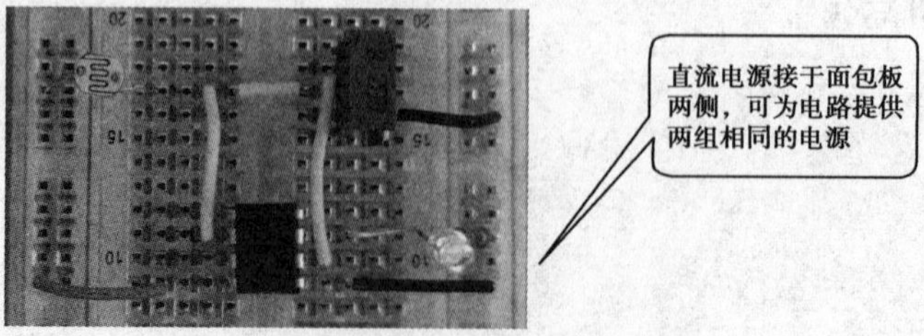

图 4-27

（3）电路调试

搭建好如图 4-28 所示电路后，接通电源，用摄子柄挡住光敏二极管时，灯珠自动点亮，如果不能点亮，就需要调节可变电阻。

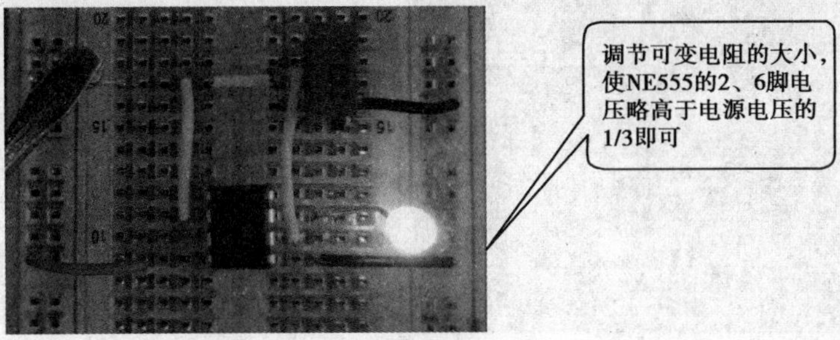

图 4-28

6. 非门 HCF4069 振荡电路设计

微课视频
非门HCF4069振荡电路设计

（1）电路分析

最简单的非门振荡电路如图 4-29 所示，选用 50 kΩ 的可调电阻和 10 μF 的电容，外接的 LED 指示灯，可以显示振荡的频率。图 4-30 为电路的管脚分布图。在非门 HCF4069 振荡电路中，假设非门 B 输出高电平，由于电容 C_1 两端电压不能突变，则非门 A 输入也为高电平，非门 A 输出为低电平，则非门 B 输出为高电平，此时保持非门 B 输出脉冲为高电平，给电容 C_1 充电；随着 C_1 电容的充电，C_1 充得上正、下负的电压，电容下端的负电压重新使非门 A 的输入电压下降，当电压下降到非门关断电压时，非门 A 输出翻转为高电平，非门 B 也跟着翻转输出低电平，此时会改变电容 C_1 的充电方向，会由非门 A 通过电阻 R_1 给电容 C_1 反向充电，先是与原来电荷中和，随后电容 C_1 充得下正、上负的电压，当下正电压上升到使非门 A 开门电平时，非门 A 输出低电平。如此反复循环，产生方波，发光二极管出现闪烁。非门振荡电路可采用非门芯片 4069 形成。频率计算公式：$f = 1/(2.2 \times R \times C)$。图中的参数：$f = 1/(2.2 \times 2\,000 \times 0.000\,01) = 22.72$ Hz

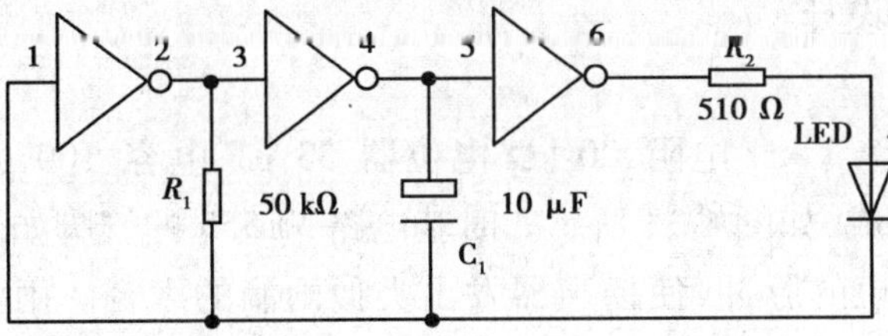

图 4-29

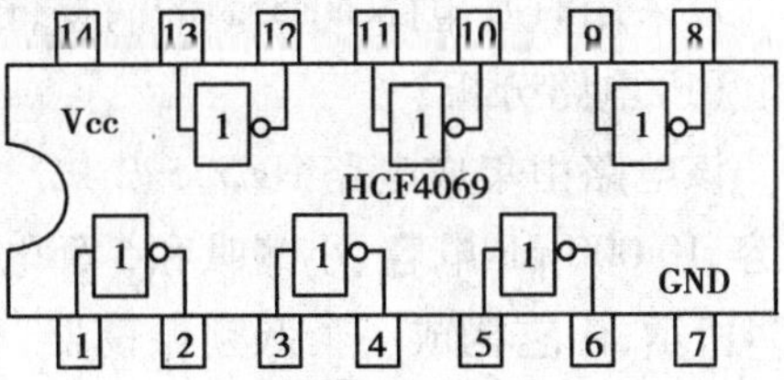

图 4-30

（2）安装线路

在面包板上首先插接好集成芯片 HCF4069，用红插针线接芯片的"14"脚和最下排插孔（电源正极），用黑插针线接芯片的 7 脚和最上排插孔（电源负极），然后用线接通芯片的 2 脚、3 脚和 4 脚、5 脚，在 6 脚外直接插接一只串联 510 电阻的 LED，最后连接好可变电阻、电容即可，如图 4-31 所示。

图 4-31

(3)电路调试

搭建好如图 4-32 所示电路后，接通电源，可以观察到指示灯亮灭变化。调节可变电阻，还可以明显观察到指示灯亮灭的时间改变。

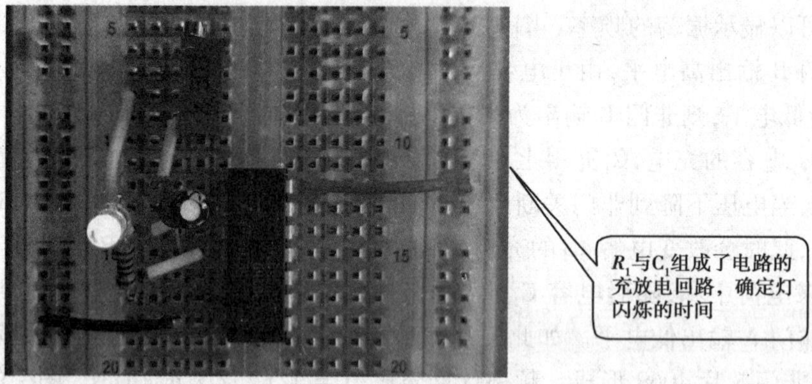

图 4-32

微课视频

NE555简易催眠电路设计

7. 采用时基电路 NE555 的简易催眠器设计

(1)电路分析

该电路由集成电路 NE555、2 kΩ 电阻、5. 1 kΩ 电阻、20 kΩ 电位器、33 μF 电容、100 μF 电容、10 000 pF 电容、小喇叭和 5 V 电源组成，如图 4-33 所示。时基电路 NE555 的管脚如图 4-34所示，由它构成一个低频振荡器，输出短的脉冲，使扬声器发出类似雨滴的声音。雨滴声的速度可以通过 20 kΩ 电位器来调节到合适的程度。如果在电源端增加一个简单的定时开关，则可以在使用者进入梦乡后及时切断电源。

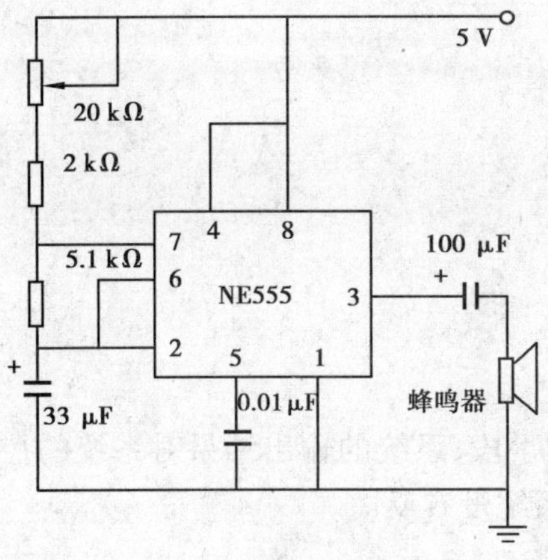

图 4-33

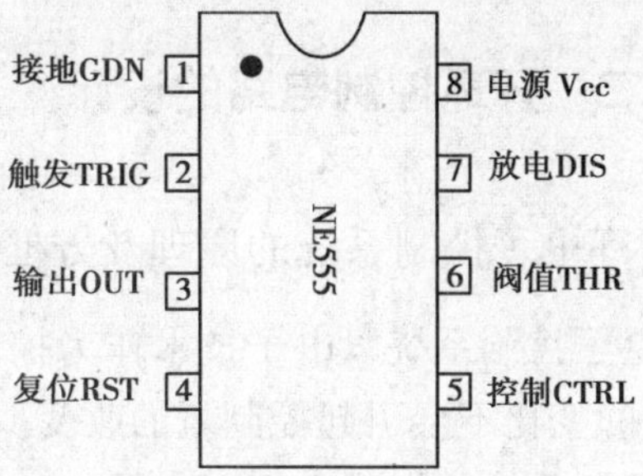

图 4-34

(2)安装线路

在面包板上首先插接好 HCF4069,然后用红插针线接 8 脚和电源正极,用黑插针线接 1 脚和电源负极,然后再插接好可变电阻,把剩下的元件插接好,如图 4-35 所示。

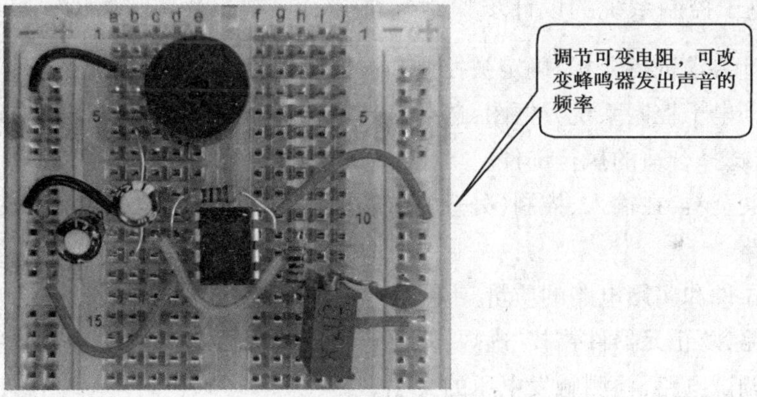

图 4-35

(3)电路调试

搭建好电路后,接通电源,可以听到"滴答、滴答"的声响。调节可变电阻,还可以明显感觉到声音频率的变化。

素养拓展

任务二　开环控制电路的设计

一、开环电子控制系统的原理及方框图

开环电子控制系统以电子技术作为控制的手段，系统的输出结果对系统的控制没有影响，被控量的变化不会引起控制量的改变。该系统没有反馈。

开环控制系统的组成方框图如图 4-36 所示。

图 4-36

二、开环电子控制系统的设计步骤

①根据设计要求进行分析，确定被控量和被控对象。

②根据开环电子控制系统方框图，选择恰当的传感器，确定控制（处理）部分使用的实际电路和元器件，选择合适的执行部件。

③参照相关资料，在输入、控制（处理）和输出之间分别选择合适的接口电路，设计或者改进原有的电路。

④检测元器件和实用电路的质量。

⑤安装电路，防止元器件错接、虚焊，要注意对未使用的引脚的处理，注意接地。

⑥最后是调试电路，检测触发电压的大小。

三、常见的开环电子控制系统

常见的开环电子控制系统有自动门、电子锁、路灯自动控制系统、电子门铃控制系统等。

微课视频

NE555叮咚门铃电路设计

四、采用 NE555 设计“叮咚”电子门铃控制系统

1. 电路分析

该电路由集成电路 NE555、4 只 47 kΩ 电阻、两只 1N4148 二极管、4 只电容（三种容量 100 μF、10 μF 和 0.01 μF）、小喇叭、按钮和 6 V 电源组成，如图 4-37 所示。集成电路 NE555 的管脚如图 4-38 所示。当按钮按一下时，电阻 R_1 被短路，集成电路构成多谐振荡器，扬声器发出“叮”的声音。与此同时，电源通过二极管给电容 C_1 充电，当按钮开关松开后，维持电路的振荡，但由于开关的断开，R_1 被串入电路，使振荡频率改变，于是扬声器发出另一种“咚”的声音，直到电容 C_1 放电到电压不能维持电路震荡为止，所以“咚”的语音长短可以通过改变电容 C_1 的容量大小来改变。

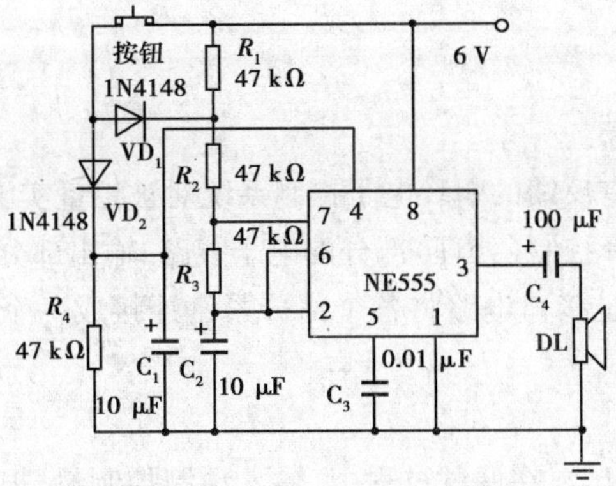

图 4-37

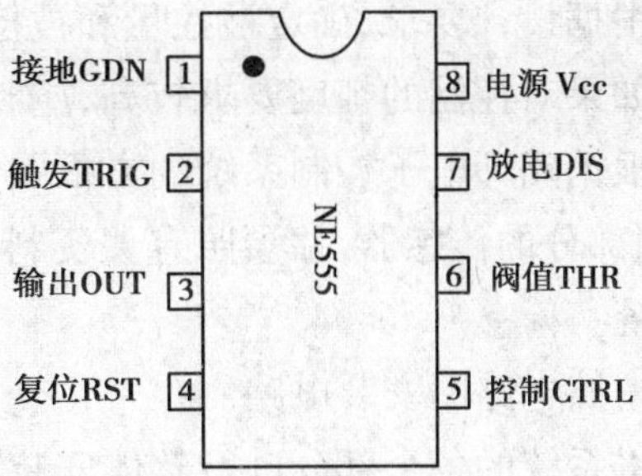

图 4-38

2. 安装线路

在面包板上首先插接好 NE555，然后用红插针线接 8 脚和最上插孔（电源正极），用黑插针线接 1 脚和最下一批孔（电源负极），然后再分别插接好 2 脚、6 脚、4 脚、7 脚及输出 3 脚的外部元件，其中按钮上端接入电源，然后接入二极管，如图 4-39 所示。

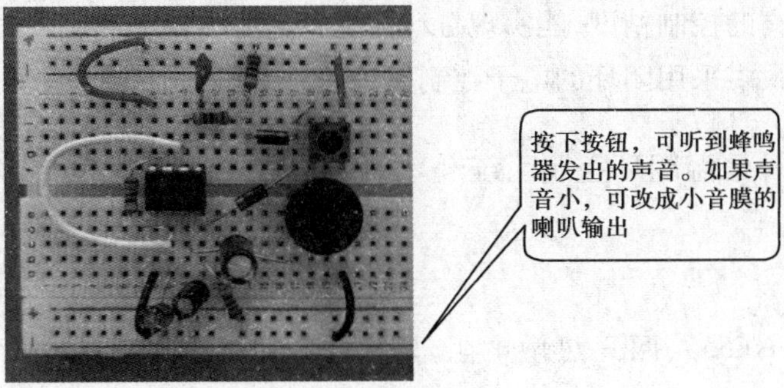

图 4-39

3. 电路调试

搭建好电路后，接通电源，当按下按钮时，可以听到“叮咚”的声响。更换不同容量的 C_2，还可以明显感觉到声音频率的变化。

任务三　闭环控制电路的设计

一、闭环电子控制系统的原理及方框图

闭环电子控制系统能对输出结果进行检测，并将检测信号反馈到控制处理部分，从而对系统的控制产生影响。它在开环电子控制系统的基础上增加反馈回路，具有较高的控制精度，可实现自动控制，方框图如图 4-40 所示。

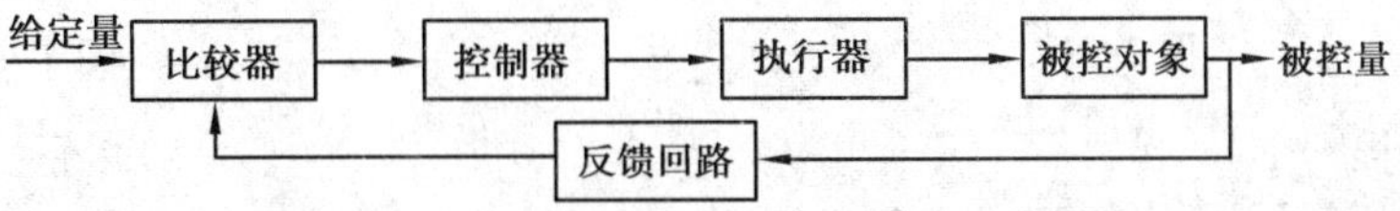

图 4-40

二、闭环电子控制系统的设计步骤

①根据设计要求，确定被控量和被控对象。

②如果对控制的精度要求较高，应利用有反馈的闭环电子控制系统对被控量实施控制。

③根据闭环电子控制系统的方框图，选择控制（处理）部分的电子线路、输出部分的执行器、检测部分的传感器，并参照有关资料，通过接口电路将各个部分紧密连接成一个完整的控制系统。

④按照电路图安装电路。

⑤将系统的各个部分进行整体安装和调试。在调试过程中，输入预制控制量，根据控制量的变化进行监控。认真分析干扰因素对被控量的干扰，并通过调整预置控制量等各种方法，把干扰的影响减至最低。

⑥通过制作、试验，发现设计中存在的问题，对方案进行改进或优化。

三、常见的闭环电子控制系统

闭环控制系统有较高的控制精度，能实现自动控制。比如冰箱、空调、恒温箱、智能洗衣机、水位监测等的控制，大多采用闭环的电子控制系统。

微课视频

NE555恒温闭环控制电路设计

四、采用 NE555 设计恒温闭环控制系统

1. 电路分析

（1）电路组成

该电路由集成电路 NE555、两只热敏电阻、两只 100 Ω 电阻、两只发光二极管、两只 0.01 μF电容、一只 10 kΩ 可变电阻、一只 50 kΩ 可变电阻、继电器单元和 6 V 电源组成，如图 4-41 所示。集成电路 NE555 的管脚如图 4-42 所示。

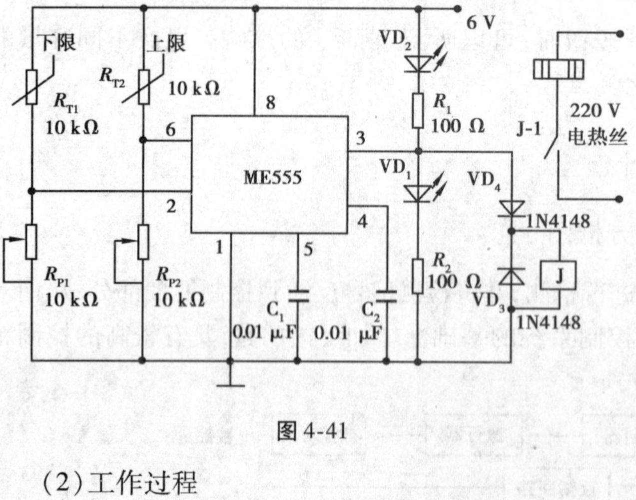

图 4-41

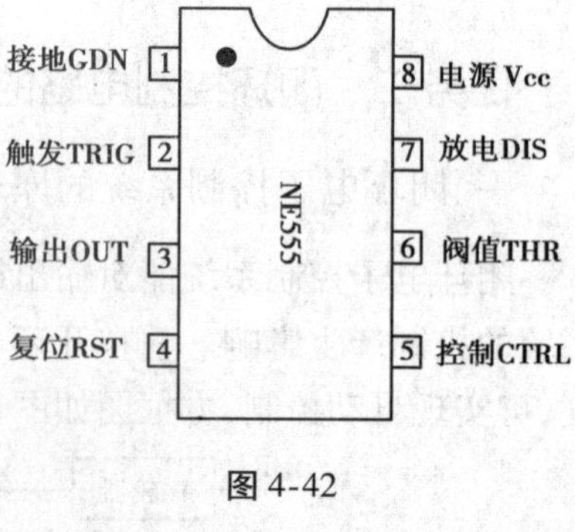

图 4-42

（2）工作过程

①随着温度 t 下降，小于下限时→R_{T1}、R_{T2}阻值均不断上升→2、6 脚电位均下降，当 2 脚小于 1/3Vcc 时→3 脚输出高电平→VD_1亮→J－1 吸合→电热丝加热→温度 t 升高。

②温度 t 升高→R_{T1}、R_{T2}阻值下降→2 脚、6 脚电位上升，当 2 脚大于 1/3Vcc 且 6 脚电位小于 2/3Vcc 时→3 脚仍然输出高电平→VD_1亮→J－1 吸合→电热丝继续加热→温度 t 继续升高。

③温度 t 升高→R_{T1}、R_{T2}阻值不断下降→当 2 脚、6 脚电位均升高，当 6 脚电位大于2/3 Vcc 时→3 脚将输出低电平→VD_2亮→J－1 断开→电热丝停止加热→温度达到最高(上限值)，随后 t 将下降。

④温度 t 小于上限大于下限时，随着温度的下降→R_{T1}、R_{T2}阻值上升→2 脚、6 脚电位均下降，当 2 脚大于 1/3Vcc、6 脚电位低于 2/3Vcc 时，3 脚仍然保持电平→电热丝仍然不加热→温度 t 进一步下降。

⑤当温度 t 小于下限时，2 脚电位低于 1/3Vcc 时，3 脚将重新输出高电平，接通电源加热电热丝，进入下一个循环。

2. 安装线路

在面包板上首先插接好集成芯片 NE555，然后用红插针线接通集成芯片的 8 脚和电源正极，用黑插针线接 1 脚和电源负极，然后再分别插接好各脚的外部元件，继电器主路的电热丝演示时未接，可以通过 VD_1与 VD_2指示灯显示继电器的工作状态，如图 4-43 所示。

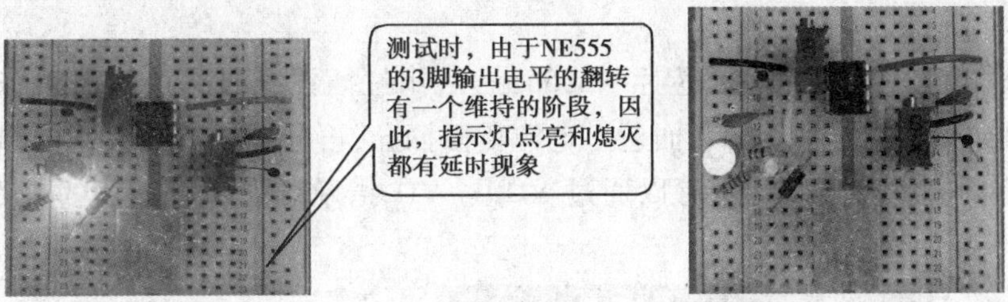

图 4-43

五、采用 NE555 设计水位控制系统

微课视频
NE555水位检测控制电路设计

1. 电路分析

(1) 电路组成

该电路由集成电路 NE555、两只 100 kΩ 电阻、两只 10 kΩ 电阻、3 只 2 kΩ 电阻、两只发光二极管、保护二极管 IN4148、三极管、0. 01 μF 电容、继电器和 6 V 电源组成，如图 4-44 所示。集成电路 NE555 的性能如图 4-45 所示。

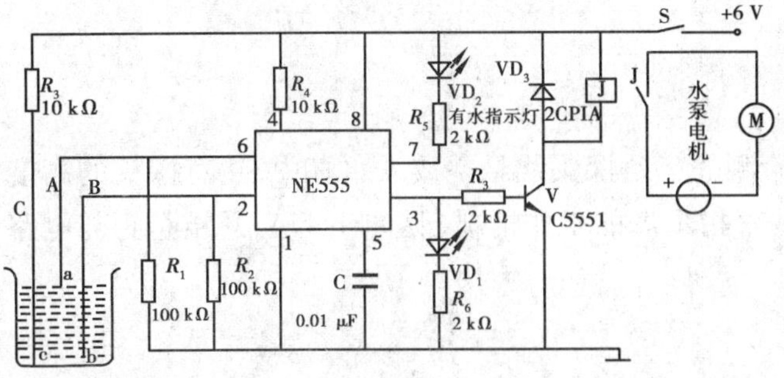

图 4-44

输入脚		输出脚	
2 脚	6 脚	3 脚	7 脚
<1/3Vcc	<2/3Vcc	高电平	高电平
>1/3Vcc	<2/3Vcc	保持	保持
>1/3Vcc	>2/3Vcc	低电平	低电平

图 4-45

（2）工作过程

电路中 a 是高水位检测线，b 是低水位检测线，c 是零水位检测线，VD_1亮时抽水机抽水，VD_2亮时抽水机停止抽水，二极管 1N4148 起保护三极管 V 的作用。

①当水位很低，水没有与 a、b 接触时→2 脚、6 脚低电平→3 脚输出高电平（7 脚同时为高电平、VD_2指示灯灭、VD_1指示灯点亮）→三极管 V 导通→J 吸合→水泵抽水→水位升高。

②随着水位升高→水与 b 接触时→2 脚高电平，6 脚仍为低电平→3 脚仍然保持高电平（7 脚同时为高电平、VD_2指示灯灭、VD_1指示灯点亮）→三极管 V 仍然导通→J 吸合→水泵继续抽水→水平面继续升高。

③随着水位升高→水与 a、b 都接触时→2 脚高电平，6 脚变为高电平→3 脚将变为低电平（7 脚同时为低电平，VD_2指示灯点亮，VD_1指示灯灭）→三极管 V 保持截止→J 断开→水泵停止抽水→水平面下降。

④随着水位下降→水与 a 分开，但仍然与 b 有接触时→2 脚高电平，6 脚变为低电平→3 脚仍然为低电平（7 脚同时为低电平，VD_2指示灯点亮，VD_1指示灯灭）→三极管 V 仍然保持截止→J 仍然断开→水泵停止抽水→水平面继续下降。

⑤当水位下降到 b 以后，2 脚电位突然变低，3 脚重新输出高电平，进入下一次循环。

2. 安装线路

在面包板上首先插接好集成芯片 NE555，然后用红插针线接芯片 8 脚和面包上电源正极插孔，用黑插针线接芯片 1 脚和面包上电源负极插孔，再分别插接好各元件和连接线。继电器主路的抽水机演示时未接，可以通过 VD_1 与 VD_2 指示灯显示继电器的工作状态，如图 4-46所示。

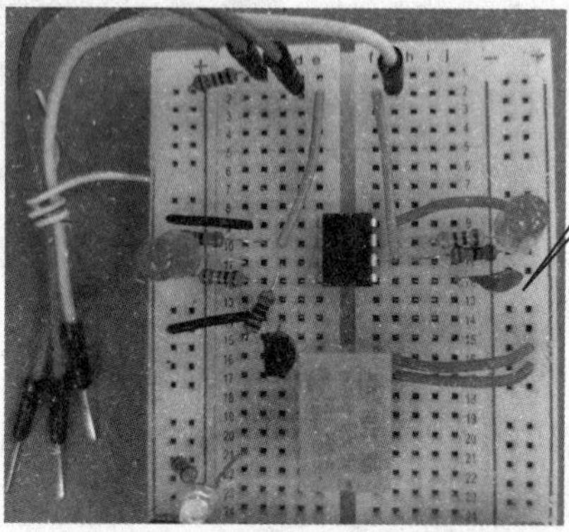

右侧的三条线为测试探头，最下面的指示灯为继电器控制的负载，亮时表示抽水

图 4-46

3. 电路调试

搭建好电路后，接通电源，把水位检测的三条探头线悬空放入水杯中，注意探头的高度和探头线之间的距离，调节水的高度，观察指示灯的工作情况（见图 4-47），总结是否与电路的功能一致。

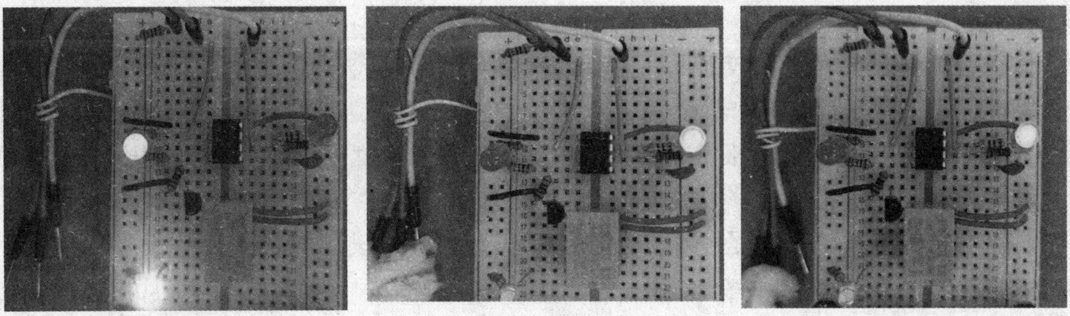

开始抽水　　水抽满　　用水中

图 4-47

案例解析

【案例 1】下列控制系统中，属于开环电子控制系统的是(　　)。

A. 蔬菜大棚湿度自动控制系统

B. 烧水器的保温控制系统

C. 音乐喷泉控制系统

D. 自动打气泵恒压控制系统

【答案】C

【解析】本题主要考查开环、闭环电子控制的特点。电子控制以电子电路为核心；闭环控制一定存在反馈环节。A、B 和 D 属于闭环电子控制，音乐喷泉控制系统没有反馈。故本题的正确答案是 C。

【案例 2】如图 4-48 所示是小明在实验室用 C_1 (LM393)设计的一款简易高温报警指示装置的电路图。其中 R_t 是负温度系数的热敏电阻，VD 为报警指示灯，LM393 内部 C_1 比较器的功能如图 4-49 所示。关于该电路，下列说法不正确的是(　　)。

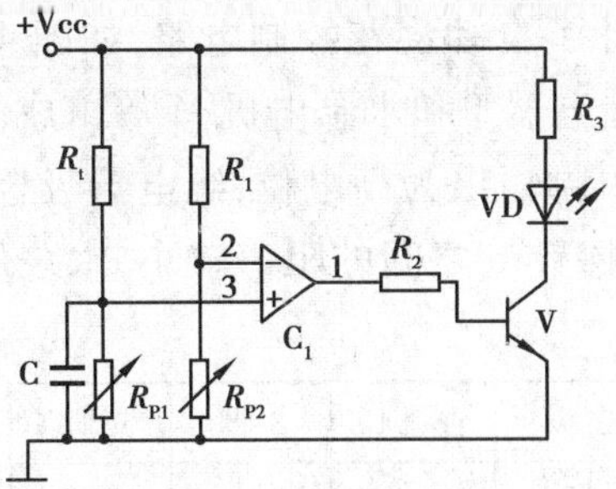

图 4-48

比较器	输入	输出
C_1	3 脚电压 >2 脚电压	1 脚高电平
	3 脚电压 <2 脚电压	1 脚低电平

图 4-49

A. 在 R_{P1} 一定的情况下，R_{P2} 调大，报警温度会降低

B. 当 1 脚输出为高电平时，V 导通，VD 发光

C. 在 R_{P2} 一定的情况下，R_{P1} 调小，报警温度会升高

D. 温度越高，R_t 的电阻越小

【答案】A

【解析】本题主要考查比较器及传感器的性质。根据比较器的性质，本题中 3 脚电位高于 2 脚电位时，报警指示灯会亮，也就是温度上升时，指示灯亮；R_{P2}调小，会在更低温度下报警，R_{P2}调大，会在更高温度下报警；而 R_{p1} 增大会降低报警温度，R_{p1} 调小会升高报警温度。而 R_t 的阻值减小（升温）也会报警。故本题的正确答案是 A。

【案例 3】如图 4-50 所示是小明在实验室用 C_1（LM393）设计的一款天亮灯光报警系统。其中 R_L 是光敏电阻，BL 为蜂鸣器，VD 为发光二极管，LM393 内部 C_1 比较器的功能如图4-51 所示。电路调试时，以下说法不正确的是（　　）。

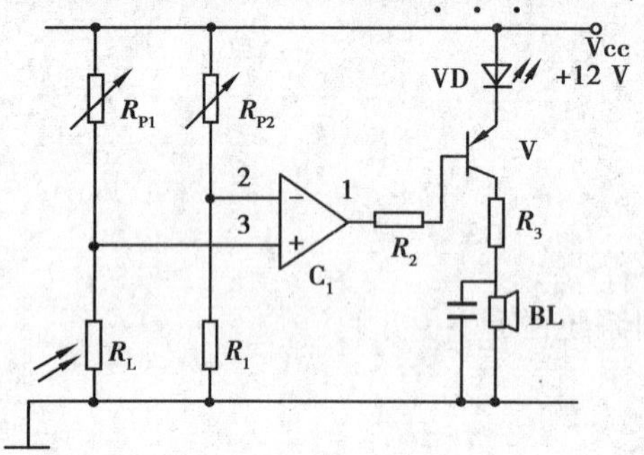

图 4-50

比较器	输入	输出
C_1	3 脚电压 >2 脚电压	1 脚高电平
	3 脚电压 <2 脚电压	1 脚低电平

图 4-51

A. R_{P2}阻值调得过小时，黑暗中，发光二极管也会发亮

B. R_{P1}阻值调得过小时，黑暗中，发光二极管也会发亮

C. 正常工作时，如果只改变 R_3的阻值，发光二极管的亮度也会改变

D. 二极管点亮的瞬间，蜂鸣器会发出声音

【答案】B

【解析】本题主要考查比较器及三极管的性质。根据比较器的性质，本题中 2 脚电位高于 3 脚电位时，三极管导通，报警指示灯会亮。R_{P1}阻值调得过小时，3 脚的电位拉近电源，比较器输出高电平，三极管不导通，发光二极管不会发亮。故本题的正确答案是 B。

【案例 4】为了保持花盆土壤的湿度恒定，小明设计了自动浇花控制电路，如图 4-52 所示。该电路由 a、b 探针，时基电路 NE555，三极管 V，继电器 J 和水泵电机 M 等组成。当花盆中土壤湿度较小时，a、b 探针之间的阻值较大，使得 3 脚输出为高电位，继电器吸合，启动水泵往花盆里加水；当土壤湿度达到设定值，探针 a 和探针 b 之间的阻值较小，水泵停止加水。其中，时基电路 NE555 的功能如图 4-53 所示。

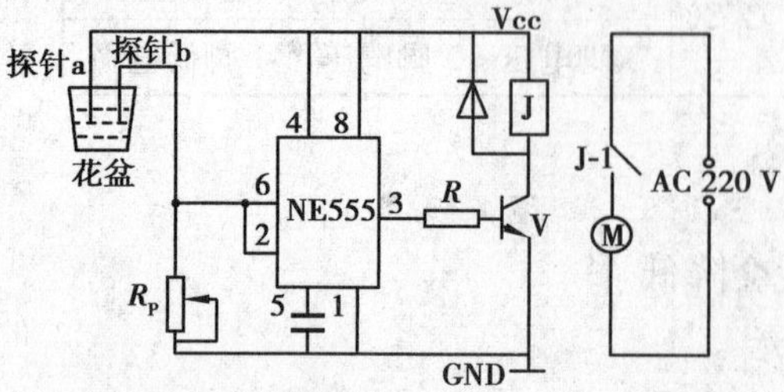

图 4-52

2 脚	6 脚	3 脚	7 脚
$>\frac{1}{3}V_{cc}$	$>\frac{2}{3}V_{cc}$	低电平	接地
$>\frac{1}{3}V_{cc}$	$<\frac{2}{3}V_{cc}$	保持	
$<\frac{1}{3}V_{cc}$	任意	高电平	悬空

图 4-53

在该电路调试过程中，无论花盆中土壤的湿度如何，水泵 M 始终处于加水状态，造成该现象的原因可能是(　　)。

A. 探针 a 和探针 b 碰在了一起

B. 三极管 1 烧坏断路

C. 电阻 R 两管脚连焊，造成短路

D. R_p 中心抽头调整到最上方

【答案】D

【解析】本题主要考查 NE555 及电路的原理。从逻辑功能可以看出，2 脚、6 脚为低电平，三极管 V 导通，水泵 M 加水；2 脚、6 脚为高电平，水泵 M 停止加水。而探针碰在一起，使 2 脚、6 脚为高电平，水泵 M 就会停止加水，而 R_p 中心抽头调整到最上方，使 2 脚、6 脚为低电平接地，水泵 M 就会一直加水。故本题的正确答案是 A。

【案例 5】如图 4-54 所示为高温报警电路，使用专用的电压比较芯片 LM393N，它有两个通道，该电路只使用一个通道。它的工作原理如下：当 LM393N 的 3 脚(INA +)电压大于 2 脚(INA -)电压时，1 脚(OUTA)为高电平，LED_1 不亮；当 3 脚电压小于 2 脚电压时，1 脚为低电平，LED_1 亮。根据描述，完成以下各题：

(1)当温度变大时，温度传感器 R_t 的阻值________(在“①增大；②减小；③不变”中选择一项，将序号填写在“________”处)，LM393N 的 3 脚电位________(在“①增大；②减小；③不变”中选择一项，将序号填写在“________”处)；

(2)该电路已经通过电位器 R_p 设置好报警温度，当温度高于报警温度时，LED_1 亮，温度低于报警温度时，LED_1 灭。因为使用环境发生变化，需要将报警温度设置值变小，根据原理图，电位器 R_p 的滑动触头应该________(在“①向上调；②向下调”中选择一项，将序号填写在“________”处)；

(3)小童同学完成上述电路实验后，想加入蜂鸣器报警功能。蜂鸣器由 12 V 直流电源供电，采用直流电磁继电器的触点作为蜂鸣器的接通开关，用三极管控制继电器触点的闭合与断开。请根据上述要求帮助小童在图 4-54 的虚线框中画全电路。

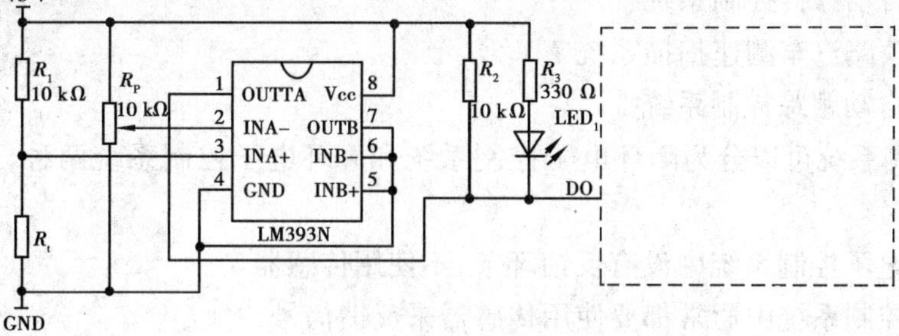

图 4-54

【解析】本题考查的是电子控制系统的设计和应用。①当温度升高时，LED_1 亮，3 脚电压小于 2 脚电压，说明 3 脚输入低电平，3 脚的电位降低；3 脚的电位减小，则热敏电阻阻值减小，R_t 是负温度系数热敏电阻。②需要将报警温度设置值变小，则温度降低，R_t 阻值变大，3 脚的电位变高，2 脚电位也要变高，所以 R_p 的滑动触头应该往上调。③当温度升高，蜂鸣器

响时,1 脚输出低电平,基极电势低,三极管导通,所以三极管型号是 PNP;继电器接在三极管的集电极,旁边要接一个二极管;和蜂鸣器相连的是继电器的常开触点。

【答案】 (1)②②;(2)①;(3)如图 4-55 所示。

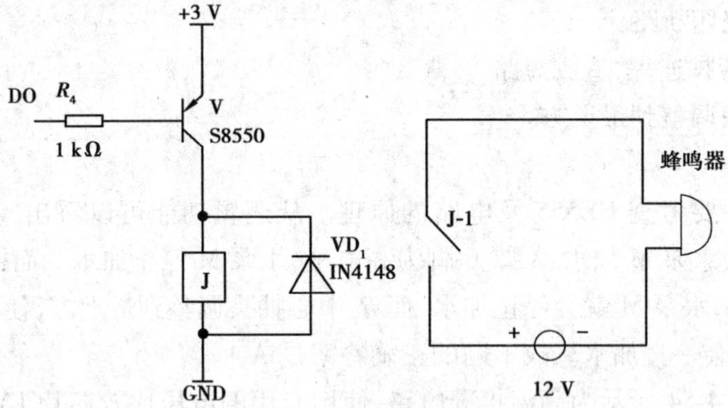

图 4-55

素养检测

一、单项选择题

1. 下列的控制不属于电子控制的是(　　)。

A. 手机亮度随着环境变化的控制

B. 遥控玩具运行的控制

C. 抽水马桶水位的控制

D. 航天器对接的控制

2. 下列控制系统中,属于闭环电子控制系统的是(　　)。

A. 校门车辆进出自动抬杆控制系统

B. 学校自动打铃控制系统

C. 高速公路汽车测速扫描系统

D. 导弹自动跟踪控制系统

3. 电子控制系统可以分为闭环电子控制系统和开环电子控制系统两种,下列说法中不正确的是(　　)。

A. 开环电子控制系统中没有反馈环节,不使用传感器

B. 闭环控制系统中通常都要使用传感器来反馈信号

C. 开环电子控制系统相对闭环电子控制系统,控制精度通常更低

D. 闭环电子控制系统相对开环电子控制系统的抗干扰性较强

4. 关于在控制电路中常用的芯片,下列说法中不正确的是(　　)。

A. 555 集成芯片、471 放大器集成芯片和 393 比较器集成芯片,外围都只有 8 脚

B. 集成芯片使用时,管脚顺序一般是从缺口处(或小圆点)开始,逆时针记数

C. 相同功能的 TTL 集成芯片与 CMOS 芯片在具体的线路中可直接互换使用

D. 集成芯片使用时，一定要正确连接电源，否则容易烧坏

5. 如图 4-56 所示是小明设计的风扇控制电路。电路中，M 是风扇，R_t是热敏电阻，LM393 是电压比较器（性能见图 4-57）。当电压比较器的 3 脚电压“V +” >2 脚电压“V -”时，1 脚输出高电平，当 3 脚电压“V +” <2 脚电压“V -”时，1 脚输出低电平。下列关于该电路的分析中不正确的是（　　）。

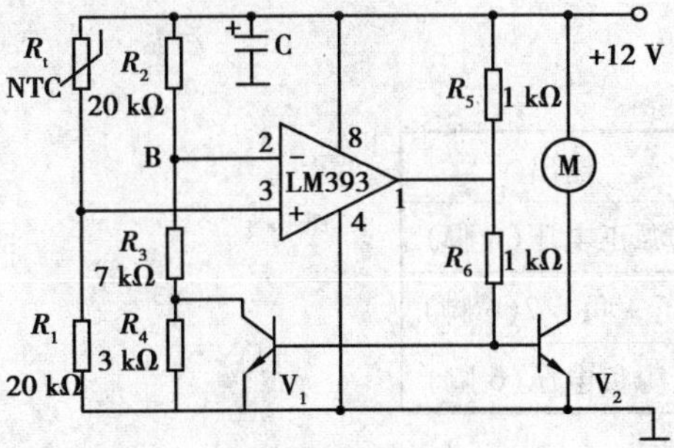

图 4-56

输入	输出
U_+（3 脚）> U_-（2 脚）	高电平（1 脚）
U_+（3 脚）< U_-（2 脚）	低电平（1 脚）

图 4-57

A. 电路中 V_2导通时，V_1集电极电流会增大

B. 温度下降时，LM393 的 3 脚电压会升高

C. R_t是负温度系数热敏电阻

D. 三极管 V_1在电路中能进一步锁定电机工作方式

6. 如图 4-58 所示是小明设计的花盆土壤湿度过低提醒装置。在电路中，CF741 运算放大器的性能如图 4-59 所示，当输入端 3 脚电位高于输入端 2 脚电位时，输出端 6 脚输出高电平，相反输出低电平。关于该电路的分析中不合理的是（　　）。

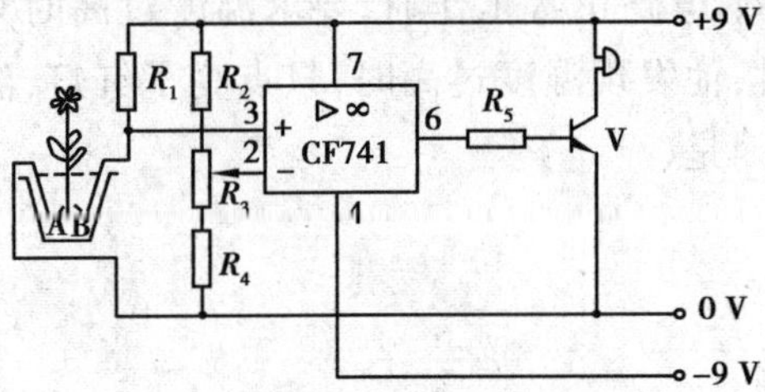

图 4-58

输入	输出
U_+（3 脚）> U_-（2 脚）	电源正电压（6 脚）
U_+（3 脚）= U_-（2 脚）	（正 + 负）/2（6 脚）
U_+（3 脚）< U_-（2 脚）	电源负电压（6 脚）

图 4-59

A. 花盆中湿度增大，3 脚的电位会上升

B. 当 R_3滑动端上移时，湿度更低才会报警

C. 花盆中湿度增大，花盆中 A、B 两点的电阻会变小

D. 花盆中土壤湿度低时，电铃会报警

7. 如图 4-60 所示是小明设计的花房温度控制电路。在电路中，CF741 运算放大器性能如图 4-61 所示，当输入端 3 脚电位高于输入端 2 脚电位时，输出端 6 脚输出高电平，相反输出低电平。R_t是热敏电阻，调节 R_4可以改变温度的设定，以下关于该电路的分析中不正确的是（　　）。

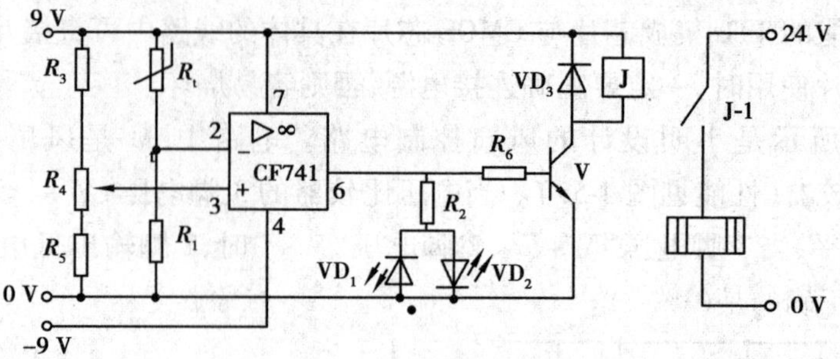

图 4-60

输入	输出
U_+(3 脚) > U_-(2 脚)	电源正电压(6 脚)
U_+(3 脚) = U_-(2 脚)	(正 + 负)/2(6 脚)
U_+(3 脚) < U_-(2 脚)	电源负电压(6 脚)

图 4-61

A. 当温度低于设定温度时,输出高电压,VD_2点亮,晶体三极管 V 导通,电磁继电器 J 吸合,电热器通电加热

B. 当温度超过预设温度时,输出电压为低电平,VD_1导通,晶体三极管 V 截止,电磁继电器 J 释放,电热器停止加热

C. 该电路的 J 应选择额定直流电压为 18 V、触点为直流电压 24 V 的继电器

D. 当 R_4滑动端上移时,花房的温度会升高

8. 小明同学用 LM393 设计了如图 4-62 所示的温度控制指示电路,其中 IC_1、IC_2为集成运算 LM393 的比较器,功能特性如图 4-63 所示。本电路正常工作时,要求温度过高时只能点亮绿灯,温度过低时只能点亮红灯。但在调试时,他发现温度过高时,只点亮了红灯,温度过低只点亮了绿灯。你认为造成该现象的可能原因是(　　)。

A. IC_1与 IC_2位置接错

B. R_4与 R_6位置接错

C. R_t错选了正温度系数热敏电阻

D. R_1的阻值调得过大

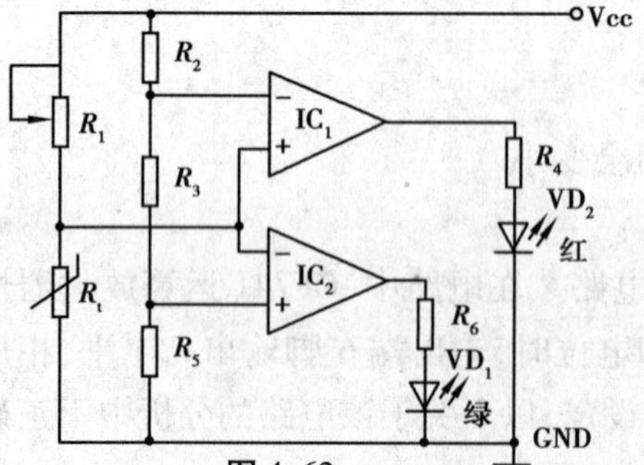

图 4-62

输入	输出
$U_+ > U_-$	高电平
$U_+ < U_-$	低电平

图 4-63

9. 小明搭建了如图 4-64 所示电路。电路中 CF741 为电压比较器，它的性能如图 4-65 所示。小明进行了以下测试，调节 R_{P1} 与 R_{P2}，蜂鸣器发出声响，二极管 VD 点亮。如果他再用黑布完全遮挡 R_g，蜂鸣器与发光二极管 VD 可能处于的工作状态是(　　)。

A. 蜂鸣器响，VD 不亮

B. 蜂鸣器不响，VD 亮

C. 蜂鸣器不响，VD 不亮

D. 蜂鸣器响，VD 亮

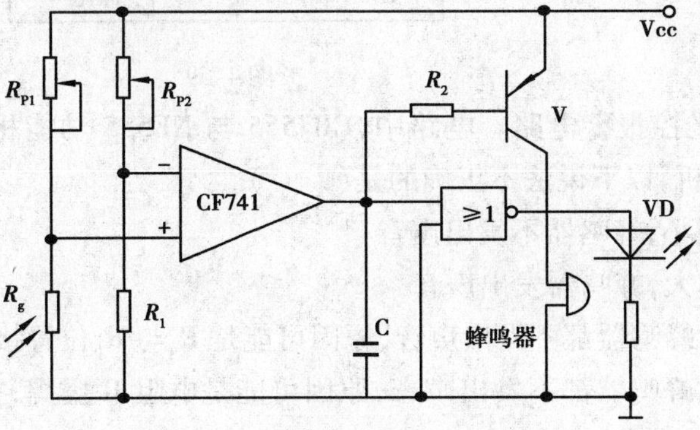

图 4-64

输入	输出
$U_+ > U_-$	高电平
$U_+ < U_-$	低电平

图 4-65

10. 如图 4-66 所示为小明用 CB7555 设计的抽水控制电路。该电路中的集成芯片 CB7555 的性能如图 4-67 所示。当水位低于 b 点时水泵 M 加水，水位达到 a 点时停止加水。下列关于该电路的说法中**不正确**的是(　　)。

A. 水位降到 b 点以下时，2 脚的电位会低于 1/3Vcc

B. 由于加水电机启动，水位由低水位向高水位不断升高的过程中，指示灯 VD_2 会点亮

C. 到最高水位接触 a 点时，6 脚电位会高于 2/3Vcc ，此时加水电机停止工作

D. 水位到达最高，电机停止时，指示灯 VD_2 会点亮，直至水位低于 b 点，VD_2 才会熄灭

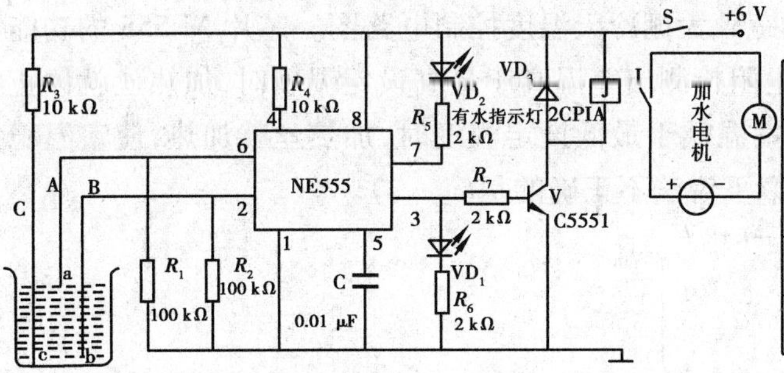

图 4-66

输入脚		输出脚	
2 脚	6 脚	3 脚	7 脚
<1/3Vcc	<2/3Vcc	高电平	高电平
>1/3Vcc	<2/3Vcc	保持	保持
>1/3Vcc	>2/3Vcc	低电平	低电平

图 4-67

11. 如图 4-68 所示是小明设计的冬天恒温箱控制电路。电路中，R_{t1}、R_{t2} 是同种型号的负温度系数热敏电阻，VD_1 与 VD_2 用于指示电路工作状态，NE555 的功能如图 4-69 所示。关于该电路的分析，以下说法中**不正确**的是(　　)。

A. R_{p1} 用于调节上限温度，R_{p2} 用于改变下限温度

B. 随着温度的升高，6 脚的电压会下降

C. 当温度由上限温度下降到上、下限温度之间时，VD_2亮，VD_1不亮

D. 当 R_{p2} 向上滑动时，下限温度将升高

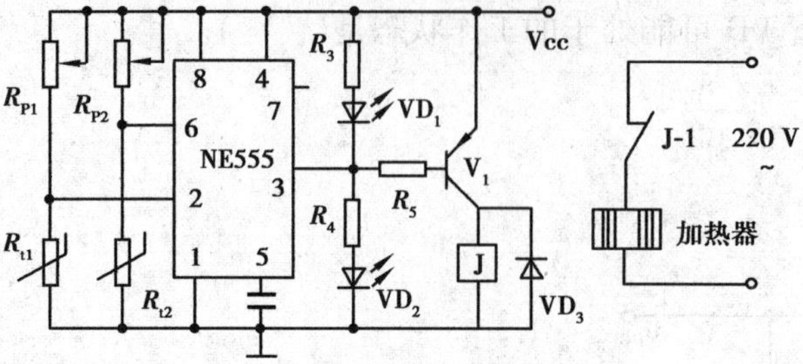

图 4-68

输入 2 脚	输入 6 脚	输出 3 脚
<1/3Vcc	任意	高电平
>1/3Vcc	<2/3Vcc	保持
>1/3Vcc	>2/3Vcc	低电平

图 4-69

12. 如图 4-70 所示是小明设计的光控报警电路。电路中，CB7555 与 NE555 功能相似，特性如图 4-71 所示。关于该电路的分析，以下说法不正确的是(　　)。

A. 当外界光照较亮时，R_g阻值很小，蜂鸣器不发出声音

B. 当外界光照较暗时，R_g阻值很大，蜂鸣器发出声音

C. 进行电路调试，强光和遮光时蜂鸣器都不发出声音，原因可能是 R_g与 R_p位置接反

D. 进行电路调试，强光和遮光时蜂鸣器都不发出声音，原因可能是电阻 R 虚焊，接触不良

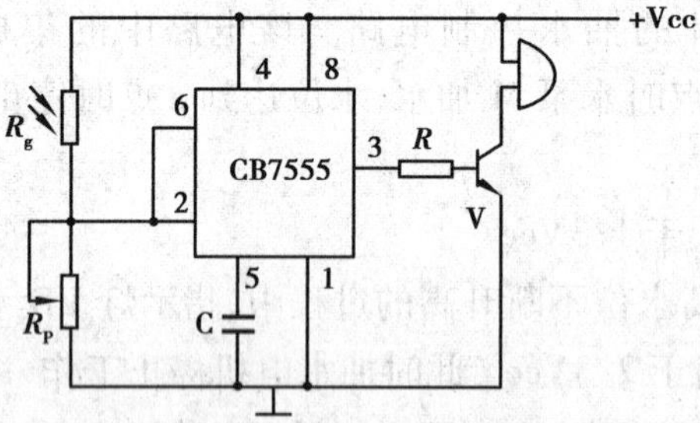

图 4-70

输入 2 脚	输入 6 脚	输出 3 脚
<1/3Vcc	任意	高电平
>1/3Vcc	<2/3Vcc	保持
>1/3Vcc	>2/3Vcc	低电平

图 4-71

13. 如图 4-72 所示是小明设计的蔬菜大棚冷天温度控制电路图。芯片 NE555 的功能如图 4-73 所示。当蔬菜大棚内的热敏电阻检测出室温高于最高设定温度时，加热丝就停止加热；当蔬菜大棚内的热敏电阻检测出室温低于最低设定温度时，加热丝就加热，使室温稳定在一定范围内。关于该电路的分析，以下说法不正确的是(　　)。

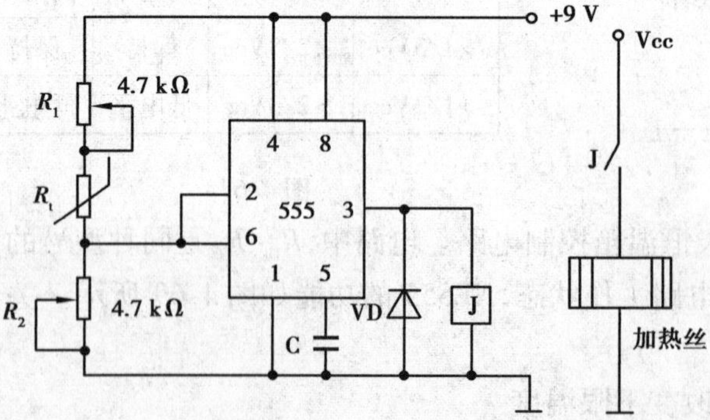

图 4-72

输入 2 脚	输入 6 脚	输出 3 脚
<1/3Vcc	任意	高电平
>1/3Vcc	<2/3Vcc	保持
>1/3Vcc	>2/3Vcc	低电平

图 4-73

A. 蔬菜大棚内的热敏电阻是负温度系数

B. 电阻 R_1 阻值调大时，房间的下限温度将会升高

C. 进行电路调试时，电热丝一直不通电加热，原因可能是继电器线圈脚虚焊

D. 进行电路调试时，电热丝一直不通电加热，原因可能是二极管 VD 断路

14. 如图 4-74 所示是小明设计的智能风扇电路图。IC_1、NE555 的性能如图 4-75 所示。SW 是电源开关，R_T 是负温度系数热敏电阻，只有当环境温度高于设定值时，按启动按钮后风扇 E(按下闭合，松手断开) 才能转动，若环境温度低于设定值时，风扇停转。下列关于该电路的分析中，正确的是(　　)。

A. 温度低于设定值时，二极管 VD_1 不会发光

B. 风扇启动时，发光二极管 VD_1 发光

C. 若想让风扇的启动温度更高，则可以将 R_P 触点往下移

D. 若将 R_7 的阻值略微调小一点，不影响该电路的正常工作

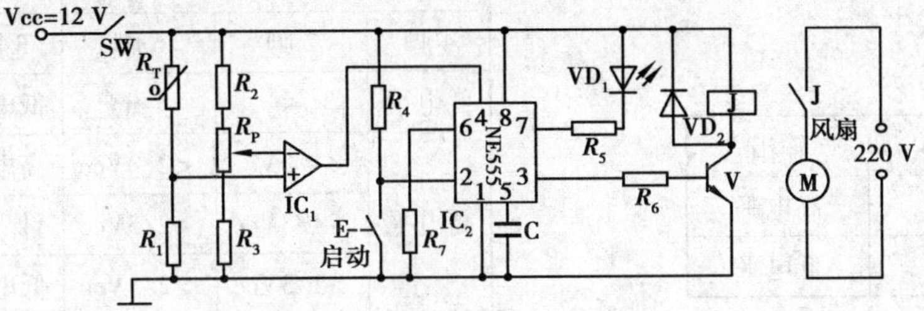

图 4-74

输入	输出
$U_+ > U_-$	高电平
$U_+ < U_-$	低电平

输入脚			输出脚	
4 脚	2 脚	6 脚	3 脚	7 脚
低电平	*	*	低电平	低电平
高电平	$<1/3$Vcc	$<2/3$Vcc	高电平	高电平
	$>1/3$Vcc	$<2/3$Vcc	保持	保持
	$>1/3$Vcc	$>2/3$Vcc	低电平	低电平

图 4-75

15. 如图 4-76 所示为小明设计的一款电动车电池充电控制电路，充电部分没有画出，直接串接于继电器常开触点的回路中。电路中，IC_1、IC_2 为电压比较器，R_t 为热敏电阻，NE555 和电压比较器的性能如图 4-77 所示。当电池电压低于设定值时，继电器吸合开始充电，电池电压达到上限时，继电器释放停止充电；同时还设计了温度监控功能，当电池的温度过高时，即不充电。关于该电路的分析，下列说法正确的是(　　)。

A. R_t 为 NTC 热敏电阻

B. 电池的温度过高时，即不充电时，VD_1 会点亮

C. 若只想调高上限电压，可调小 R_4 和 R_5

D. 若只想调高开始充电的电压，可调小 R_5

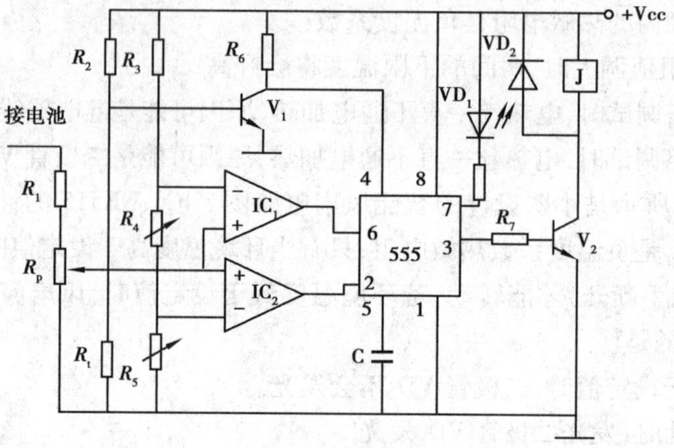

图 4-76

输入	输出
$U_+ > U_-$	高电平
$U_+ < U_-$	低电平

输入脚			输出脚	
4 脚	2 脚	6 脚	3 脚	7 脚
低电平	*	*	低电平	低电平
高电平	<1/3Vcc	<2/3Vcc	高电平	高电平
	>1/3Vcc	<2/3Vcc	保持	保持
	>1/3Vcc	>2/3Vcc	低电平	低电平

图 4-77

16. 如图 4-78 所示是小明用 NE555 设计的温控风扇电路，当温度超过 37℃时，散热风扇电机就会启动。NE555 的性能如图 4-79 所示，其中 R_{p2} 可调节 NE555 芯片 5 脚的电位 V_{ct}。关于该电路的分析，以下说法不正确的是(　　)。

A. R_t应采用负温度系数热敏电阻

B. 调大 R_{p1} 的阻值，电机启动时的温度低于 37 ℃

C. R_{p2} 的滑动触点向下移，电机启动时的温度高于 37 ℃

D. 温度从 37 ℃以上降低到 37 ℃以下，电机会立即停止

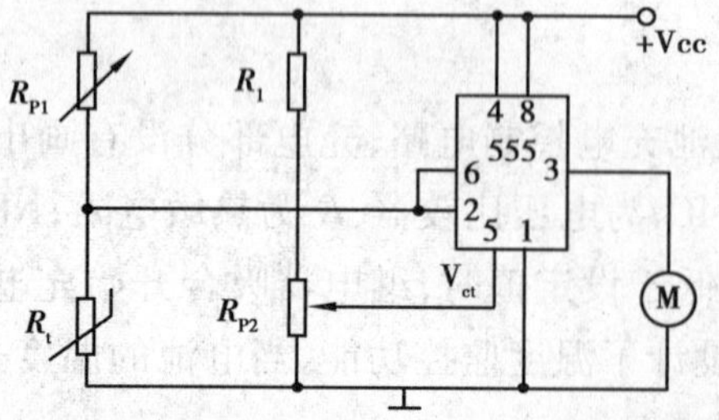

图 4-78

555 芯片使用 5 脚(V_{ct})特性		
输入 2 脚	输入 6 脚	输出 3 脚
$<1/2V_{ct}$	任意	高电平
$>1/2V_{ct}$	$<V_{ct}$	保持
$>1/2V_{ct}$	$>V_{ct}$	低电平

图 4-79

17. 如图 4-80 所示是小明设计的室内温度控制电路。该电路中的集成芯片为 NE555，性能如图 4-81 所示。该电路的 R_t 为负温度系数热敏电阻，可以将温度控制在 24～30 ℃。关于该电路的分析，下列说法正确的是(　　)。

A. 若要将下限温度调高至 26 ℃，可以将 R_{p1} 调小

B. R_t 与 R_{P1} 交换位置对电路无影响

C. R_1 虚焊会造成室内温度不断升高

D. 电热丝加热时，5 脚会通过 J-2 接 R_{P2}

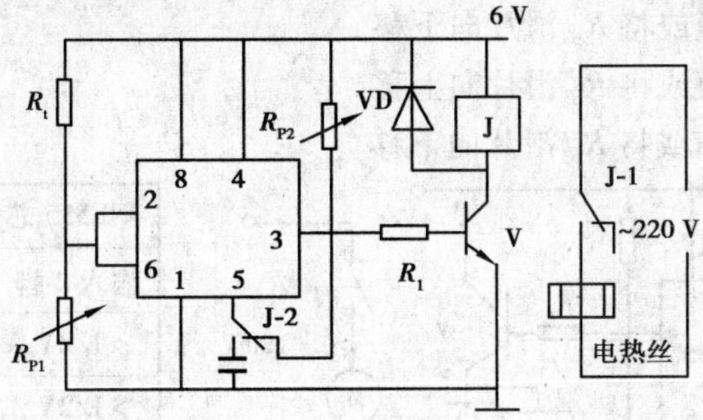

图 4-80

NE555 芯片使用 5 脚(V_{ct})特性		
输入 2 脚	输入 6 脚	输出 3 脚
$<1/2V_{ct}$	任意	高电平
$>1/2V_{ct}$	$<V_{ct}$	保持
$>1/2V_{ct}$	$>V_{ct}$	低电平

输入脚			输出脚	
4 脚	2 脚	6 脚	3 脚	7 脚
低电平	*	*	低电平	低电平
	<1/3Vcc	<2/3Vcc	高电平	高电平
高电平	>1/3Vcc	<2/3Vcc	保持	保持
	>1/3Vcc	>2/3Vcc	低电平	低电平

图 4-81

18. 小明为鸡蛋孵化室（正常工作温度为 37 ~ 39 ℃）设计了如图 4-82 所示的温度控制电路。该电路中的集成芯片为 NE555，性能如图 4-83 所示。下列分析中**不正确**的是(　　)。

A. 该 NE555 为 CMOS 型芯片，R_t 为负温度系数热敏电阻

B. 温度超过上限时，LED_1 点亮

C. R_{P2} 滑动触点适当下移，仅调低设定温度下限

D. R_{P3} 滑动触点适当上移，温度设定的下限温度会升高

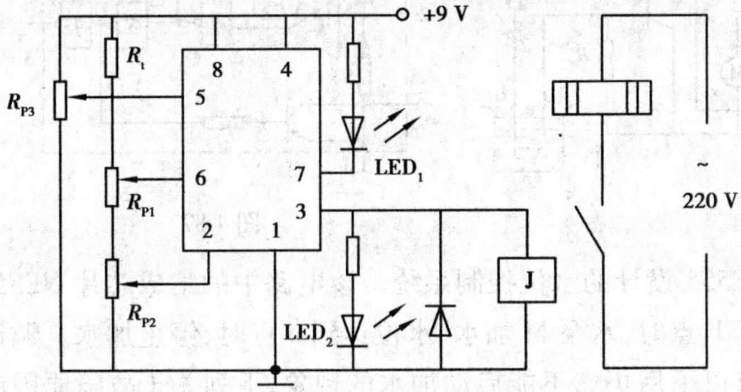

图 4-82

NE555 芯片使用 5 脚(V_{ct})特性		
输入 2 脚	输入 6 脚	输出 3 脚
$<1/2V_{ct}$	任意	高电平
$>1/2V_{ct}$	$<V_{ct}$	保持
$>1/2V_{ct}$	$>V_{ct}$	低电平

图 4-83

19. 如图 4-84 所示是湿度控制电路。该电路中的集成芯片为 NE555，性能如图 4-85 所示。R_{s1}、R_{s2}为同型号湿度传感器。当环境湿度低于设定下限值时，马达启动加湿，达到设定上限值时停止加湿。要使马达在环境湿度更低时才启动，合理的调节措施是(　　)。

A. 调大 R_{p1}的阻值或将 R_{p3}滑片向上移

B. 调大 R_{p1}的阻值或将 R_{p3}滑片向下移

C. 调大 R_{p2}的阻值或将 R_{p3}滑片向上移

D. 调小 R_{p2}的阻值或将 R_{p3}滑片向下移

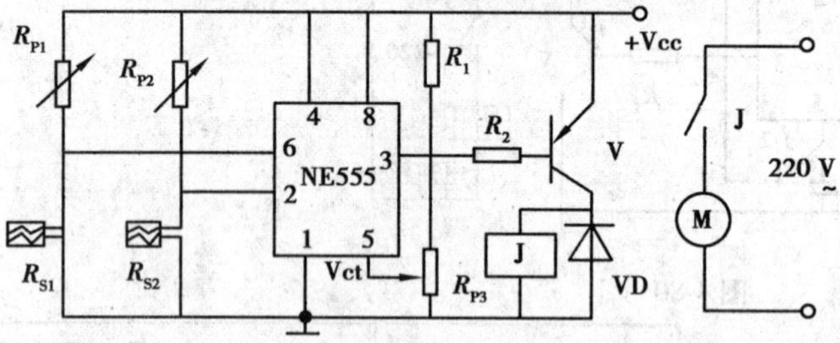

图 4-84

NE555 芯片使用 5 脚(V_{ct})特性		
输入 2 脚	输入 6 脚	输出 3 脚
$<1/2V_{ct}$	任意	高电平
$>1/2V_{ct}$	$<V_{ct}$	保持
$>1/2V_{ct}$	$>V_{ct}$	低电平

图 4-85

20. 如图 4-86 所示是蔬菜大棚土壤湿度控制系统 NE555。该电路中的集成芯片为 NE555，性能如图 4-87 所示。当土壤湿度大于设定值时，不喷水，当大棚湿度低于设定值并且水箱中有水(水位高于 a 点)时，启动水泵进行喷水。下列关于该电路的分析中不正确的是(　　)。

A. 电路中，只要有水时，V_2处于饱和状态，保证 1 脚是低电位

B. R_{P2}触点上移，土壤湿度设定值提高

C. 随着土壤湿度升高，V_1集电极的电位也将升高

D. 调试时发现水泵无论如何都不工作，可能原因是 R_5虚焊

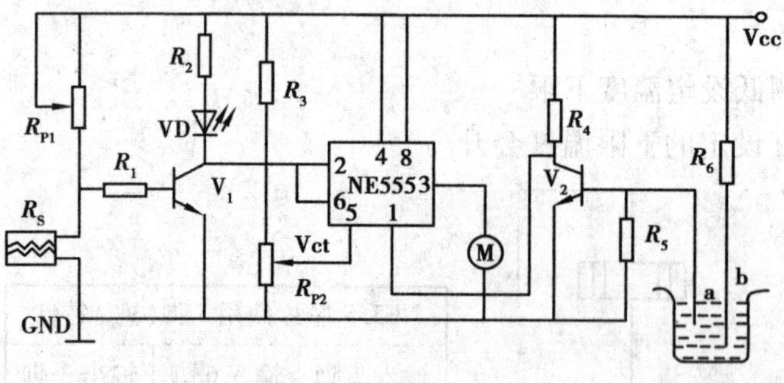

图 4-86

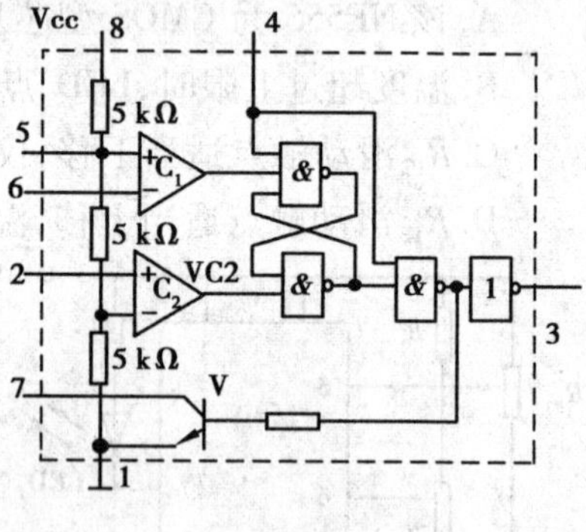

图 4-87

21. 如图 4-88 所示是小明用 NE555 设计的水位控制系统。该电路中的集成芯片 NE555 的性能如图 4-89 所示。当水位低于 b 点时，水泵 M 加水，水位达到 a 点时，停止加水。调试中发现有时会出现水位下降到 b 点以下后仍然不能启动加水的现象，下列关于故障原因的分析中合理的是(　　)。

A. R_5接触不良

B. R_4接触不良

C. R_2接触不良

D. R_1接触不良

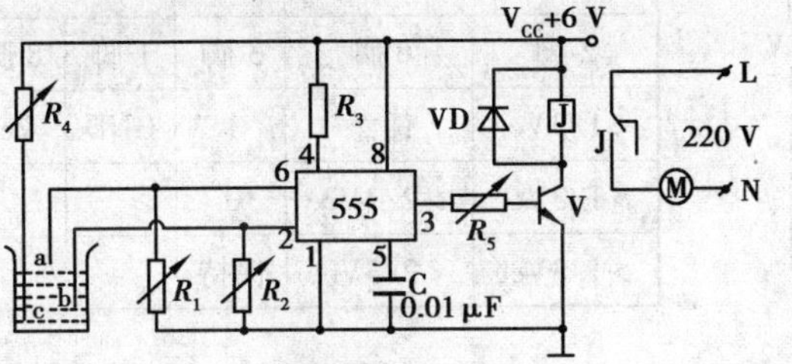

图 4-88

输入 2 脚	输入 6 脚	输出 3 脚
<1/3Vcc	任意	高电平
>1/3Vcc	<2/3Vcc	保持
>1/3Vcc	>2/3Vcc	低电平

图 4-89

二、分析题

22. 在电子控制技术实践课上，小明设计了如图 4-90 所示的简易水箱温度控制电路。电路中 CF741 的性能如图 4-91 所示（当 3 脚电位高于 2 脚电位时，6 脚输出高电平；当 3 脚电位低于 2 脚电位时，6 脚输出低电平）。当电路检测到温度高于设定值后，继电器释放，加热丝停止加热；当检测到温度低于设定值后，继电器吸合，加热丝开始加热。根据电路图和描述的功能完成下列各题：

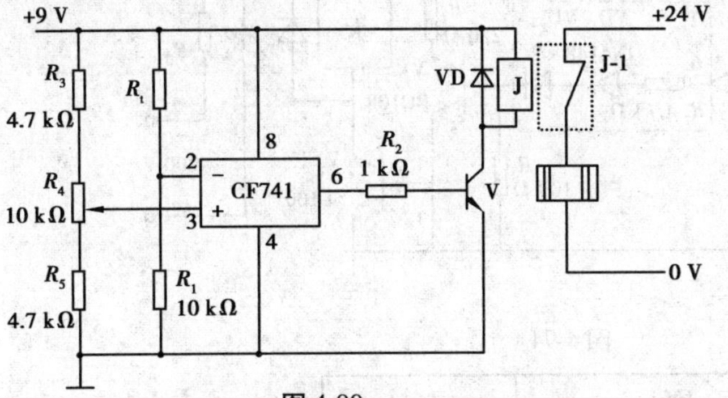

图 4-90

输入	输出
$U_+ > U_-$	高电平
$U_+ < U_-$	低电平

图 4-91

（1）R_t应选择________（在“①正温度系数热敏电阻；②负温度系数热敏电阻；③正、负温度系数热敏电阻均可”中选择合适的一项，将序号填写在“________”处）；

（2）小明搭建了测试电路，测试中把热敏电阻放在设定温度的热水里，然后改变 R_4，发现无论如何调节，加热丝一直处于加热状态。造成该现象可能的原因是________（在“①R_t虚焊；②继电器线圈断路；③R_2 阻值偏小；④R_1 虚焊”中选择合适的选项，将序号填写在“________”处）；

（3）小明在测试电路时，还发现该电路只能实现单点温度控制，继电器触点开闭频繁，温度控制受到较大干扰。他准备用 CB7555 集成芯片代替电压比较器 CF741 来实现上下限温度控制，电路图如 4-92 所示。热敏电阻 R_{t1}与 R_{t2}与原电路中 R_t的性质相同，输出部分电路不变，CB7555 电路部分管脚功能如图 4-93 所示。请你帮助小明在电路图虚线框中将 CB7555 集成芯片未连接的管脚连接好。

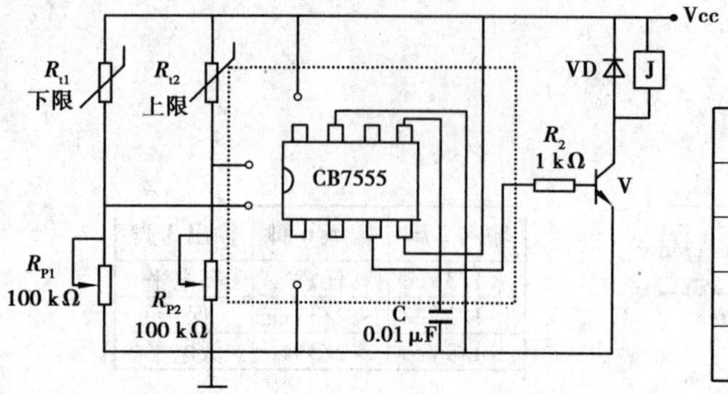

图 4-92

输入		输出	电源	
2 脚	6 脚	3 脚	1 脚	8 脚
<1/3Vcc	任意	1	GND	Vcc
>1/3Vcc	>2/3Vcc	0		
>1/3Vcc	<2/3Vcc	保持		

图 4-93

23. 如图 4-94 所示是电热水器温度控制器电路。电路中，比较器 741 的性能如图 4-95 所示。电路主要由热敏电阻 R_t、比较器、驱动电路及加热器 R_L 等组成。通过电路可自动控制加热器的开闭，使水温保持在 90 ℃。当水温低于 90 ℃时，比较器输出端（6 脚）输出高电位，驱动 V_1 和 V_2 导通，使继电器 K 工作，K_1 吸合接通加热器电路；当水温高于 90℃时，比较器输出端变为低电位，V_1 和 V_2 截止，继电器 K 则断开加热器电路。

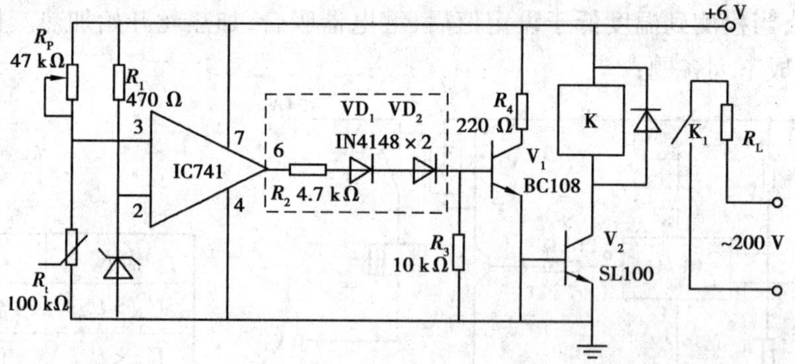

图 4-94

输入	输出
U_+（3 脚）$>U_-$（2 脚）	高电平（6 脚）
U_+（3 脚）$<U_-$（2 脚）	低电平（6 脚）

图 4-95

（1）该电热水器温度控制器的控制方式是________（在“①开环控制；②闭环控制”中选择一项，将序号填写在“________”处）；

（2）当水温升高时，热敏电阻 R_t 的阻值________（在“①增大；②减小；③不变”中选择一项，将序号填写在“________”处）；

（3）若想把控制水温调整到 85 ℃，则可以________（在“①增大；②减小”中选择一项，将序号填写在“________”处）R_p 的阻值。

24. 如图 4-96 所示为声、光控灯电路。CF741 的性能如图 4-97 所示。当周围环境的亮度较暗，又有一定强度的声音时，发光二极管 VD 就发光；当周围环境的亮度较亮，不管声音强度多大，发光二极管都不会发光。根据以上的描述和电路图，回答下列问题：

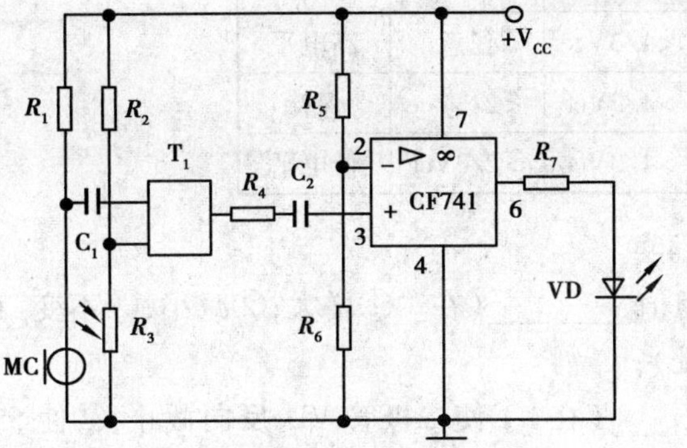

图 4-96

输入	输出
U_+(3 脚) > U_-(2 脚)	高电平(6 脚)
U_+(3 脚) < U_-(2 脚)	低电平(6 脚)

图 4-97

(1)电路中 R_3 为光敏电阻，当周围环境亮度变暗时，R_3 的阻值应该________(在"①增大；②减小；③不变"中选择一项，将序号填写在"________"处)；

(2)当发光二极管 VD 发光时，集成运算放大器(CE741)3 脚为________(在"①高电平；②低电平" 中选择一项，将序号填写在"________"处)；

(3)电路中 T_1 为逻辑门电路，根据功能原理分析可以判断 T_1 为________(在"①与门；②或门；③与非门" 中选择一项，将序号填写在"________"处)；

(4)白天周围环境较亮，当有一定声音时，发光二极管 VD 也会被点亮，出现这一故障最有可能损坏的元件是________(从"①光敏电阻 R_3；②话筒 MC；③电容器 C_1"中选择一项，将序号填写在"________"处)；

(5) 只有当周围环境特别暗时才有声控效果，为了改变起控亮度应调节的元件是________(从"①电阻 R_7；②电阻 R_2；③电容器 C_1"中选择一项，将序号填写在"________"处)。

25. 如图 4-98 所示是小明设计的光控检测报警电路。电路中的集成电路 IC_1、IC_2 的性能如图 4-99 所示。当光线达到一定强度时，蜂鸣器发出报警声。请根据描述和电路图，回答下列各题：

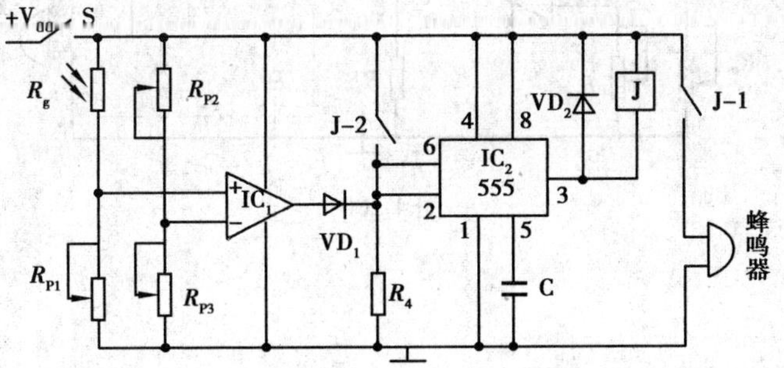

图 4-98

输入	输出
$U_+ > U_-$	高电平
$U_+ < U_-$	低电平

输入 2 脚	输入 6 脚	输出 3 脚
<1/3Vcc	任意	高电平
>1/3Vcc	<2/3Vcc	保持
>1/3Vcc	>2/3Vcc	低电平

图 4-99

(1)当光线由弱变强时，光敏电阻 R_g 的阻值________（在“①增大；②减小；③不变”中选择合适的一项，将序号填写在“________”处）；

(2)继电器 J-2 触点闭合时的作用是________（在“①使二极管 VD_1 反向截止；②使 555 集成电路 3 脚保持高电平输出；③使蜂鸣器在光线变弱后继续报警”中选择合适的一项，将序号填写在“________”处）；

(3)小明搭建了测试电路，发现蜂鸣器始终不响。下列原因中可能造成该现象的是________（在“①555 集成电路 3 脚接地；②二极管 VD_2 虚焊；③电阻 R_4 短路”中选择合适的一项，将序号填写在“________”处）；

(4)小明搭建电路后，发现光线很强时才会报警，现在需要实现光线较弱时能报警，以下调节方法中不恰当的是________（在“①增大 R_{p1}；②增大 R_{p2}；③增大 R_{p3}”中选择合适的一项，将序号填写在“________”处）；

(5)在测试过程中，不小心将 NE555 集成电路损坏，小明准备用三极管来代替。请你帮助小明选择合适的三极管(NPN 型或 PNP 型)，在图 4-100 的虚线框中画出你所选择的三极管，保持电路原有的功能，并采用共发射极接法完成电路的连接。

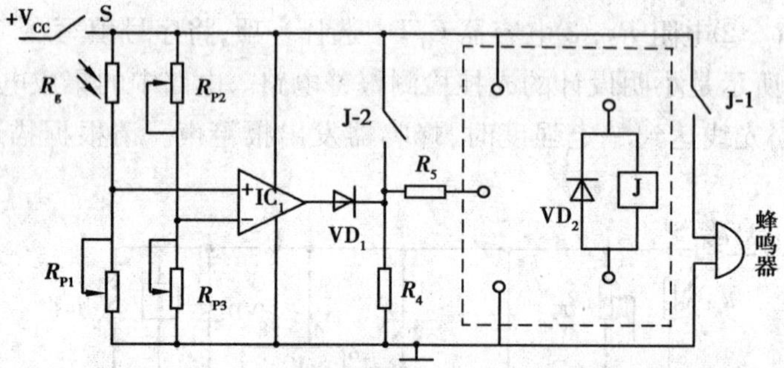

图 4-100